U0113850

"乡村振兴实践研究"丛书

国家出版基金项目
NATIONAL PUBLICATION FOUNDATION

乡村组织振兴
实践研究

朱冬亮　李芳芳　王洪雷　著

海峡出版发行集团 | 鹭江出版社
THE STRAITS PUBLISHING & DISTRIBUTING GROUP

2021年·厦门

总序

当中国特色社会主义建设进入新时代，乡村发展也进入一个前所未有的社会转型和嬗变期。当下中国乡村正在经历的社会变迁是一次注定要载入中华民族史册的伟大变革。快速推进的工业化和城镇化使得传统的乡村社会结构被不断解构且重新建构，几乎每一个农民家庭都被裹挟到这场巨大的社会变革中。他们试图改变祖祖辈辈延续下来的耕田种地的生活方式，以及由此被赋予的命运和价值。当下的中国乡村正面临亘古未有的巨大挑战和发展机遇。

曾经延续千年的乡土社会是"熟人"的社会，是集血缘和地缘为一体的小社区圈子，是农民世世代代"生于斯、长于斯、安于斯"的地方。那时候的乡村社会结构相对稳定，乡村社会舆论压力较大，农民的经济和社会分化很小，农民从事的职业相对单一，农民家庭几代同堂……面朝黄土背朝天，耕田种地，邻里同乐，守望相助，鸡犬之声相闻，这是一个传统的乡土村落的生活场景，同时蕴含着传统、古朴、保守乃至贫穷落后的社会价值认知。

历经改革开放40多年的发展和变迁，曾经相对同质的中国乡土社会结构出现了前所未有的改变。从传统的乡土社会价值来看，乡村社会结构在不断裂变，传统农业生产方式在不断衰变，传统农民的生活方式也在不断改变。如今的乡土社会，农民或已进城转变为半市民或者市民，或是作为农民工周期性地流动于城市和乡村之间，或在现代化的浪潮中搁浅，成为村庄的守护者和留守人。有些村落已经消失或正在消失，有些村庄"空心化"现象不断扩大，有些农民已经终结劳作或正在终结劳作，有些土地已经荒芜或者正在荒芜，有些村庄满地垃圾甚至污水横流。农村社会的社区舆论不再形成压力，农民的经济和社会分层日趋明显，传统的乡土文化及价值体系也趋于式微……很多人用传统的眼光看农村，哀叹现在中国乡村所发生和经历的一切预示着曾经美好古朴的乡村正在迷失乃至消失，担心未来无处寄托乡愁。不仅如此，我们研究团队在近年来的实地调查中发现，现在的中国乡村正呈现出越来越明显的三"最"现象。第一"最"，在现在的乡村中，往往是最贫穷的农民家庭成员在家种地，且以种粮为主要生计。换言之，如果能想方设法提高种粮农民家庭的收入，也许恰恰可以达到"精准扶贫"的效果。第二"最"，在现在的农民家庭中，往往是兄弟姐妹中最"没有出息"的留在家乡，陪伴和照顾年迈的父母，给予亲情上的关怀，而外出的其他兄弟姐妹更多是在经济上尽孝。第三"最"，在现在的乡村中，往往是最贫穷的农民家庭的子女依然在村里、乡镇的学校上学。条件稍好的农村家庭都想方设法把子女送到县城甚至更大的城市就学，因为相对而言，乡村就学环境不如县城，更不如大城市……这是当前中国乡村社会发展中呈现出的一幅令人担忧的图景。

换一个角度来看，当前我国乡村的生产力和生产关系在现代化发展规律的作用下，在不断地进行调整。从中，我们欣喜地发现，古老的中国乡村大地，其现代性萌芽在不断成长和壮大。虽然大量乡村青壮年人口外流导致劳动力短缺，却从真正意义上催生了农业生产要素的现代化重组。农业生产的机械化开始逐步替代传统的小农经济生产经营和土地耕作模式，从而促进传统的劳动密集型农业生产方式的转型。加速出现的土地经营权流转倒逼乡村土地产权制度实施新一轮改革，农业生产的组织方式和经营方式也因之向专业化、集约化、产业化迈进。与这个伟大变革进程相伴随的是城乡融合和城乡一体化发展趋势正在逐步形成。加速推进的城乡社会流动为城市的工商资本和人力资源等发展要素回流乡村创造了条件。无论是伴随着返乡创业人员回归的商业资本，还是看准乡村发展机遇而下乡的城市工商资本，都把乡村作为未来投资发展的热土。智慧农业、互联网农业等新型农业生产方式和经营理念对传统的小农生产方式构成了巨大的冲击。各类新型农业经营主体因此蓬勃发展，传统第一产业与第二、三产业融合发展的趋势进一步显现。乡村的人、地、物等生产要素不断重组和优化，促使乡村的组织和治理机制不断进行变革和创新。这是当下中国乡村社会呈现出的另一幅令人振奋的现代化发展前景。

　　基于对当前中国乡村发展面临的挑战和机遇的准确把握，党的十九大高瞻远瞩，适时提出了乡村振兴战略。2018 年的中央一号文件更是对 2050 年前的乡村振兴进行了令人期待的宏观规划与设计。2021 年 6 月 1 日，国家《乡村振兴促进法》正式颁布实施，使得乡村振兴有法可依。事实上，进入 21 世纪后，我国的农业治理体系已经逐步从以往的"汲取型"治理体制向"反哺型"治理体制转型。2006 年之后推进的"社会主义新农村"建设和 2013 年推进的"美丽乡村"建设都为今天的乡村振兴战略实施做了很好的铺垫。在过去的五年中，我们的研究团队到全国 22 个省（市、自治区）、105 个县（市、区）的 308 个村庄进行了田野调查，并对其中的很多村庄进行连续多年的跟踪调查，由此获得了大量的一手研究资料。在乡村振兴如火如荼地推进的今天，我们研究团队把近五年调查获取的田野资料进行整理归纳和分析，形成这套

"乡村振兴实践研究"丛书。这既是对我们团队以往的研究成果进行一个阶段性的总结，也是为乡村振兴的后续研究提供一个前瞻性的思考。

乡村振兴战略实施需立足于实现乡村全面振兴的目标。本丛书由五部研究专著构成，分别从产业振兴、人才振兴、文化振兴、生态振兴、组织振兴等五个角度，全方位呈现我国乡村振兴战略实施的"进行时"，重点描述和分析近年来被调查地区和村庄如何谋划和推进乡村振兴实践。在此基础上，我们对乡村振兴战略实践进行了更多学理性的思考，为如何更好地推进乡村振兴战略实施提出我们的观点和建议，供社会各界参考借鉴。

在乡村"五大振兴"战略实施过程中，产业振兴是首要目标。没有产业振兴，其他振兴都无从谈起。只有把乡村经济发展起来，建立现代农业产业经济体系，才能为乡村人才振兴、文化振兴、生态振兴和组织振兴提供强大的经济和物质支撑。本丛书之一《乡村产业振兴实践研究》立足当前农村产业发展的实际情况，重点从如何延长农业产业链、如何提升农业价值链、如何完善农业利益分配链的角度探讨乡村产业振兴的主要实现路径。我们以福建将乐县努力实施的"龙头企业＋种植基地＋农户"有机稻产业化种植，贵州龙里县大力推进的主导扶贫产业——刺梨产业链发展，山东莱阳市重点发展的传统名产业——梨产业不断做大做强及濯村的"美丽乡村"建设实践，广西罗城县重点发展的油茶扶贫产业，龙胜县的龙脊梯田田园旅游综合体开发等十多个典型个案为分析样本，从不同的角度全方位展现和分析乡村产业振兴的实践模式和实践机制。

人才是乡村振兴中的重要依靠力量。在当前乡村青壮年大量外流、乡村留守群体普遍老龄化的情况下，如何吸引更多的复合型人才，尤其是青年人才到乡村奉献自己的聪明才智，为乡村振兴事业注入新鲜的血液，事关乡村振兴的成败。在乡村建设中，我们需要吸引各类人才包括新型职业农民、各类新型农业经营主体、乡土文化传承人、现代乡村治理人才等投身乡村发展建设，打造和培养一支真正"懂农业、爱农村、爱农民"且"善经营"的"三农"工作队伍。本丛书之一《乡村人才振兴实践研究》，在对当前我国乡村人力资源供给现状进行全面分析并指出乡村人才所面临的严峻形势的基础上，以福建厦门市海沧区实施"美丽乡村共同缔造"项目时涌现的典型乡村主导人物、四川成都崇州市探索现代林业经营制度——"林业共营制"中涌现的先进典型林业职业经理人、浙江绍兴上虞区重点推介的乡贤治理机制等多个典型案例中呈现的乡村人才与乡村建设共同成长的经历为研究对象，探讨实现乡村人才振兴的机制和体制。

文化是一个民族的信仰和灵魂，乡村文化是中华传统文化的主要母体和载体。在当前乡村人口大量外流的情况下，乡村文化的式微乃至断层成为令人担忧的现象。因此，实现乡村文化振兴可以为乡村振兴提供重要的精神支撑，为寄托"乡愁"提供不可或缺的精神内容。本丛书之一《乡村文化振兴实践研究》把乡村文化建设的实践机制分为政府主导型、社会主导型和市场主导型三种形式，并分别以福建古田县的陈靖姑民间信俗文化、圆瑛文化、金翼文化，福建龙岩市永定区的土楼文化，浙江绍兴市上虞区的乡贤治理文化和乡村文化礼堂建设，福建屏南县的古村落文化保护传承和转型以及福建厦门市的乡村现代文化建构等案例为分析对象，探讨乡村文化振兴的模式和路径。从中可以看出，乡村文化建设和文化振兴在整个乡村振兴中有着极其特殊的地位和作用。

"绿水青山就是金山银山"。"两山"理论的核心表述深刻地揭示了乡村生态建设在乡村振兴战略实施过程中的重要地位和作用。

和城市相比，乡村首先给人的印象是它有着古朴、原生态的田野风光。实现乡村生态振兴，不仅是为了打造美丽乡村、改造农村的人居环境，更重要的是实现人与自然的和谐发展。本丛书之一《乡村生态振兴实践研究》以本研究团队近年来在福建、浙江、贵州等地开展实地调查获取的一手田野资料为主，同时利用其他宏观层面的统计数据，多角度提出乡村生态建设中面临的问题，并在此基础上探讨和分析各地如何因地制宜地推进乡村环境整治、打造美丽乡村，同时力图把生态效益转化为经济效益，进而实现经济建设与生态建设共建共赢的目标。

乡村振兴战略的实施，离不开组织保障。只有不断提升乡村组织建设水平，才能为乡村振兴提供坚实的基础，才能把建设乡村的人力、物力和财力资源集中整合起来，把振兴乡村的人心凝聚起来。当前，很多乡村存在基层组织软弱涣散、组织凝聚力不强等现象，极少数地方甚至出现了乡村黑恶势力。因此，提升乡村治理水平，并最终建立政府、市场和社会共同参与，"自治、法治、德治"相结合的共建、共治、共享的乡村社会治理体系，是乡村组织振兴首先要实现的目标。本丛书之一《乡村组织振兴实践研究》以本研究团队近年来在福建、浙江、贵州、湖北、北京等地的实地调查的一手资料为基础，探讨乡村组织振兴如何促进村"两委"组织和各类民间经济组织、社会组织、文化组织更好地发挥各自的作用，最终形成"党建引领、多元共治"的共建、共治、共享的现代乡村治理体系。

中国现代化建设的短板主要在乡村，乡村振兴战略的实施为乡村描绘了令人期待的现代化发展前景，是广大农民共享改革开放成果、实现"中国梦"的最终体现。乡村振兴战略实施工程是我国现代化新的"两步走"战略的重要组成部分。到2050年，乡村全面振兴的目标能否如期实现，有赖于中央和各级地方政府、广

大农村以及社会各界人士的共同努力。本丛书的出版也算是我们
学术研究人在乡村振兴战略实施过程中所贡献的一份微薄力量。
我们期待丛书的出版面世能够吸引更多的人关注乡村、关注农民、
关注乡村振兴现代化建设事业。

朱冬亮

2021 年 6 月 4 日于厦门大学囊萤楼

目录

前　言

　　"三农"问题始终关系着我国国计民生的根本问题。没有农业农村的现代化，就没有国家的现代化。乡村是化解现代化、城市化进程中出现的各种危机的"稳定器"和"蓄水池"，也是推进国家治理体系和治理能力现代化建设之根基，因此党和国家高度重视乡村建设。习近平总书记指出，实施乡村振兴战略是新时代"三农"工作的总抓手，也是乡村党组织建设的总抓手。在乡村振兴战略实施过程中，如何通过基层组织建设和组织振兴将农民组织起来，将乡村的人、地、物等各类生产生活要素整合起来，实现国家对乡村的有效治理，直接关系到乡村振兴目标能否顺利实现。

　　组织是把社会个体凝聚起来实现群体目标的主要形式。从总体上看，回溯历史，我国的乡村秩序大致经历了统治、管控、管理到今日的治理等几个阶段。在"皇权不下县，县以下自治"的传统乡村社会中，农民主要依靠血缘和地缘关系纽带组织起来，由此形成的民间自组织形态和乡绅自治构成了乡村治理体系的主要特征。依血缘关系的亲疏远近而自然结成的家庭、家族和宗族是组织农民的最基本单元，而基于血缘投射或基于共同利益的地缘关系形成的村社共同体是农民基本的认同和行动单位。在血缘和地缘社会关系重合的村庄社区中，伦理是维持乡村社会秩序之道。这种情形一直延续到近代之前。

　　晚清以降，由于国外势力入侵及国内战乱导致乡村被破坏殆尽，城乡关系逐渐走向对立，乡村呈现出一幅衰败的景象。虽然无数志士仁人发起建设乡村社会组织，包括梁漱溟、晏阳初、陶行知等人在不同地区开展了不同形式的乡村建设试验运动，目的是通过乡村自救和乡村重建来探索国家现代化发展道路。但由于种种原因，这些乡村重建试验始终停留在理想状态，难以实现乡村自救和国家现代化的目标。

新中国成立70多年来，乡村的政策沿革很好地反映了乡村治理变迁的缩影，各类现代性组织开始在乡村建立。乡村管理和治理体制总体上经历了"政社合一""政社分设""乡政村治"到如今"三治融合"的变迁轨迹。[1] 1950—1980年间，新中国大力推进城市化工业化进程，并通过人民公社体制机制将乡村社会高度组织起来，乡村所有的人力物力资源被整合到国家统一的资源配置体系中，为城市工业化进程提供了原始资本积累。这种"汲取型"治理体制一直延续到改革开放人民公社体制解体后才逐步转型。

20世纪80年代分田到户，实行"政社分开"管理体制改革后，乡村社会在很大程度上重归小农经济社会。改革开放40多年来，快速推进的城市化和工业化使得乡村社会发生了前所未有的巨大变迁。内生的乡村社会结构和治理体制逐渐被打破，农民的流动性增强，传统价值观遭受猛烈冲击。而村庄外部的正式力量——国家基层组织体系在税费改革后逐步退出乡村领域。撤乡并镇、合村并组体制改革等措施使国家力量对乡村人地资源控制力明显弱化，导致一些乡村地区非正式组织因此"野蛮生长"，甚至一些"黑灰"势力、邪教组织乘虚而入，给乡村社会带来了更多的不稳定因素。

进入社会主义新时代，乡村亟须建立强有力的基层组织来回应农民不断增加的新需求。特别是在国家对乡村的治理体系转向"反哺型"以及实施乡村振兴的新形势下，要切实把党的制度优势转化为乡村治理的效能，以实现乡村的"善治"。各级政府向乡村输入大量惠农利农强农政策和项目资源以推进乡村振兴战略实施，更是需要强有力的乡村基层组织来承接和落实。因此，党的十九大报告指出，要"完善党委领导、政府负责、社会协同、公众参与、法治保障的社会治理体制"[2]，进而打造共建共治共享的社会治理格局。在乡村治理体系和治理能力现代化建设进程中，如何推进"党建引领、多元共治"的乡村组织建设和治理体系就显得尤为重要。

---

①刘丰华：《新中国成立70年来的乡村治理：历程、困境与展望》，《甘肃理论学刊》，2019年第5期。

②习近平：《决胜全面建成小康社会 夺取新时代中国特色社会主义伟大胜利——在中国共产党第十九次全国代表大会上的报告》，人民出版社，2017年，第49页。

在乡村振兴之产业振兴、文化振兴、生态振兴、人才振兴和组织振兴等"五大振兴"体系架构中，组织振兴是制度基础和保障。2018年9月有关部门发布的《乡村振兴战略规划（2018—2022年)》强调要健全现代乡村治理体系，加强乡村基层政权建设，加强乡村基层党组织对乡村振兴的全面领导，创新基层管理体制机制、健全乡村基层服务体系。2019年1月3日发布的中央一号文件再次明确指出，要全面加强乡村基层组织建设，强化乡村党组织领导，发挥各类基层组织的作用，牢固树立农业农村优先发展政策导向，积极发挥好农民在乡村振兴中的主体作用，这为乡村组织建设和实现组织振兴指明了新的目标和方向。2020年6月18日第十三届全国人大常委会第十九次会议审议的《中华人民共和国乡村振兴促进法（草案)》则从法律的高度为推进乡村振兴战略实施提供顶层制度设计支持和保障。该法的第六章明确强调要"健全党组织领导下自治、法治、德治相结合的乡村社会治理体系，建立充满活力、和谐有序的善治乡村"。

乡村基层组织建设和振兴关乎国家政权建设能否巩固，关乎乡村社会的稳定和发展，关乎农民生活的意义和归属。因此，考察和研究乡村基层组织建设具有重大的理论和现实意义。组织振兴必须以强化乡村基层党组织在各项乡村工作的核心领导作用为宗旨，统筹发挥乡村社会组织、村集体经济组织和群众自治组织在乡村政治、经济、社会、文化和生态建设中的职能，构建"党建引领，多元共治"的乡村管理、治理和服务组织体系，不断提升乡村治理体系和治理能力现代化建设水平。

本书以作者近五年在全国22个省（市、自治区）、105个县、308个村庄进行的田野调查（其中许多村庄进行连续多年的跟踪调查）获取的大量一手研究资料为基础，通过对不同乡村地区的组织振兴实践案例的分析，探讨为什么要实施乡村组织振兴，组织振兴何以可能以及组织振兴的地方实践模式和路径，并在此基础上分析乡村组织振兴中存在的问题，进而提出相应的对策建议，供有关部门决策参考。

导论

第一节　本书研究缘起和意义

我国是一个历史悠久的农业大国。在现代化的进程中，农业、农村和农民"三农"问题始终是关乎社会全面发展的主要问题。在改革开放至今的社会主义现代化建设和市场化改革进程中，乡村大量的人、财、物资源外流，乡村"空心化""三留守"[①] 现象日益严重，乡村逐渐走向"衰落"，乡村组织也逐渐式微。由于大量乡村青壮年党员常年外出到城镇从事非农产业，各地普遍面临村党组织"空心化"问题，部分村庄出现了基层党组织涣散、组织"弱化"、功能"虚化"和地位"边缘化"等问题[②]，个别村庄甚至出现了村干部"黑社会化"和腐化等现象，严重影响乡村社会秩序和社会治理。

有研究者通过对湖北省 4 市 21 个村的抽样调查发现，该省部分村党组织存在党员干部队伍力量不足、后备人才缺乏、党员整体素质不高等问题。在被抽样调查的 21 个村中，党员在 50 岁以上的占党员总数的 44.4％，而学历在高中或中专以下的占 63.3％，其中党组织书记年龄在 50 岁以上的比例更高，达 66.7％，受教育程度在高中或中专以下的支部委员则占 76.8％，

---

①"三留守"是指留守老人、留守儿童和留守妇女。

②胡小君：《从维持型运作到振兴型建设：乡村振兴战略下农村党组织转型提升研究》，《河南社会科学》，2020 年第 1 期。

支部书记占 44.4%。① 也有研究者在 2016 年对河北省 13 个乡镇 276 个村的调查发现，样本村中 55 岁以上的村支书占 46%，60 岁以上的占 26.9%。除此之外，大量乡村青壮年党员也加入了外出务工经商的大军，成为"缺席"家乡建设发展的流动党员。在山西泽州县，全县 17469 名农民党员中，外出务工党员有 4680 余名，占全县农民党员总数的 26.79%。即使是在经济相对发达地区的苏州市吴中区的多数村庄，留守在村的老龄党员也占到党员总数的 60% 以上。不仅如此，近年来，由于经济产业结构的调整，不少乡村的村集体经济削弱，导致有的村庄连正常的党组织活动经费都难以保障，村"两委"对上级财政转移支付高度依赖，强化了村"两委"组织准行政化趋势，由此进一步导致村庄精英人才流失、利益关系淡化，一度红红火火的村级民主实践也逐渐步入平淡，村级治理的自主性因此呈现弱化趋势。②

为了应对乡村人口大量外流的新形势，有的地方开展"合村并组"，试图提高乡村治理的效能，但也引发了新的问题。如湖北省监利县 2014 年第一轮改革将全县 768 个行政村减到 638 个，2017 年第二轮改革进一步把全县的行政村缩减到 323 个，减少了 445 个建制村，精简率达 58.0%，等于每个建制村覆盖的范围超过原先的两个村。如此撤并后，各村所辖的人口规模急剧扩大，党员数量增多，很多村党组织从支部升格为党总支或党委。虽然该县加强了村部的硬件建设，村"两委"也实行一站式公共服务，并普遍推行坐班制，但这样也导致村"两委"组织处于一种"悬浮"状态，和村民群众之间的距离明显拉大。③

与此相对应的是，改革开放至今，由于国家权力对乡村的直接控制力相对弱化，加上市场化改革进程不断加快，各地出现了大量的农民专业合作社、农业企业、产业协会等新型经济合作组织，同时村民自治制度的实施也催生了老人会、宗亲会、慈善会、基金会、"乡贤"理事会等民间自组

---

① 王杰：《湖北省新时代农村党员及干部综合素质现状及对策研究——基于 4 市 21 村调研数据》，《智库时代》，2019 年第 48 期。

② 《从维持型运作到振兴型建设：乡村振兴战略下农村党组织转型提升研究》，《河南社会科学》，2020 年第 1 期。

③ 《从维持型运作到振兴型建设：乡村振兴战略下农村党组织转型提升研究》，《河南社会科学》，2020 年第 1 期。

织。它们在乡村经济发展和社会治理中发挥了越来越重要的功能与作用。如何正确认识和看待这些民间组织在乡村发展和治理中所扮演的角色，也成为社会各界关注的问题。

面对这种新形势和新问题，以组织振兴打造"善治"乡村体系就提上了重要日程。而讨论乡村治理和"善治"问题，首先必须对"治理"这个概念进行说明解释。"治理"的英文表述为 governance，governance 一词源于拉丁文和古希腊语，原意是操控、引导。20 世纪 90 年代之前，治理主要应用于政治领域的国家管理公共事务的活动之中。20 世纪 90 年代之后，由于现代社会的发展，治理概念被广泛应用于社会经济领域中，以解决市场手段和国家行政手段在社会资源配置中存在失效的问题，治理的内涵也随之丰富化。例如罗西瑙（J. N. Rosenau）将治理界定为一种一系列活动的管理机制，管理的主体不一定是国家或政府，管理的实现也不一定需要国家的强制力，关键是要有共同的目标。罗茨（R. Rhodes）则进一步扩大了治理的意涵，包括将治理的主体从国家（政府）扩大到国家（政府）、市场（企业）、社会，治理的方法由自上而下的操控更新为引入市场激励机制和多元主体互动合作机制，目的是以最小成本实现公共利益最大化。库伊曼（J. Kooiman）和范·弗利埃特（M. VanVliet）等认为治理秩序的形成要依靠相互影响的行为者的互动。针对当时有关治理的不同观点，格里·斯托克（Gerry Stoker）进行了归纳，并指出有关治理的五种观点。一是治理的主体和权力中心多元化。治理主体包括政府以及其他社会公共机构和行为者，它们可能因获得公众的认可而成为各个层面的权力中心。二是治理边界和责任模糊化。治理意味着以往主要由国家承担的公共事务转移至社会、私人部门，使得国家与社会、公共部门与各种私人部门之间的边界和责任日益模糊化。三是多元力量的博弈与协同性。参与者、参与者的资源、参与者资源的交换、资源进行交换的环境、游戏的规则、通过博弈形成的共同目标等共同决定了治理中集体行动的达成。四是治理结果的自治性与行政性。治理中的参与者最终会形成一个在某一特定领域中具有权威性的自主网络，并在特定领域中与政府合作以分担政府的行政事务。五是治理手段多元化。在自上而下的行政权力治理手段之外，政府还有责任使用其他新的管理方法和技术实现对公共事务的有效控制和引导。而1995 年，全球治理委员会在《我们的全球伙伴关系》报告中则从动态视角对治理进行了界定，认为治理是多元利益主体在各种正式或非正式制度规则中通过持续互动形成联合行动以管理共同事务的诸多方式的总和。俞可平则认为治理并非万能的，也不能代替政府和市场，有效的治理必须是建立在国家和市场的基础上，是对国家和市场的补充，它也有失效的可能，因而需要"善治"以使公共利益最大化的。[①] 简而言之，治理是多元主体通过各种活动增进或实现公共利益最大化的。

我们探讨乡村组织振兴，必须立足于从乡村治理构建乡村"善治"治理体系的角度进行分析。党的十九大报告指出，实施乡村振兴战略，要加强农村基层基础工作，健全自治、法治和德治"三治"相结合的乡村治理体系，不断推进农业农村的现代化，走中国特色乡村振兴之路。2018 年"两会"期间，习近平总书记在和山东省人大代表团座谈时指出，实施乡村振兴战略，推进农业农村现代化，要推动乡村产业振兴、生态振兴、文化振兴、组织振兴和人才振兴，这是中央首次提出"组织振兴"。习近平总书记进一步强调，推动乡村组织振兴，要"打造千千万万个坚强的农村基层党组织，培养千千万万名优秀的农村基层党组织书记，深化村民自治实践，发展农民合作经济组织，建立健全党委领导、政府负责、社会协同、公众参与、法治保障的现代乡村社会治理体制，确保乡村社会充满活力、安定有序"[②]，为新时期乡村组织建设和组织振兴指明了方向。

实现乡村组织振兴是乡村振兴问题之基础，是乡村治理体制的核心所在。在当前乡村振兴的新形势下，组织振兴的总体要求是要建立健全"以（村）党组织为领导、村民自治和村务监督组织为基础、集体经济组织和农民合作组织为纽带、其他经济社会组织为补充的村级组织体系"[③]。组织振兴重在强化乡村基层党组织引领作用，同时要积极培育和引导其他社会组织和市场组织参与乡村振兴战略实施，大力培育各类新型经济组织和社会组织成长，使其在承接乡村公共服务中发挥"多元共治"的作用，提升和强化农民的自我组织、自我管理、自我教育、自我服务能力，重塑乡村公

① 俞可平：《治理和善治引论》，《马克思主义与现实》，1999 年第 5 期，第 38 页。
② 刘湃：《习近平参加山东代表团审议》，2018 年 3 月 8 日，http：//www. chinanews. com/gn/2018/03－08/8463202. shtml，2019 年 6 月 1 日查阅。
③ 陈一新：《"五治"是推进国家治理现代化的基本方式》，《求是》，2020 年第 3 期。

共性，提升村民的自我组织能力，构建自治、法治和德治"三治"融合的体制机制，推进乡村治理体系和治理能力现代化建设。

推动乡村组织振兴，也是国家"五位一体"总体布局和"四个全面"战略布局在农业农村领域贯彻落实的具体体现，是贯穿 2018 年中央一号文件《中共中央国务院关于实施乡村振兴战略的意见》（以下简称"2018 年中央一号文件"）、2018 年的《乡村振兴发展战略规划（2018—2020 年）》和 2019 年中央一号文件《中共中央国务院关于坚持农业农村优先发展做好"三农"工作的若干意见》（以下简称"2019 年中央一号文件"）以及贯彻落实《中华人民共和国乡村振兴促进法（草案）》的一根红线，是加快推进乡村治理体系和治理能力现代化，加快推进农业农村现代化的重大举措。当前，以组织振兴促乡村振兴，实现乡村"治理有效"，打造"善治"乡村，具有重要的理论意义和现实意义。

第二节　本书研究的理论视角

以组织振兴推进乡村"治理有效"和乡村振兴是实现农业农村现代化的热点问题。理论界对当前乡村基层党组织建设的发展现状，乡村治理相关主题研究进行了较为全面系统的阐述，取得了较为丰富的研究成果。探讨乡村组织振兴，首先要对组织的相关理论进行简要的介绍，为本研究奠定理论参考架构。

一、跨学科组织理论

组织的本质是如何把社会个体通过某种制度化的机制凝聚在一起，并通过共同的行动指向来达成个体无法达成的目标，最终实现公共利益的最大化。按照斯蒂芬·P. 罗宾斯的观点，组织是指一种有意协调的社会合作单元，它由两个以上的人组成（所谓"三人为组"），通过相对连续的运作，以达到个人难以独立完成和实现的共同目标或一系列目标。[①] 组织是管理和治理的基础，任何组织制定的行动目标都必须依赖组织来达成，而组织的

---

①［美］斯蒂芬·P. 罗宾斯：《组织行为学》（第 10 版），孙建敏、李原译，中国人民大学出版社，2005 年，第 243—244 页。

结构和运行机制对实现组织管理和治理的效能有直接的影响。

依据不同的分类标准，可以把组织分成不同的类型。如果根据组织的功能属性来分，可以分为经济组织、政府组织和非营利组织等；如果按照组织的结构化程度来分，可以分为有明确组织规章制度的正式组织和组织化较低的非正式组织；如果按照组织登记的程序来分，又可以分为官方组织和民间自组织等；如果按照组织成立是否合法来分类，则可以分为合法组织和非法组织。从不同的角度探讨和研究组织的分类标准，决定了不同学科对组织运行和组织研究的特定视角和关注点的差异。

关于对组织理论的研究，经济学、政治学、社会学、管理学等学科涉及较多，形成不同的理论研究视角，其中古典管理理论主要关注对正式组织及管理制度的研究。直到 20 世纪 20 年代后，由于行为科学理论的兴起和人际关系学说的诞生，学术界开始意识到存在于组织中的非正式组织对组织目标达成的影响，由此展开对非正式组织的关注与研究，并促进了不同学科在组织研究上的交叉融合。

1. 经济学组织理论

经济学主要从经济理性角度对经济组织理论进行探讨，并主要讨论市场经济组织的构成和运行逻辑特征。组织管理效率、契约履行、交易成本、产权、政治意识形态、制度等都构成经济学组织理论研究的关键概念。按照经济学一贯的经济理性研究推理逻辑，经济组织被定位为是经济交易的中介产物，同时也是社会经济分工的产物。社会中进行的各种类型的经济交易都需要被安排在某种经济组织架构中。组织的正常存在是交易得以正常进行的一种机制。按照交易费用理论视角，行政组织的存在是在交易双方面临某种不确定的条件下，由其出面协调交易主体之间的机制。市场和集团组织的存在在一定的条件下可以降低交易费用。[1]

在早期的古典经济学理论流派看来，人类社会成立经济组织的目的是扩大经济交易规模，并在此过程中追求经济利益最大化。但是这种观点后来备受批判。20 世纪 30 年代后的制度经济学的代表人物康芒斯在其《制度经济学》著作中第一次提出应把经济组织作为交易分析的基本单位，并指出经济

---

①周立群：《组织理论与组织经济学》，《经济学动态》，1998 年第 5 期。

组织的目标是为了协调交易双方的矛盾，而不仅仅是扩大组织的经济规模。①
这一视角使得经济学的组织研究也包含了社会学的视角，对组织概念含义本
身意义的理解也得以扩大。到了后来，经济学对组织管理理论的研究也试图
吸收社会学、人类学关于社会理性的假设，凸显非正式组织在经济组织运行
的行为逻辑的重要性，并质疑市场经济规律的普适性。因此自 20 世纪 70 年代
以来，经济学和社会学融合形成的新经济社会学开始把社会资本、社会网络
等概念引入到分析经济组织运行过程中，并关注非经济因素对人类经济行为
的影响，由此开创了新的经济组织研究视野。

2. 政治学组织理论

政治学对组织研究的关注是注重对政治组织功能的分析，其中最有名
的当属科层制理论。政治组织主要是追求公共管理效能，即强调政治组织
的目标是服务公共政策执行，以实现公众的公共利益最大化。组织研究的
起点可以追溯到马克斯·韦伯（Max Weber）的研究。他提出了著名的"理
想类型"概念，其意思是将同类现象加以抽象，提炼出一个理想模式，从
中再抽象出一些基本特征。② 而韦伯提出的科层制组织就是属于后来广受关
注的正式组织。

在韦伯看来，现代社会的科层制组织有几个明显的特征：一是组织内
部有非常严格的规章制度和等级制度，组织的最高权威即是组织规章制度，
任何组织内的人都必须遵守组织规章制度；二是组织的权力和职位相关且
是非人格化的，权力是依附在组织职位上的，有职位才会有权力；三是组
织内的成员是由受过专门训练的职业化管理者组成，他们严格按照组织的
规则行事；四是组织的权威是建立在理性和法理权威基础上的，与个人权
威基本无关。

作为科层制理论的重要代表人物，韦伯试图按照客观理性的视角来对
组织概念进行界定，并着重探讨了实现组织制度的科学化和体系化机制，
目的是在组织中排除人为因素的影响，以建立科学系统的组织制度，从而
提高组织管理和运行的效率。韦伯还对人类社会的组织权威的形成历史进

---

① [美] 康芒斯：《制度经济学》，商务印书馆，1962 年。
② [德] 马克斯·韦伯：《社会科学方法论》，杨富斌译，华夏出版社，1999 年，第 89—99 页。

行了分析，认为过去的组织主要是以传统权力和组织领导者的个人魅力威权两种权力类型为主要特征。其中传统权力是从传统社会继承下来的，是建立在对古老传统的神圣性以及行使权力的职位的合法性信念上。而个人魅力威权则是建立在人们对其神圣性、英雄主义或模范品格的忠诚之上。韦伯指出，在现代社会发展和组织现代化过程中，传统权力和个人魅力权力作为建立在特定的人格魅力基础上的权威生成机制已经失去了其存在的基础，逐渐被一种新的权力——法理型权力取代。这种以法制权力为基础的组织可以实现永久的制度化设计，其组织运行机制精确、高速、清晰。在这种科层制组织下，组织的最高权威是规则制度本身，即使是组织的领导者，在这种机制的管理下都必须严格遵守规则而不能恣意妄为。①

政治学和政治社会学对政治组织的具体实践机制研究也给予很大关注。如罗伯特·米歇尔斯（R. Michels）通过对政治组织的内部运行管理体制进行深入分析后发现，在组织管理中，无论是采取哪一种民主决策制，包括采取选举投票过程，都很难避免"寡头统治"，他称之为"寡头统治铁律"。米歇尔斯甚至断言，某一群体中少数人当政意味着无论这一组织以何种方式运作，最终均无法逃脱"寡头"管治的命运。② 米歇尔斯的理论让人们关注到组织内部的决策机制对组织效能实现的影响。

讨论组织"寡头"治理问题，自然还会涉及社会组织"精英"和"精英俘获"这个社会学、政治学研究领域中广泛研究的经典议题，对于精英的定义也各有偏重。帕累托的组织精英理论奠定了西方精英研究的传统，他将"精英"定义为组织中在一个方面或某几个方面具有特殊优势的成员。米尔斯的"精英权力观"认为，"精英"是一群具备较强个人能力、居于社会统治地位的权力集团并能运用大量政治权力的一类人。③ 在民主化国家提供社区公共服务的实践中，地方政府要对其辖区内的选民负责。由于社区传统与地方经济发展不平等，原本为帮助多数人而转移支付的资源反而被少数精英获得的

---

① 黄崴：《西方古典组织理论及其模式在教育管理中的运用与发展》，《华南师范大学学报（社会科学版）》，2000 年第 6 期。

② [德] 罗伯特·米歇尔斯：《寡头统治铁律——现代民主制度中的政党社会学》，任军锋译，天津人民出版社，2003 年，第 325—342 页。

③ [英] 安德鲁·海伍德：《政治学核心概念》，吴勇译，天津人民出版社，2008 年，第 208—210 页。

"精英俘获"现象，导致其他大部分人的利益因此受损。

在国内学术界，近年来也有一些研究者关注乡村精英通过参与村"两委"干部选举或组建其他新型经济组织参与乡村建设和治理的现象，已有研究对由此形成的精英治村大多持负面评价，认为这种"富人治村"体制会导致"精英俘获"和"寡头治理"现象，有悖村庄公共治理和民主自治原则，降低了普通村民的参与度，是村级民主自治治理的异化。[①] 对于这个问题，我们在后面还会作详细讨论和分析。

3. 社会学、管理学组织理论

除了经济学、政治学关注组织研究之外，社会学也把组织作为研究的重点之一。研究乡村组织振兴，必须对非正式组织及相关研究有充分的了解。和其他学科相比，社会学对组织的研究更具包容性解释力，因此其研究视角和观点也被其他学科的组织学研究者广为借鉴。社会学组织理论的最大特点是把组织分为正式组织和非正式组织，而且更为重视研究非正式组织在正式组织中所发挥的功能和作用。在乡村建设和治理过程中，非正式民间自组织一直存在且发挥越来越重要的作用。因此，其理论研究视角对本书研究也有很大的理论参考价值。

学界普遍认为，一切正式组织中都包含有非正式组织。当一部分组织成员利益受到威胁时，他们往往会自觉或不自觉地联合起来，组成一个非正式的小团体——非正式组织以维护自己的利益。非正式组织大都是围绕组织某个特定的核心人物而不是遵守法定程序建立的，它没有明确的组织机构、章程和文化，其思想基础与行为准则往往是一些共同认可的生活习惯或价值观念等。[②] 较早提出非正式组织概念的是哈佛大学心理学家梅奥（George Elton Mayo）。他于 1924 年到 1932 年在主持著名的"霍桑实验"时发现，（企业）正式组织中存在着自发形成的非正式组织，并揭示了非正式组织对于组织实现行为目标的影响，但他没有对非正式组织下定义，甚至没有提出"非正式组织"这个词，而是用"非正式团体"来指代这种非

---

①王黎：《寡头治村：村级民主治理的异化》，《华南农业大学学报（社会科学版）》，2019 年第 6 期。

②刘邦凡、王燕、李汉卿：《引导政府组织中非正式组织的技术与方法》，《中国人力资源开发》，2009 年第 8 期。

正式的人际行为关系。梅奥指出，非正式组织是因满足组织员工的社会情感需要而自发形成的，遵循的是情感逻辑[1]，它有自己的特殊规范，对组织内的成员的人际行为起着调节和控制作用，也能加强彼此的内部协作关系。和正式组织更多是通过组织规章、组织层级结构来安排成员之间的关系而建立起来的效益目标型群体相比，非正式组织更能反映成员之间的社会关系。[2]

西方学术界公认的"现代管理和组织理论之父"巴纳德（Chester I. Barnard）在吸收梅奥非正式组织观点的基础上，形成比较系统的非正式组织理论，由此形成的人际关系学说对后来的组织管理理论产生了深远的影响。巴纳德认为，组织包括正式组织和非正式组织两类，而且社会中无论什么地方都存在着与正式组织有关的非正式组织，非正式组织在很大程度上是嵌入于正式组织中的。在他看来，正式组织又包含有两层含义，其一是作为理念的组织，其二是作为实体的组织。任何一个组织的成立需要具备三个基本要素——共同的目的、协作意愿和沟通机制，三者构成组织成立的重要条件。同时，组织持续生产必须具备两个条件——有效性和效率，从而使得组织成为一个有机的系统。[3] 巴纳德对正式组织运作存在的非正式组织力量的作用给予高度关注，并把非正式组织定义为不在正式组织的框架内或者不在正式组织的管辖内的，人们之间没有共同的意识和共同的目的，只是由于持续或反复的接触而相互作用所形成的有特殊密度的区域[4]。他还进一步指出，非正式组织没有正式结构，不定型的往往也不能自觉地认识到共同的目的，而是在共同工作中自然形成的一定的态度、习惯和规范。[5] 此外，巴纳德和西蒙（Sime）在组织均衡理论中还指出，组织要想获得均衡，就必须吸引足够多的人参与，以保证其生存能力。

不少学者注意到非正式组织在社会中所发挥的功能作用，且强调非正式组织与正式组织的伴生关系和共同的价值取向。有的学者指出，非正式组织

①郭咸纲：《西方管理思想史》（第三版），经济管理出版社，2004年，第182页。
②王燕、王娟：《非正式组织研究综述》，《燕山大学学报（哲学社会科学版）》，2013年第1期。
③周为中、林嵩：《饭野——加藤之争与巴纳德的正式组织概念》，《管理世界》，2009年第11期。
④刘邦凡、王燕、习林波：《夯实社会管理的基础》，《人民日报》，2011年11月16日第7版。
⑤张永桃：《行政管理学》，高等教育出版社，2003年，第13页。

具有自愿组织、凝聚力强、心理协调性好、情感相容、隐蔽性强、稳定性弱、信息传递快、信息沟通灵和自然形成"领导"人物等特征。非正式组织由于其自发自愿组成，其凝聚力往往比正式组织都要强。[①] 塞尔斯强调非正式组织产生是源于利益和友谊的组合，是带有目的性的。[②] 戴维斯则认为，非正式组织只是由于人们互相联系而自发形成的个人和社会的关系网络，因此它并不是由正式组织建立或需要的。费雷德·鲁森斯也强调非正式组织所具有的政治、友谊或共同兴趣联络功能。其中从政治原因角度分析，非正式组织的形成可能是为了获得分享报酬或占有资源的权力。而从友谊群体建构角度来看，非正式组织可以延伸到工作场所之外的领域。

而国内一些管理学研究者从非正式组织因何出现凸显其在社会中的地位和作用。[③] 如朱丽莎根据马斯洛的需要层次理论认为组织成员的多层次需要促成了非正式组织的产生。[④] 李爱国等强调正式组织的局限性导致了非正式组织的产生。[⑤] 董学敏则认为非正式组织是由于共同的思想、相互依赖又能满足不同的需求并且能规避正式组织的一些规范而自发形成的。[⑥] 徐碧林等通过实证研究，证实情感需要、个性偏好和共同的价值观体系是非正式组织形成的三个重要因素，并且通过重要程度排序为情感需要、共同的价值观体系和个性偏好。[⑦]

还有的研究者从正式组织目标实现角度对非正式组织在正式组织中存在的利弊作用进行了多角度分析，提出趋利避害的政策选择。如巴纳德认为，非正式组织的存在可以增强正式组织的功能，使其更有效率。但非正式组织对正式组织的目标实现也会产生消极作用，包括成为小道消息的传播途径，泄露组织的机密；控制内部成员的行为，影响正式组织的管理效率，抵制变革；产生派别主义、小团体主义盛行等。因此组织管理人员要扬长避短，引导非正式组织发挥良性作用。实际上，非正式组织的核心领

①朱敬明：《非正式组织研究综述》，《宜春学院学报》，2011 年第 2 期。
②孙耀君、管立维：《西方管理学名著提要》，江西人民出版社，1995 年，第 204—206 页。
③《非正式组织研究综述》，《宜春学院学报》，2011 年第 2 期。
④朱丽莎：《组织中非正式群体以及管理对策》，《科技进步与对策》，2001 年第 4 期。
⑤李爱国、彭长征：《社会大转型时期的非正式组织再造》，《经济管理》，2002 年第 6 期。
⑥董学敏：《非正式组织的形成动因及管理策略研究》，《北方经贸》，2007 年第 7 期。
⑦徐碧琳、宋爱玲：《非正式组织成因的实证研究》，《现代财经》，2005 年第 4 期。

导人物往往是组织中业务比较熟练，威望较高者，他们的言行直接影响非正式组织的行为取向，因此组织的领导者要和他们建立信任和合作关系，包括提拔他们担任某些工作部门的负责人，在组织决策时充分考虑非正式组织的利益诉求等。

还有的研究者提出了自组织理论。自组织理论是 20 世纪 60 年代末期发展起来的一种系统理论。[1] 所谓自组织（self-organizing），是相对于他组织（organized）而言的一种组织形式，是指没有特定外部力量参与的情况下，由成员自发依靠内生的组织力量组织起来的组织，而且这种组织往往属于非正式组织。哈肯（H. Haken）将自组织定义为：如果一个体系在获得空间的、时间的或功能的结构过程中，没有外界特定干预，该体系就是自组织的。[2]

自组织理论认为，在既定的互动空间范围，利益相关者不需要外部力量的介入就能够通过面对面的协调，消除分歧，取得共识，采取合作行为。[3] 埃莉诺·奥斯特罗姆（Elinor Ostrom）提出自筹资金的合约实施博弈，并认为在没有彻底的私有化和没有完全的政府权力的控制的情况下，公共池塘资源使用者可以通过自筹资金来制定并实施有效使用公共池塘资源的合约，也就是说，在政府和市场之外还存在自主治理公共池塘资源的可能性。[4] 在实践中，一些宣称特定社区或者地域可以实现"无为而治"或者社区自治的理论渊源大概与这个理论视角的推理机制相关。

吴重庆指出，群体的自组织能力之所以至关重要是因为无组织形态的群体难以形成群体行动的合力，导致在经济和社会交往中大大增加交易成本。在他看来，群体的自组织性取决于一定的条件，包括"领袖、利益、资源、环境"等四个构成部分，具体可归结为四点：一是具有动员、组织、策划和协调能力的领袖人物的出现，并且能了解和提出群体关心、向往、赞成的目标和政策，二是群体参加组织活动、接受组织约束的成本低于他

①李文杰、何炜：《农民自组织：涵义、缘起、类型、障碍及其发展路径》，《山东农业大学学报（社会科学版）》，2012 年第 1 期。

②吴彤：《自组织方法论纲》，《系统辩证学学报》，2001 年第 2 期。

③吴丹：《自组织方法研究》，清华大学出版社，2001 年，第 5—6 页。

④[美] 埃莉诺·奥斯特罗姆：《公共事物的治理之道——集体行动制度的演进》，余逊达、陈旭东译，上海三联书店，2000 年，第 3 页。

们预期从参加组织的过程中所得到的好处，从而具有广泛的积极性，三是组织者能够获得足够的时间成本，四是有相关的社会环境允许、支持，或起码不对组织的产生设置障碍。换句话说，组织者具有足够的力量去面对社会的反对以及冲破（或避开）各种障碍。[①] 事实上，在乡村实践场域，培育村庄社区领袖，是农民自组织的首要和关键的一步。此外，在农民生产生活中，由于小农具有分散、个体经营规模小、应对市场能力差等特点，农民若不组织起来，不仅会有交易成本高昂、难以应对市场的风险，而且难以抵御自然灾害。同样，在乡村治理中如果没有主动组织起来，也难以有效提供其他公共服务。这点也是本书研究中将重点加以讨论的。

4. 已有组织理论研究的启示

经济学、政治学、管理学、社会学、人类学等不同学科对组织的跨学科研究可以给我们讨论乡村组织振兴提供多方面的理论启示。正如后文所呈现出来的，在乡村组织振兴过程中，包括村党组织、行政组织、新型经济组织、社会组织、文化组织等都在乡村管理和治理中发挥各自的作用。这些组织包括正式组织（如村"两委"）、社团组织（如官方群团组织在乡村的延伸机构）和各种属于非正式组织范畴的民间自组织。尽管这些组织各有不同的组织形式，彼此追求的目标和遵循的组织运行管理逻辑各不相同，但是它们都必须在特定的村庄社区中保持协作关系，并且在和其他组织博弈的过程中达成自己的目标。也正是因为这点，才凸显出创建共建共治共享、"自治、法治、德治""三治"融合的现代乡村治理体系的特殊意义和价值。

二、乡村组织的构成

在官方表述中，乡村组织主要是指国家为了改造乡村社会而在乡村设置的政治和行政及其他各类村级社会管理服务组织，具体包括设在乡镇的党委政府部门、村"两委"（支委和村委）、村妇代会、村民兵连、集体经济组织、社会组织等等，但是一般不包括农民自组织和乡村非正式组织。而在学术界看来，乡村基层组织包括"官方"组织和民间自组织两类。民间组织是由村民自发组建成立，满足某种特定需要的盈利或者非营利组织。实际上，乡村

---

① 吴重庆：《无主体熟人社会及社会重建》，社会科学文献出版社，2014年，第142—143页。

自组织大多数属于非正式组织，其组织形式结构松散，没有章程等规范约束组织成员行为，也大多没有经过官方主管部门登记注册，不具有正式法律意义上的组织法人行动能力。如经济合作组织作为市场主体法人，具有金融信用能力，可以与其他市场主体或其他组织主体开展市场交易活动。从政府层面来看，大多不鼓励乡村自组织发展，主要是担心自组织会成长为压力群体，对国家的乡村的管理和治理力量构成博弈和挑战。①

具体而言，在乡村社会中，"官方"组织主要是指"村两委"及具有官方属性的群团组织在乡村设置的办事机构。其中，"村两委"指的是村党支部委员会和村民委员会。村党支部是党在农村设置的最基层的组织，它的合法性权威来源于《中国共产党章程》的规定，并按照党的性质和宗旨发挥其独特的先锋队和战斗堡垒作用。村民委员会则是村民自治制度的组织依托，它的合法性权威来源于《中华人民共和国村民委员会组织法》，并按照村民自治即民主选举、民主管理、民主决策、民主监督的程序运行。在实践中，党的大政方针和国家的各项政策及资源大多都是通过集体组织和村干部落实到村庄和村民中的，反过来，村民的各种利益诉求也是由村干部反应给上级党委政府的。

除了村"两委"及具有官方属性的群团组织在乡村设置的办事机构外，其他的乡村组织大都可以归为农民自组织类型。据中国社会科学院农村发展研究所社会问题研究中心 2004 年对中国农民组织现状进行的调查，除了村级政权性组织外，乡村中还存在政治性维权组织、经济性合作组织和公益性社区服务组织等三大类自组织性质的组织。② 我们认为，村级的各类民间组织具体又可分为三种类型：第一类是经济类组织，如农民专业合作社、农业产业化企业、经济协会等；第二类是社会组织，如同乡会、宗族组织、老人会、各类慈善基金会等；第三类是文化组织，如民俗研究会、传统文化研究会等。不同的民间组织在乡村社会建设发展、管理治理中发挥了不同的功能和作用。

---

① 《农民自组织：涵义、缘起、类型、障碍及其发展路径》，《山东农业大学学报（社会科学版）》，2012 年第 1 期。
② 于建嵘：《让农民组织起来——我们的实验和思考》，《农民组织与新农村建设——理论与实践》，中国农业出版社，2007 年，第 1 页。

目前我国农民组织化程度依然较低，各类农民自组织基本上尚处于起步阶段，农民的组织化程度整体发展状况较落后，影响了乡村发展和乡村治理水平的提升。实际上，就目前情况来看，农民自组织是在政府缺位的情形下，乡村系统运用自身的一整套自愿组织规则体系、组织制度将改革开放后日益显现的"原子化"的农民个体有机联系起来，进而更好地实现乡村的政治、经济、社会、文化和生态建设发展目标。[①]

三、乡村组织的功能

要全面理解乡村组织振兴，须将其置于传统乡土社会演变历程中。传统乡土社会最大的特点是乡土性，"乡"是一家一户相接聚居而成的村落，集家而成乡，集乡则成国。"土"是土地，它养育乡民，但也由于土地的不可移动性而造成对乡民的束缚。"乡"和"土"的关系就是乡村社会中人和地的关系。由于我国地域广大，乡村的区域差异也极大，国家力量难以直接对接区域差异极大的乡村，更无法直接对接和管理千家万户。因而国家的管理体制的总体策略是实行乡村自治制度。为了降低政策执行和资源交易成本，国家需要通过乡村基层组织在国家和乡村之间构建一种行政连接和资源对接的中间组织，即中间人，以连接国家与农民，因此建立强有力的基层组织体系是国家管理和治理乡村的前提和基础。

2019年中央一号文件指出：要"发挥村级各类组织作用"，强化乡镇、村党组织、村委会、村监会、村集体经济组织和村社会组织等在乡村管理、治理和服务中的各项功能。乡村组织是国家对接分散农民个体的桥梁和中介，在乡村社会管理、治理和服务中发挥着重要的经济、社会和文化职能，满足广大农民对各类资源和公共服务的需求，同时承担着贯彻国家政策和制度的功能。虽然不同的乡村组织根据自身的职责定位，在承接国家和社会资源中各司其职，但其功能大致可归纳为公共服务和公共物品供给及发挥连接国家和乡村社会的作用。

1. 公共服务和公共物品供给

乡村组织最主要的功能是维护乡村基本秩序，这一点主要是通过为乡

[①]《农民自组织：涵义、缘起、类型、障碍及其发展路径》，《山东农业大学学报（社会科学版）》，2012年第1期。

民提供其生产生活所需要的基本公共服务和公共物品的供给而实现。基本公共服务如教育、医疗、计生、社会保障等，公共物品是指在消费上具有非竞争性和非排他性的物品或服务。在乡村场域中，乡民生产生活所必需的水、电、路等基础设施以及治安、环境卫生等都属于公共品。贺雪峰甚至将村干部也纳入村庄公共品范畴，因为村干部具有调解村庄矛盾纠纷的作用①。公共服务和公共品的最大特性是其公共性的一面，它涉及绝大多数人的共同利益，是"户外村内"的事，是农民生产生活的必需品，但又是一家一户难以承办或者办起来不合算的事。

在人民公社时期，乡村的公共服务和公共物品供给基本是由生产队供给，大队和生产队承担了村庄的政治经济和各种社会保障功能。尽管当时村集体掌握的资源较少，但是在村庄内部能够进行相对公平的分配，而广大村民被高度组织起来，从集体生产生活中获得较多的公共品供给，享受到由村集体统一且公平的基本福利。

改革开放分田到户后至税费改革前，村干部借助收取"三提五统"② 向农民收取一些税费，保证村集体组织运营，同时承担一些乡村公共管理和社会服务。这种税费后来逐渐演变为农民"负担"。正因为村干部有完成税费收取的任务且需要与农民打交道，当村干部不为农民提供公共品服务，农民就可以不缴纳税费来威胁村干部。因而村干部为了顺利收取农业税费，也会尽力为村民提供生产生活所需要的公共服务。因此这一阶段尽管村民的负担重，但村民农业生产所需的公共服务仍能够基本上得到满足。2006年，国家全面取消农业税费后，村集体不能再向农民收取税费，不仅如此，随着配套的乡镇体制改革的推进，如撤乡并镇、取消村民小组长等使国家行政组织退出乡村，村级组织被"弱化"。因此村级组织为村民提供公共品的能力也相对弱化，导致缺乏集体经济收入的一般农业型村庄公共品供给严重不足。

---

①贺雪峰：《乡村的前途——新农村建设与中国道路》，山东人民出版社，2007年，第96页。

②"三提五统"是土地家庭承包制实施后，村集体经济组织按规定从农民生产收入中提取的用于村级维持或扩大再生产、兴办公益事业和日常管理开支费用的总称。具体包括村级提取的公积金、公益金和管理费等"三项提留"以及乡政部门收取的"五项统筹"，包括教育费附加、计划生育费、民兵训练费、乡村道路建设费和优抚费等税费。

　　然而，实践证明，农村集体经济基础薄弱并不是阻碍农民组织起来的充分必要条件。在革命年代，村集体经济普遍不发达，但农民能够基于互助合作的需要而组织起来。例如，毛泽东在 1943 年 11 月 29 日在共产党招待陕甘宁边区从农民群众中、工厂中、部队中、机关学校中选出来的劳动英雄以及在生产中的模范工作者大会上，作为党中央代表发表主题为"组织起来"的讲话中有两点值得注意。第一，组织起来首先是地方农民的经验创新。由于生产需要，群众自己发明集体互助的办法即自愿参加集体互助组织，比较有代表性的就是农业劳动互助组织，如"变工队""扎工队"①，江西红色区域称之为"互助社"，又称"耕田队"，有些地方称为"互助社"。第二，为了解决边区生产生活问题，党中央综合国外列宁的合作社经验及国内江西、陕北的群众集体互助合作经验，通过党高级干部会议使"把群众力量组织起来"条理化并转化为党的方针在边区推广，使广大党员按照自愿原则将群众组织起来，进而发展出除集体互助的农业生产合作社以外的其他三种形式的合作社，即延安南区合作社式的包括生产、消费合作、运输合作（运盐）、信用合作的综合性质的合作社，运输合作社（运盐队）以及手工业合作社。最终，生产效率大大提高，"丰衣足食"得以实现。毛泽东也因此强调，"在农民群众方面，几千年来都是个体经济，一家一户就是一个生产单位，这种分散的个体生产，就是封建统治的经济基础，而使农民自己陷于永远的穷苦。"而"克服这种状况的唯一办法，就是逐渐地集体化；而达到集体化的唯一道路，依据列宁所说，就是经过合作社"。但是，真正关键的并不是合作社名目本身，而是带有合作性质的"在集中领导作用下用互相帮助共同劳动的方法来解决各部门单位各个人物质需要的群众的生产活动"。因为"把群众的力量组织成为一支劳动大军"是"人民群众得到解放的必由之路，由穷变富裕的必由之路，也是抗战胜利的必由之路"，因此，毛泽东当时要求"每一个党员，必须学会组织群众的劳动"。②

---

　　①"变工队"中"变工"即换工，是农民相互间调剂劳动力的方法，有人工换人工、牛工换牛工、人工换牛工等等。参加变工队的农民，各以自己的劳动力或畜力，轮流并集体替本队各家耕种，结算时，一工抵一工，多出的人工或畜工的由少出了的补给工钱。"扎工队"一般是由土地不足的农民组成，参加扎工队的农民，除了相互变工互助以外，主要是集体出雇于需要劳动力的人家。

　　②《毛泽东选集》第三卷，人民出版社，1991 年，第 932 页。

在革命战争年代，农民之所以能够被组织起来，大致有两方面的原因：一是源于农民有非常迫切的内在的劳动合作互助需求，二是党的组织和动员作用。当时各级党组织吸纳一切全劳动力、半劳动力、妇女、"二流子"、人力、蓄力、工具等，将乡村所有人财物全部通过组织整合起来，即"把一切老百姓的力量、一切部队机关学校的力量、一切男女老少的全劳动力半劳动力，只要是可能的，就要毫无例外地动员起来，组织起来，成为一支劳动大军"。①正是在农民的内在需求驱动和党组织的外部组织动员双重作用下，农民被高度组织起来进行自我管理自我服务，乡村的公共服务和公共物品供给问题才能够得到有效解决。

置身于当今社会，随着工业化、城市化的迅速推进，乡村人财物大量外流，常年留守村庄的是"老弱病残幼"村民，村庄的"空心化"越来越严重，村庄的基本秩序难以靠其内生力量维系。当内在资源不足时，就需要外部力量支持和推动，需要国家向村一级注入大量的资源以增强乡村组织提供公共服务和公共物品的能力，但这些又需要乡村基层组织来承接，这就对乡村基层组织建设提出了新要求，乡村组织振兴也就迫在眉睫了。

2. 连接国家与村庄

乡村组织是连接国家与乡村的重要连接点，一端连接着国家，一端连接着村庄。国家在乡村建立的组织本身是否强有力以及它的功能能否得到有效发挥，直接影响国家政权的现代化建设的成败。民国时期，国家在基层没有建立强有力的乡村组织，因而在现代政权建设过程中出现基层政权"内卷化"现象，损害了国家和农民的利益，引发农民的不满和革命，也使国家现代政权建设归于失败。新中国成立后，人民公社时期，为了实现国家工业化，国家在农村建立了高度组织化甚至是准军事化的"政社合一"的乡村组织，不仅积累了原始资本，而且通过集中乡村的人力财力物力等资源修建了一大批大型水利设施等基础性工程，有效弥补了乡村公共基础建设资金投入不足的问题。

改革开放及实行土地家庭联产承包责任制后，人民公社体制逐步解体，同时"政社分开"体制改革开始实施。由于乡村基层组织不再直接控制乡

---

①《毛泽东选集》第三卷，第941页。

村土地和农业生产经营活动，致使不少村庄的基层组织涣散，同时由于市场化、城镇化造成乡村人财物资源不断外流，各种内生自组织难以建立，形成农村弱社会结构，影响国家政权建设稳定。这是当前乡村组织振兴中面临的客观形势。

总而言之，从国家现代化的角度看，乡村对国家的重要性主要体现在两个方面：一是乡村是应对现代化进程中的各类危机如金融危机、新型冠状病毒肺炎疫情等偶发性危机的稳定器，因为在危机爆发时，农民可以退回农村，并且可以在农村以较低的成本维持基本的生产生活；二是乡村是现代化建设的短板，没有乡村的现代化就没有国家的现代化。当前，由于税费改革后国家权力对乡村的控制趋于弱化，为各种非正式组织治理力量的成长提供了机会。面对这种乡村治理的新形势，如何建构自上而下和自下而上的良性互动的"善治"乡村治理体系是乡村建设的关键所在。有研究者呼吁，新时期需要强化乡村组织体系建设，再造村社集体组织，在保持农村土地集体所有制下提升乡村基层组织的弹性化组织能力。① 同时，各级党委政府也要尽可能从资本扶持、人才培养、制度保障等方面提供农民自组织的要素供给。②

四、组织振兴相关研究

自乡村振兴战略提出之后，截至目前，学术界直接研究乡村组织振兴的成果尚不多见，但对如何促进乡村组织振兴，夯实乡村基层组织建设进行了初步研究，也取得了一定的研究成果积累。

从官方的政策文件话语表达来看，推进乡村组织振兴主要是围绕村"两委"组织尤其是村党组织来展开。党的力量来源于党组织，组织能使党力量倍增。已有的研究成果着重探讨如何加强乡村基层党组织建设，确保将基层党组建设得坚强有力。高翔莲等指出，组织"振兴"是相对组织"衰败"而言，振兴意指整顿恢复、重获兴盛、促进发展。新时代乡村基层党组织振兴，其目标是把乡村党员组织起来，把乡村人才凝聚起来，把村民群众动员起来，合力推动新时代乡村全面振兴。具体而言，实现乡村党组织振兴的主要途径有三点：一是拥有质量优良的党组织"领头雁"和数

---

① 贺雪峰：《如何再造村社集体》，《南京农业大学学报（社会科学版）》，2019 年第 3 期。
② 《农民自组织：涵义、缘起、类型、障碍及其发展路径》，《山东农业大学学报（社会科学版）》，2012 年第 1 期。

量充足的党员干部队伍，二是村党组织掌握足够的经济资源、政治资源和文化资源，三是实现内部高效运行和外部有效领导。[①] 霍军亮等认为，加强乡村基层党组织建设要从优化组织构建体系、发展和壮大集体经济、复兴和传承优化传统乡村文化、提升乡村社会治理能力四个方面加强乡村基层党组织建设。[②] 蔡文成则强调，加强乡村基层党组织建设必须从树立先进的乡村治理理念、优化治理体系、提升治理能力、创新治理方式以及营造治理环境五个方面入手，以切实提高乡村基层党组织的治理能力，实现乡村治理现代化。[③] 李德等则强调，发挥基层党组织在乡村振兴战略中的领导核心作用，必须从突出村党组织的政治功能、加强村党组织的制度建设、严明村党组织的主体责任、增强其服务功能以及夯实党组织的基层基础五个方面入手。[④] 王同昌则指出，实现新时代农村基层党组织振兴，是推进全面从严治党向农村基层纵深发展的必然要求，因此针对当前农村基层党组织建设中存在的问题，必须推动、强化和创新农村基层党组织建设，从带头人选拔培养、党员队伍教育管理、党组织运行机制构建、党组织资源增加以及夯实领导责任等方面采取有效措施。[⑤] 张瑜等认为，抓好乡村基层党组织的组织力与社会需求精准匹配是提升村党组织领导力的重要路径，并主要基于民众需求导向提升村基层党组织服务能力，基于效率导向优化村基层党组织运行机制。[⑥]

在学术界，也有一些学者关注到乡村中成长的各类社会经济文化组织在乡村振兴中能够发挥"多元共治"的作用。乡村社会组织作为乡村治理的重要资源，对盘活乡村经济和其他资源具有重要的不可替代的作用。首

①高翔莲、乐诗韵、罗浩：《新时代乡村基层党组织振兴：内涵、地位、价值与目标》，《学习月刊》，2020年第1期。

②霍军亮、吴春梅：《乡村振兴战略背景下农村基层党组织建设的困境与出路》，《华中农业大学学报（社会科学版）》，2018年第3期。

③蔡文成：《基层党组织与乡村治理现代化：基于乡村振兴战略的分析》，《理论与改革》，2018年第3期。

④李德、闫昕潮：《以农村党组织为核心实施乡村振兴战略》，《毛泽东邓小平理论研究》，2018年第6期。

⑤王同昌：《新时代农村基层党组织振兴研究》，《中州学刊》，2019年第4期。

⑥张瑜、倪素香：《乡村振兴中农村基层党组织的组织力提升路径研究》，《学习与实践》，2018年第7期。

先，有的学者注意到各类新型经济组织在凝聚乡村经济资源、促进乡村产业振兴中的作用。如周立等认为，实施乡村振兴战略，需要健全适合农业农村特点的农村金融体系，充分发挥非正式金融组织的作用。非正式金融组织能够灵活运用乡村社区内部的信息与资源，解决正式金融组织不能解决的乡村金融市场问题，实现乡村金融组织的多元化发展。[1] 朱泓宇等指出，村社型合作金融组织有助于纠正过去长期存在的"重农业轻乡村"的观念，调动农民的积极性、推动劳动力、推进土地和资本要素的协同和有序联动，从而推动乡村振兴。[2]

其次，还有的学者注意到乡村各类社会文化组织在乡村组织建设中能够发挥多方面的社会整合作用。如徐顽强等认为，在当前共建共治共享的社会治理格局中，社会组织具有呼应社会治理重心向基层下移的作用，有利于基层社会治理的发展。社会组织参与乡村文化振兴可以在动力、资金和氛围上提供帮助。不过，在具体实践中，参与乡村文化振兴的组织面临着定位模糊、治理低效和激励有限等困境[3]。廖林燕认为，民族地区乡村是我国乡村振兴的重中之重，推进"直过"[4] 民族的乡村发展，需要在乡村基层党组织的领导下优化和整合长老组织、寨头组织、头人组织等传统乡村社会组织的力量，为乡村振兴提供重要的治理资源与有益的发展资源，从而使其更好地服务于乡村振兴的整体进程。[5] 贺雪峰则认为，乡村是国家现代化的"稳定器"和"蓄水池"，乡村建设的重点应在于提高农民的组织能力[6]，再造村社集体[7]，从而使农民过上"低成本、高福利"的社会生活。

---

[1] 周立、郭雨薇：《农村金融组织多元化对乡村振兴的重要意义》，《国家治理》，2018 年第 42 期。

[2] 朱泓宇、李扬、蒋远胜：《发展村社型合作金融组织推动乡村振兴》，《农村经济》，2018 年第 1 期。

[3] 徐顽强、于周旭、徐新盛：《社会组织参与乡村文化振兴：价值、困境及对策》，《行政管理改革》，2019 年第 1 期。

[4] "直过"是直接过渡的简称，"直过"民族意指一些从原始社会后期的社会发展形态在 1949 年新中国成立后直接过渡到社会主义社会的民族，主要包括独龙族、怒族、傈僳族、基诺族、佤族、布朗族、德昂族、景颇族、鄂伦春族、鄂温克族以及部分拉祜族等。

[5] 廖林燕：《乡村振兴进程中"直过"民族传统社会组织的创造性转化研究》，《西南民族大学学报（人文社科版）》，2018 年第 10 期。

[6] 贺雪峰：《乡村建设中提高农民组织化程度的思考》，《探索》，2017 年第 2 期。

[7] 贺雪峰：《农民组织化与再造村社集体》，《开放时代》，2019 年第 3 期。

第三节　本书研究的主要内容

本书将从乡村组织振兴立足点出发，探讨如何通过吸收已有的关于不同学科的组织理论研究成果，对村级微观实践场域中不同组织的运行机理展开分析，由此揭示新时代乡村振兴下的组织振兴的实践路径。本书将以近年来对浙江、广东、福建、湖北、河南、山东、四川、贵州等省市县乡村开展的田野调查获取的一手研究资料为基础，以乡村组织建设振兴的典型实践案例为研究叙事，全面了解各乡村组织建设发展的现状，了解乡村基层组织建设已经取得的成效和存在问题，分析其原因。与此同时，本书还将对调查地区乡村组织建设中所取得的典型经验和做法进行总结、归纳和提升，使之成为具有一定推广意义的组织振兴实践模式。

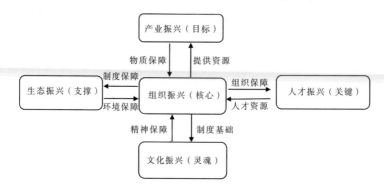

五大振兴关系图

当前，大力推进乡村组织振兴是协调推进乡村产业振兴、生态振兴、人才振兴、文化振兴的组织保障和制度保障。乡村"五大振兴"是不可分割的有机整体，它们相互联系、相互作用、相互促进，共同构成乡村全面振兴的壮美画卷。产业振兴为组织振兴提供物质基础，人才振兴为组织振兴提供人才保障，文化振兴为组织振兴提供精神给养，生态振兴为组织振兴提供环境支撑，而组织振兴是确保产业振兴、生态振兴、人才振兴以及文化振兴得以有序开展的强有力的组织保障。

本书研究首先关注的核心内容是在新时代乡村振兴中应如何更好地发挥乡村党组织的核心引领作用。党和国家将组织振兴提升到乡村全面振兴的高度，融入乡村振兴发展战略的布局，充分表明十八大以来党中央对加强和改善乡村基层组织建设的高度重视。官方的政策文件所指的乡村组织振兴主要是围绕乡村基层党组织而设计，目的是使基层党组织在实施乡村振兴战略能够更好地发挥"主心骨"和坚强战斗堡垒作用。乡村基层党组织是党联系广大群众的桥梁和纽带，也是乡村组织和开展社会治理的工作领导核心。无论乡村社会结构如何变化，无论各类社会经济组织如何发育成长，乡村基层党组织的领导地位不能动摇，战斗堡垒作用不能削弱。

"推动乡村组织振兴，应充分发挥好农村基层党组织的领导核心作用，坚持党组织对农村各类组织的统一领导"①。党的十八大以来，习近平总书记在多次讲话中强调，我国农村工作千头万绪，抓好农村基层党组织建设是关键。推进乡村组织振兴必须以强化乡村党组织领导力为核心，推进全面从严治党向基层延伸为重点，强化和提升乡村基层党组织的凝聚力和执行力。

本书研究的内容还将重点关注村民自治制度的依托——村委会组织及其他农民自组织在乡村振兴中的地位和作用。作为承担乡村治理"行政"职能的管理和服务组织，村委会主要承担和负担村民的管理和公共事业建设和公共服务职能，它和村党组织承担的"党的领导"紧密相关。如何在乡村组织振兴中厘清两者之间的关系，构建一种新型的村级"党政融合"的关系，也是乡村组织振兴实践及本书研究需要探讨的主要内容。

乡村振兴中，除了要发挥好村"两委"的作用外，还要发挥乡村其他经济社会文化组织在乡村建设和发展的"多元共治"作用，这点也是本书将要重点讨论的内容。中国乡村社会区域差异极大，不同地区乡村社会的社会基础也有很大不同，乡村自我组织的能力、组织程度、组织的功能都有很大的差别。但总体而言，乡村社会是农民生产生活的场域，基于生产生活产生的各类共同的需求是乡村基层组织的基础。因而基于乡土社会结构本身所建构的各类乡村基层组织，往往有其独特的性质和功能。理解乡村基层组织的性质和功能，对强化乡村治理体系和治理能力建设、回应农民的内在需求有重大意义。

---

① 韩俊：《谱写新时代农业农村现代化新篇章》，《人民日报》，2018 年 11 月 5 日第 7 版。

第四节　本书研究的方法与资料获取

　　研究乡村组织振兴理论与实践议题，最根本的是要坚持以习近平新时代中国特色社会主义思想为指导，并结合当前各省（自治区、直辖市）、市、县、乡（镇）及村庄在加强乡村基层组织建设所探索的实践经验，客观全面地分析考察乡村基层组织建设的实践路径。本书在系统梳理基层组织建设相关理论的基础上，结合实地调查中获得的案例资料，科学分析乡村组织建设的发展现状、存在问题，分析其原因，并在此基础上提出政策性的建议。

　　本书采取的研究资料获取方法主要有三种。

　　（1）文献研究法。系统梳理学界对乡村组织振兴建设的相关理论研究，是写好本书的基础工作。作者立足于已有的关于乡村组织研究的理论基础，对乡村基层党组织、乡村社会经济文化组织、村集体经济组织等各类乡村组织的建设进行全面的把握，探究不同乡村组织在乡村振兴中所发挥的功能和作用。

　　（2）田野调查法。回归乡土、回归村级场域，从农民的视角分析探讨乡村组织振兴何以可能是本研究的初衷。基于此，我们实地调查了福建、四川、浙江、广东、贵州、湖北、河南、山东、安徽等省的相关乡村，通过与村干部、村庄的能人精英、村集体经济组织负责人、村民的深入交流，较为详细地了解到当地乡村组织建设的发展现状以及有可能存在的问题。在近年来的实地调查中，我们共搜集了数百万字的各类一手研究资料。在此基础上，本书将详细讨论如何以乡村组织振兴推动乡村振兴，实现农业农村的现代化发展。

　　（3）案例研究方法。如何分析和处理一手研究资料是本书研究需要特别强调的。虽然在实地调查中获取了大量的一手资料，但本书的研究和分析仍将主要以典型个案研究法为主。本书将通过对不同地区的乡村组织振兴典型案例的详细描述分析，展现不同地区采取的地方性实践的个性和共性、理论价值和实践价值。在分析各地乡村具体案例经验的基础上，总结出具有共性的乡村组织振兴实践经验模式。

第一章／传统乡村社会组织与乡村建设试验

研究任何社会现象，必须把它置身于整个社会发展变迁的大背景中进行考察，才能更加全面客观地看清其本质和发展脉络。要全面了解当前乡村组织振兴乃至乡村全面振兴战略实施的背景和意义，必须立足于对我国传统乡村组织发展演变甚至城乡关系演变的整体过程而展开讨论和分析。

第一节　家庭、家族和村落：传统乡村社会组织

传统乡土社会中的各种组织是如何生成的呢？要考察这一点，我们就需将视野放入传统农民生产生活的具体情景中去理解。费孝通将中国社会归结为乡土社会，从生计模式看，农民的生计经济始终与土地密不可分。一方面，土地是农民的"命根子"，农民靠耕田种地从泥土中讨生活，由此形成农耕文明。另一方面，由于土地的不可移动性，农民在一方水土上精耕细作，逐步安定下来。除非是战乱、人口超负荷或生态环境恶化使"一方水土养活不了一方人"，因此发生迁移，否则人们世代定居于一地，进行物质与人口的生产及再生产。在乡土社会中，家是最基本的社会群体，更大的社会群体则是由若干家根据多种不同目的和亲属、地域等关系组成的[①]。长此以往，家庭、家族、村落等血缘和地缘共同体便形成了。在共同体内部存在共同的利益，共同的利益构成人们合作组织的基础。由于生活在村社群体中的人有生产、休息、娱乐的内在需求，因而产生了对政治、

---

①费孝通：《费孝通文集·第二卷》，群言出版社，1999年，第21页。

经济、宗教及娱乐等各种组织的需要。正如他在《江村经济》一书中所说：

> 大群体的形成取决于居住在一个较广区域里人的共同利益。比如，水、旱等自然灾害以及异国人侵略的威胁，不是影响单个的人而是影响住在这个地方的所有的人。他们必须采取协同行动来保护自己——如筑堤、救济措施、巫术及宗教等活动。此外，个人要很好地利用他的土地，需要别人的合作；同样，运送产品、进行贸易、工业生产都需要合作。休息和娱乐的需要又是一个因素，把个人集聚在各种形式的游戏和群体娱乐活动中。因此，人们住在一起，或相互为邻这个事实，产生了对政治、经济、宗教及娱乐等各种组织的需要。[①]

事实上，中国传统乡土社会大都是以血缘和地缘关系为纽带组合而成的，基于血缘和地缘产生的情感是支配人们活动的主要动力，各类乡村基层组织大都是嵌入乡村社会内部的。这种情形一直延续到近代以前。一个具有强大动员能力的乡村组织往往是适应国家与农民之间需要的乡村草根性或乡土性的组织。这个组织并非按照严格的科层制，也非按专业化的分工形式组织起来。即使是现代社会建立的乡村基层组织，也依然必须建立在乡村固有的血缘和地缘关系基础上。

传统小农社会的组织方式与其经济生活方式密切相关，依据组织结构和规模的不同而形成不同层级的组织架构，其次序从小到大可依次分为家庭、亚级房支、房支、宗族、村社共同体等形式。其中家、户是农民生产生活的最小单元，也是农民自组织的基础。家族和宗族是特定村落社区超越农户家庭的更大的内部互助和互惠性的自组织单位，也是属于社会经济分工和社会协作的内组织形态。至于村庄社区往往是一个个泛宗族化的社区内组织单位，承担了村内互助、防卫等更多的社会职能，这点在南方山区地带表现尤其明显。

和现代产业相比，传统小农经济组织生产的最大特点是维持自给自足的自然经济生计方式，家庭是主要生产组织和社会生活组织单位。当时的农民家庭大都基于自家的劳动力、土地安排自家的种植业养殖业计划，尽量对有限的土地资源精心算计，分别用于种植粮食、蔬菜和经济作物、饲

---

① 费孝通：《江村经济》，上海人民出版社，2007年，第81页。

养家畜等方面的生产，以尽可能减少对外部市场环境的依赖。这种小农经济体制具有明显的"内卷化"[1]特征。如今进入现代社会，由于工业化和城镇化的快速推进，大多数农民家庭以获取经济利益和货币收入最大化作为农时安排的出发点和落脚点，放弃了满足家庭需求的猪牛羊等大型牲畜养殖，家庭经济结构和收入来源更加多样化。

传统小农社会的土地利用和农业生产要素的配置，是与当时特定的生产力发展水平和自然经济环境相适应的。事实上，传统小农经济也是一种特定的社会生活方式，并在此基础上形成固本重农的小农价值理念和社会认知方式。不仅如此，传统小农经济制度是一整套的政治经济社会文化系统，打破其中的某一个组成部分，就会影响小农经济制度的整体结构变化。传统小农社会的社会组织也是以此为基础建构起来的。

一般的普通农户家庭主要依赖人力和畜力投入，以血缘关系和地缘关系为经济组织的合作纽带，以手工耕作生产方式生产出满足家庭所需的大部分生活用度，维持一种内生的满足家庭需求的自给自足的经济形态。这点和现代农业以满足市场需求的商品化农产品生产组织体系有本质的区别。在研究者描述的传统的小农经济制度中，每个农村家庭是一个独立的生产、组织、分配、消费组织单位。杨庆堃曾经描述了这种景象：一个农家在参加农业生产时，其家庭组织成员会按照性别、年龄进行十分和谐的自然分工，"男耕女织"，每个家庭成员都人尽其力。在此过程中，家长们会把传统的耕作知识和技能以耳濡目染的濡化方式传承给自己的子女，实现家庭组织的生产与再生产。小农家庭组织的土地耕作技能就以这种家庭成员间在田间代际传承的方式代代相传。而且在这个过程中，每个家庭成员都深切意识到，"家庭作为一个整体，大家参加农业劳作，是为了家庭这个整体，而不是为了自己个人"[2]。每个家庭从长期跟随父母从事农事的过程中还培养其对农业和土地的深厚情

---

[1]"内卷化"（involution）最早由美国人类学家戈登威泽（Goldenweiser）于 1936 年提出，格尔茨将其引入解释印度尼西亚爪哇地区传统小农生产中，由于存在资本、土地资源等因素限制，导致特定区域的新增劳动力被吸纳至农业中并使农业系统内部变得更精细、更复杂的过程。黄宗智则用"内卷化"概念来解释我国传统农业中存在的"无发展增长"状态。参见黄宗智：《华北的小农经济与社会变迁》，中华书局，2000 年，第 304—305 页。

[2]杨庆堃：《家庭作为一种主要经济组织》，乔治·道尔顿：《部落和农民的经济：经济人类学读物》，自然历史出版社，1967 年，第 334 页。

感。这是培育"乡愁"的原生态基础。

传统中国乡村社会实行家庭财产诸子继承制，这是家庭作为经济组织和社会组织延续的基本规则，也是家族和宗族组织赖以延续的经济基础。作为凝聚乡村农民血缘关系的宗族组织，始终是乡村组织建设中不可忽视的重要因素。傅衣凌从宗族关系视角出发来研究中国华南乡村的基层社区的社会组织结构。他认为，宗族关系在某种程度上跨越了阶级界限，或者与之相互交叉。这就使农民组织和行动的问题变得更加复杂。[①] 而郑振满也注意到，在闽西北地区，不少世家大族受到生态环境的制约，被迫不断地向外迁徙，以缓解本地因不断繁衍而增加的人口压力，因此形成诸多的散居宗族。[②] 这些散居宗族共同拥有一些包括田地和山林在内的族产，由此形成跨越单个村落社区产权的宗族产权。即使是新中国成立后，这些族权意识仍然作为一种如张小军所谓的"象征产权"形态潜移默化地影响当下的村落社区产权实践。[③] 正如我们后面将要进一步呈现的，只要没有打破村落中宗族聚居的形态甚至是即使打破了这种型态，宗族组织仍是乡村治理、乡村组织建设乃至乡村振兴中不可忽视的原生态力量。

从文化教育组织的角度看，它们也多半是依附和嵌入到宗族组织中的。作为传统"耕读"传家的农耕文化传承的一个重要组成部分，传统小农社会的农家子女大都是在村庄的私塾接受初级教育。到了近代之后，随着现代教育逐步向乡村地区扩散，农家子弟才得以到小学接受初级教育，或者在所在的乡（镇）接受初中或者高中阶段的教育。这样就从整体上接受和完成了一个人人格培养的基本过程。经过这个过程，一个标准的"农民"和"农村人"的濡化才算完成。

在乡村社会学和乡村人类学的研究视角中，村庄作为一个乡村最基本的超出家庭家族的社区组织单位，一直广受关注。社区被认为是有"共同的生活空间、生活空间中共享的文化价值以及发育的社会纽带和社会声望体系等"[④]。从某种程度上说，居住在同一个社区中的有着基于共同利益追求的共

① 傅衣凌：《明清时代阶级关系的新探索》，《中国史研究》，1979 年第 4 期。
② 郑振满：《明清福建家族组织和社会变迁》，湖南教育出版社，1992 年，第 121 页。
③ 张小军：《象征地权与文化经济——福建阳村的历史地权个案研究》，《中国社会科学》，2004 年第 3 期。
④ 陶传进：《环境治理：以社区为基础》，社会科学文献出版社，2005 年，第 12 页。

同的社区理性，这种社区理性和国家理性以及农民个体理性有很大的差异。在德国社会学家滕尼斯（Ferdinand Tönnies）看来，传统的村庄就是"社区"（Gemeinschaft，通常译为共同体、集体、公社、社区等）①，它是通过血缘、邻里和朋友关系建立起的人群组合，被认为是与"社会"（Gesellschaft，通常译作社会、社团、联合体等）相对应的传统因素。相对于宏观的国家政府层面，作为基层的村落社区不仅有相对独立且封闭的政治、经济、社会和文化生产和再生产职能，是一个个相对独立的行动组织单位。因为这点，有的学者认为，村庄与现代性是对立的，"村庄的大量存在总被认为与现代社会不相称，而市场力量对于村庄的敌意也几乎不会改变"②。在这种视角下，乡村被视为现代化的对立面，认为村庄是应该被"终结"的对象。

乡村中最具有社区特质的是自然村村落。正如费孝通所指出的，村庄社区是包括人口、地域及社会关系的社会实体，是一个相对独立的"村庄共同体"，在社会经济文化等方面都属于功能完整的组织单位。费孝通的观点为黄宗智、杜赞奇等人所赞同，他们都把自己的研究视角建立在村庄社区层面上。③ 事实上，村庄一直是中国社会的最小也是最基层的组织单位。即使是人民公社时期建立的"三级所有、队为基础"的农村社区产权制度，也是"嫁接到传统的乡土社会格局上"④，这种制度安排兼顾到土地等社区资源的相对公平占有性，因此才在很大程度上得到农民的长期认可。

在缺乏变动性的传统乡村社会组织中，跳出家庭和宗族组织之外，村落社区是人地资源的最基本的组织单位。杜赞奇提到，在1949年新中国成立前的某些村庄社区具有地权排他性的地方习俗。⑤ 张佩国在考察1900—1945年的山东农村时也注意到："村庄边界有两种意义，一为地理方位，一为产权观

---

①"社区"也被翻译为"共同体"，而"社会"是靠人理性利益的权衡（选择意志）建立起的人群组合，是通过权力、法律、制度的观念组织起来的一种机械合成体。

②毛丹：《村落共同体的当代命运：四个观察维度》，《社会学研究》，2010年第1期，第3页。

③黄宗智：《华北的小农经济与社会变迁》，中华书局，2000年，第229页。

[美]杜赞奇：《文化、权力与国家——1900—1942年的华北农村》，江苏人民出版社，1995年，第8页。

④朱冬亮：《社会变迁中的村级土地制度——闽西北将乐县安仁乡个案研究》，厦门大学出版社，2003年，第113页。

⑤杜赞奇发现，20世纪30年代的华北某些村庄约定，外来的村民要获得当地的村庄成员资格，必须以先在本村拥有土地且居住三代以上并有祖坟为前提条件。参见《文化、权力与国家——1900—1942年的华北农村》，第197页。

念。乡间所存在的'村界'意识，则兼有这两种意义"。[①] 他还进一步指出，虽然新中国成立后形成的集体成员权（张佩国称之为"村队成员权"）主要是建立在人民公社时期的集体产权基础上，但其中也蕴涵了村落的生存伦理、家族关系和聚落共同体传统。[②] 周其仁在研究人民公社时期的集体土地产权制度实践时也提出，要以自然村为集体产权的基本实践单位，理由是"生产队对于屏蔽形形色色的侵犯土地权利的行为比较有力量"[③]。还有的学者发现即使到了 20 世纪 80 年代土地承包制实施之后，也有类似的村落社区土地组织的变通形式。如申静、王汉生在考察四川某村的土地产权变迁时发现，以村为界的产权界定被认为是天经地义的，即使村庄的土地已被征用，土地的原有边界也并未在村民心中消失，它仍然是划定某些经济权利——如在已填平的土地上拣废铁的权利的基本依据。[④] 而在南方集体林区，一直到 20 世纪 80 年代，一些村落仍采取被当地人认可的方式来惩罚盗砍盗伐林木者，其中最常见的一种做法是让后者出资，请全村人在村里的公共场地看一场电影以示惩戒。在村民看来，在熟人社会中公开检讨自己的过错行为是一件让全家乃至族人蒙羞的事情，其惩戒效果甚至远超国家的法律制度。

和上述学者把研究视角建立在单个的村落社区不同，另一些学者则跳出村庄，关注不同的村庄社区之间的更为广泛的网络组织和互动关系。这种视角注意到的不仅是一个个孤立的村庄，而是地域更为广泛的泛村庄群。这种研究视角可以视为是村庄视角的补充和放大。如美国学者施坚雅（G. William Skinner）通过对川西集市贸易圈的研究，对西方汉学人类学的村庄研究范式提出了严厉的批判。他认为："小农的实际活动范围，并不是一个狭隘的村落，而是一个基层集市所及的整个地区"[⑤]，这才是中国社会的最基本单位。虽然施坚雅所说的基层集市贸易共同体（Standard Market Community）一般都不是土地社区产权的实践主体，但在某种特定的情况下，可能成为某些抗争

①张佩国：《地权·家户·村落》，学林出版社，2007 年，第 160 页。

②张佩国：《公产与私产之间——公社解体之际的村队成员权及其制度逻辑》，《社会学研究》，2006 年第 5 期。

③周其仁：《农村变革与中国发展》（上、下卷）(1978—1989)，牛津大学出版社，1994 年，第 651 页。

④申静、王汉生：《集体产权在中国乡村生活中的实践逻辑》，《社会学研究》，2005 年第 1 期。

⑤［美］施坚雅：《中国农村的市场和社会结构》，史建云、徐秀丽译，中国社会科学出版社，1998 年，第 32 页。

性行为所可能动员的区域。

总而言之，传统乡土社会始终维持一种封闭内生的生产生活组织方式，由此形成的组织体系也与此相适应，带有强烈的乡土气息，并主要依赖血缘和地缘关系为组织纽带，其组织的运作主要以个人威权来维持，满足村庄社区内的自治治理和公共服务的需求。这种组织体系一直延续了两千多年，直到近代资本主义制度和工业化输入乡村之后，才在某些方面发生了改变。

即便如此，正如本书后文将呈现出来的，传统乡村社会组织的很多实践精神理念仍然在现代乡村振兴中发挥着非常重要的作用，是乡村"自治""德治"的重要源泉。实际上，传统乡村的社区自治并不是完全绝对的。王日根曾经指出：总体上，封建社会时期中央集权对乡村的控制是不断强化的。即使明清时期中央集权对乡村基层社会的控制日益间接，但这不是中央对基层社会控制的弱化。另外，因为基层社会的各级组织集团多把中央的旨意奉为宗旨，因此基层社会的表面自治实质上是社会秩序更加稳定的表现。即使二者发生对抗和矛盾，也是相互关系的调适或者暂时异动，彼此仍属于一个共同体中。[①] 这种国家力量与乡村社会力量间的平衡关系至今仍没有发生大的改变。

事实上，我们多年来在研究农村集体林权制度改革过程中就发现，村落社区对包括土地在内的社区资源进行组织，其所看重的首先是在如何保证实现均等共享等社会价值的前提下，再进一步追求经济价值，这点似乎是所有社区产权实践的永恒法则。村落社区如果没有足够的凝聚力把村庄的农民成员组织笼络在一起，那么试图单纯通过组织人地资源以实现乡村产业发展几乎是不可能的，因为这可能会危及社区社会秩序的稳定。这点恰恰容易为乡村振兴政策设计者和执行者所忽视。因此，在组织乡村资源促进乡村振兴战略实施时，要极力避免出现这种情况。

如在集体林权制度改革中，对社区贫民而言，村庄集体林地的分配所遵循的平等共享价值关系到他们的基本生计和生存，这就是为什么集体林权改革始终把"均山到户"作为改革的主导政策设计原则。而集体林权制度改革政策设定为村民会采取相对统一的行动，但这点显然与实际情况完全不符。实际上，

---

①王日根：《乡土之链：明清会馆与社会变迁》，天津人民出版社，1995年，第2页。

"均山到户"并非所有村民愿意追求的选项。相对富裕的村民脱离乡土的倾向明显高于贫穷的同乡，他们可能倾向于采取拍卖、流转等方式来转让自己的林地承包经营权，以获取短期性的现金收益，而贫穷的农民则更愿意自己来承包经营林地，以延续自身在村落社区的生计。他们之间的博弈会使得村级层面的林权改革政策实施充满更多的不确定性，并增加了彼此冲突的可能。[①] 由于相对富裕的农民群体往往是村庄的精英群体，他们也更容易和村干部、地方政府以及村庄社区外部的林地经营者（包括林地经营"大户"和林业企业）等形成强势的组织结盟关系，或公开或暗地里控制村级林权改革政策的实施方向。类似的选择困境在乡村土地流转场域也经常遭遇到。

第二节 近代以来乡村建设试验实践

上文这种"田园牧歌"式的小农生产生活组织方式到了近代之后就发生了很大的改变。自晚清以降，乡土社会先是不断地遭受西方输入的现代化因素影响，早期的工业化进程生产出来的工业产品在一些特定的乡村区域破坏了自然经济结构，由此导致城乡对立形势日益严峻，乡村衰败景象因此而逐步呈现出来。面对这种情况，乡村社会出现两种截然不同的组织改造路径。一种是中国共产党以马克思主义理论方法为指导，通过变革乡村生产关系来变革乡村生产力，寻求通过阶级斗争的革命道路，动员农民参加革命，改变半殖民地半封建的落后的社会制度，以建立社会主义制度的方式来变革乡村政治经济和社会秩序。历经二十多年的剧烈的革命斗争，中国的革命终于宣告成功，新生的社会主义制度以社会革命的方式重组乡村组织秩序。

另一种重组乡村组织秩序的途径是社会改良主义。一些志士仁人试图通过个人或者借助外部力量改变乡村衰败形势，由此开启了社会改良性质的再造乡村组织的乡村建设运动。由于半殖民地半封建的小农经济受外来

---

①为了尽量顾及不同村庄的特点，包括福建省在内的试点省份在推进集体林权制度改革时要求根据村民对林地的依赖程度而分别设计出"均山、均股、均利"等三种"均权"方式，但在实际操作中，这种多选择方式容易被村落社区的强力因素所利用，导致村民失山失地。

资本主义经济的强烈冲击而动摇，乡村社会赖以维持其健全性的习惯制度、道德、人才，曾在过去百年中，也不断受到侵蚀和冲洗，结果只剩下贫穷、疾病、压迫和痛苦[①]。因此，一些仁人志士投身乡村建设运动。他们发现，被排斥、被边缘或自我边缘的弱者农民没有政治上的话语权，自然也谈不上发展权。因此，他们试图通过实验式方式来达到乡村重建进而改良乡村的目的。早期的乡土重建尝试本质上属于社会改良运动，以乡村建设试验重建乡村基层组织，破解农村发展难题，以期通过乡村建设，为国家现代化发展寻找出路。而新中国成立之后推进的乡村建设试验，则更多是试图为国家乡村建设发展的宏观顶层制度设计提供试验经验和实践方案，和前者有本质的区别。

温铁军依据乡村建设的主体不同，将清末民国初至今历史上的乡村建设分为三个阶段。

第一阶段是清末至 20 世纪二三十年代官民合作型乡村建设阶段。最典型代表是 1894 年张謇以村落主义创办南通试验区，1904 年临时大总统黎元洪秘书孙发绪发现河北定县翟城村样板后在定县全县推广，使定县在 1914 年成为村治模范县。其他典型试验还包括孙中山的秘书黄展云辞官到福建长乐县（今长乐区）营前村搞乡村自治试验、卢作孚推进的"北碚试验区"、梁漱溟在山东邹平县（今邹平市）的乡村建设实验以及第二次世界大战后民国政府建设的华西实验区等。

在这一阶段的乡村建设试验中，其中以梁漱溟于 1931—1937 年在山东邹平县进行的为期七年的试验和晏阳初在河北定县的乡村建设试验最具影响力。梁漱溟的乡村建设思想包括通过发展农村教育、培训技能以提高农民素质等。在梁漱溟看来，中国的主要问题是社会失序、文化失调，解决的办法是乡村建设和乡村重建。这是因为原中国社会是以乡村为基础、以农民为主体的社会，所以中国文化是从乡村而来并为乡村而设，因此从根本上解决中国文化失调问题要从乡村建设入手，通过重构乡村社会组织构造来重建中国社会秩序。不过，由于当时缺乏强大的国家政权和经济基础，彼时推进乡村建设遭遇两大难处："高谈社会改造而依附政权、号称乡村运

[①]费孝通：《乡土重建》，《费孝通文集·第四卷》，群言出版社，1999 年，第 354 页。

动而乡村不动"①，效果自然也就可想而知了。

梁漱溟认为，乡村建设的基础是社会组织建设，但是建设乡村社会组织，必须首先发展乡村经济和政治，而发展乡村经济和政治，则又必须改变乡村的精神文化，以改变农民的观念。梁漱溟指出："在文化这一面，绝不能用政治的力量，只能用我们的志气激发旁人的志气，用我们的活力引发旁人的活力，用我们的生机引发旁人的生机，必须每人都有志气，有活力，有生机，都是自动才行……这个文化运动的团体必须是有志愿的人的结合，要靠他来推动一切，如果没有有志愿的人继续不断来发动就不行。"②和梁漱溟的部分观点一致，晏阳初也认为当时中国农民存在"愚昧、贫穷、体弱、自私"四个特点，他以河北定县为试验田，实施平民教育运动，率先发起了村民自治、农民合作运动，同时推进农民妇女教育和乡村建设。

第二阶段是 20 世纪 50 至 70 年代官方主导的农民合作社运动乡村建设阶段。比较典型的是延安以合作社为经济基础实现乡村良治及土改运动，其具体实践路径是通过土改将高度分散的农民动员起来。随后是 1952 年起国家主导实施的乡土"政社合一"的组织建设与制度建设，以乡村经济社会的高度组织化的计划经济体制，为实现国家的工业化提供资本原始积累。

第三阶段是 2001 年至今。一些学者针对改革开放后出现的城乡二元社会发展新形势，试图效仿 20 世纪二三十年代的乡村建设路径，开展新一轮乡村建设试验。③ 现代社会的乡村建设试验，与传统乡村社会向现代社会转型的宏大社会变迁背景相关。改革开放至今，市场经济使农民行为理性化，导致农民的集体情感解体，传统乡村社会内生的秩序也逐步失序。一方面，市场经济的兴起构成了对乡村社会的全方位侵袭，经济价值成为衡量人价值的主要标准，人的社会价值和情感价值式微。乡村社会变得"扁平化"，热心村庄公共事务的积极分子隐匿起来，农民的原子化倾向凸显，结果基于个体利益计算的"搭便车"行为常态化。另一方面，传统社会中能够有效遏制个别人搭集体便车的村庄舆论被市场价值导向冲击而解体，集体情

①梁漱溟：《乡村建设理论》，中华书局，2018 年，第 465 页。

②《乡村建设理论》，第 213—214 页。

③温铁军：《乡村建设是避免经济危机的可能出路》，《小城镇建设》，2017 年第 3 期。

感被国家正式法律遏制。某种程度上，保护公民权利的国家正式法律不足以保护集体权力，但众多"灰色"力量可能借这种保护个人权利为非作歹。

针对当前乡村社会发展中出现的新形势，相比于 20 世纪二三十年代，学术界认为当前城乡二元社会结构矛盾严峻，更需要进行乡村建设式的社会改革运动，并且对如何建设乡村也提供了一些理论研究和实践探索。如吴重庆认为，新时期的乡村社会建设最好的切入点是激活宗族，复苏儒家文化资源。[①] 温铁军、贺雪峰等则指出，面对"三农"问题日益严峻的新形势，为维持大多数农民的生存，必须在全国各地开展"新乡村建设"运动，并重点从文化意义上入手，实现乡村全面复兴。

2003 年 7 月，最早提出当代中国"三农问题"的学者温铁军在河北翟城发起新农村建设实验，被学界称为是中国新时期新农村建设的开始，也是新时期乡村建设试验的代表。温铁军把当地农民组织起来，集资建晏阳初乡村建设学院，免费培训农民职业技术，使农民有能力建设自己的本乡本土，解决劳动力就业问题。在温铁军看来，乡村建设的主要内容有五个方面：一是开展有组织的生态农业、农民专业合作社，二是在城市建立起消费者的有机消费合作，三是建立协助打工者融入城市的服务中心，四是动员青年学生下乡支农，五是复兴乡村文化。根据这一设想，温铁军于2003 年在河北定州市翟城村进行新乡村建设试验，重点搞生态农村试验。其具体做法是把组织农民合作作为主导方向，以建立"综合性合作社、多样性乡土社会文化建设、党政主导的群众路线""三位一体"的美丽乡村为目标，形成以村"两委"为主导力量，从村庄资源和群众利益出发，动员村庄的能人和积极分子，自觉推进如均田一样的资源股权化占有，以此建立村民合作的产权体系，提高村里对外统一谈判地位，以提高村里的各类资源的组织力。[②]

在开展乡村建设试验中，温铁军重点围绕如何解决乡村建设运动而农民不动的问题，总结出从文化建设入手，然后组织各种农民所需要的社会组织（像老年协会、妇女协会）提高农村的社会服务能力，以此调动农民

---

①吴重庆、姚中秋等：《儒学与中国基层社会重建》，《天府新论》，2015 年第 3 期。

②温铁军：《发展综合性合作社才能盘活资源》，《农村工作通讯》，2015 年第 1 期，第 55 页。

参与乡村建设的积极性和自觉性的方法。① 经过三年的试验办学，温铁军主张的有机农业、生态建筑和农民合作社逐渐被翟城村村民和远道而来学习的农民们所接受。

与梁漱溟、温铁军的部分观点相似，贺雪峰也认为当前乡村发展面临的主要问题是社会失序、文化失调，只是与梁漱溟所说的"社会失序、文化失调"的表现以及乡村建设的政权基础不同。在贺雪峰看来，当前乡村发展中的"社会失序、文化失调"问题主要表现为农民消费不合理、闲暇无意义、社会关系失衡、基本价值失准，诸如人情泛滥、彩礼横行、无序竞争、道德崩塌、老年人自杀率升高、高离婚率、不理性消费等，导致这些问题的主要原因表面上与城市化造成乡村人财物外流、乡村基本生产生活秩序难以靠内生力量维持、乡村社会急剧萧条化有关，但从深层的角度看，则与乡村组织整合度快速下降有关。但是，相比于 20 世纪二三十年代，当前中国已经建立了强大的国家政权，乡村建设有了重要的政治、经济等各方面的基础。基于这种局面，贺雪峰认为，国家应当投入资源回应农民基本的生产生活需求，为持续衰落凋敝的乡村提供基本的秩序支持和公共物品、公共服务供给。②

不仅如此，贺雪峰还对当前乡村建设的不同类型进行反思。他指出当前存在四种差异极大的乡村建设："一是为农民在农村生产生活保底的乡村建设，二是由地方政府打造的新农村建设示范点，三是满足城市中产阶级乡愁的乡村建设，四是借城市中产阶级乡愁来赚钱的乡村建设"。但从全国绝大多数农村和农民的立场看，后三类乡村建设因覆盖少数村庄、一般性村庄条件不具备、无法复制而丧失了意义。只有第一类"保底式"的乡村建设是具有广泛意义的。所以，当前最需要真正重视的是大力推进"保底式"的乡村建设，即保住农民进行农业生产和农村生活的底线。③

针对当前中西部农村社会内生资源缺乏、社会关系失衡、基本价值准则失准、文化失调的背景以及乡村留守老年人超过了 1/3 的新形势，贺雪峰

①《乡村建设是避免经济危机的可能出路》，《小城镇建设》，2017 年第 3 期，第 10 页。

②贺雪峰：《谁是农民》，中信出版社，2016 年，第 47—48 页。

③贺雪峰：《谁的乡村建设——乡村振兴战略的实施前提》，《探索与争鸣》，2017 年第 12 期。

指出，当前推进乡村建设的重点应从社会文化组织建设入手，如以抵制消费主义的蔓延、移风易俗、村庄政治动员、农民互助等方式缓解"文化破产"压力、改善乡村人际关系、应对生活中的困难处境。他主张通过重建农民"低消费、高福利"的生活方式，提高农民的主体地位和文化感受力，让农民可以分享到现代化的好处，从而能过上体面且有尊严的生活。在实践层面而言，他认为当前乡村文化建设的可行途径首先是从文化和社会上将老年人组织起来，其中最可行的一个办法是在村庄中建立老年人协会，由其组织老年人，使他们"老有所乐"，并在此基础上实现"老有所为"和"老有所养"。2012 年以来，贺雪峰在借鉴温州老年人协会建设经验的基础上，在湖北省洪湖市和沙洋县四个村倡办老年人协会下（表 2-1 展现了其中两个村庄的老年人协会建设运营的基本情况），为每个村每年仅提供 5000 元至 1 万元的老年人协会活动经费，并为每个村提供（建设）了一个 140 平方米的老年人活动中心。实践证明，这四个村老年人协会运转良好，真正实现了"老有所乐"和"老有所为"。当地老年人总结成立老年人协会之后的改变：时间过得快了，心情舒畅了，上吊自杀的老年人少了，老年人的幸福指数似乎明显提升。在丰富老年人文化活动的同时，这四个试验村还组织老年人互助养老。在此基础上，贺雪峰提出农互助养老的设想：由相对年轻的老年人照料生活不能自理的老年人，并通过时间银行形成"道德券"等计分，由被照料的老人的子女承担部分费用，国家提供部分补贴，村社集体组织支持老年人互助。

从贺雪峰推动实施的乡村建设试验经验可以看出，在缺乏内生传统组织资源的村庄，外部输入资源成为组织建设的第一推动力。总结老年人协会建设经验，贺雪峰认为建立村老年人协会，要具备组织制度、活动场所及固定提供活动经费等三个条件，其余的事情就让老年人们自己去发挥、创造，最重要的是发现愿意参与和热心老年人事业的具有较多社会资本的积极分子。他们必须是老年人中有威望、有时间的能人。这些积极分子是乡村社会自组织的动力，可以打破社会的扁平化的结构。通过外部力量推动老年人组织的建设，可以实现低成本且大幅度地改善老年人的晚年生活质量，具有可操作、可复制和可推广性。因此，老年人协会建设对其他中西部一般农业型村庄具有重要借鉴意义。

表 2-1　湖北两个村老年人协会组织试验建设状况①

组织名称	组织缘起	组织目标	组织成本	组织过程	组织效益
洪湖渔场老年人协会	2002 年年底，湖北省新闻出版广电局洪湖小康工作队的窦红谭先生希望当时在荆门 5 村从事村庄公共工程建设实验的贺雪峰团队参与在洪湖渔场的奔小康工作。于是贺雪峰提议成立老年人协会，这一提议得到了窦红谭先生和洪湖渔场村支书、村老年人的支持。因此，洪湖渔场老年人协会于 2003 年 5 月 24 日成立	为老年人群体提供文化娱乐及权益保护，使老年人的生活充实且有意义、精神文化生活丰富多彩，最终增加农民的福利	资金方面：第一年，省新闻出版局出资 1 万元作为协会的开办费及第一年日常运作费用。此后每年的 5000 元运作费主要由贺雪峰团队从村外筹集 设备方面：借用不足 50 平米的村室为老年人协会的活动中心，老年人可以到活动中心打纸牌、看电视、下象棋、聊天。电视和影碟机由华中师范大学中国农村问题研究中心资助一套	设会长、副会长以及协委会委员等作为协会骨干成员，在此基础上成立 7 个功能小组，包括财务组、宣传组、放映组、书法组、评书组、象棋组和卫生组。组织起来后便开展三类活动：一是文化娱乐活动，包括打纸牌、下象棋、看电视、自购光碟放映、组织妇女舞蹈队娱乐妇女身心；二是经营活动，包括组建垃圾清运队清运全村垃圾，按每月 2 元收费，以及以协会名义组织年轻人舞龙灯收入归协会（如 2004 年春节净收入 8000 元）；三是村庄公共事务：调节村庄矛盾纠纷，介入丧事和老年人疾病治疗，维护老年人权益	协会成为老年人精神家园，不仅让老年人感到生活充实且有意义，促进了老年人身心健康，而且提升了老年人地位，使其从边缘走向中心，保护了其权益，还因老年人参与村庄矛盾纠纷调解和清运垃圾而提升了乡村治理能力

---

① 《乡村的前途——新农村建设与中国道路》，第 189—204 页。

（续表）

组织名称	组织缘起	组织目标	组织成本	组织过程	组织效益
新贺村老年人协会	受洪湖渔场老年人协会建设成功的鼓舞，2003年7月3日，贺雪峰团队在湖北荆门试验区新贺村成立老年人协会	老有所乐、老有所为	贺雪峰团队每年为老年人协会提供5000元活动经费	设一正一副五位6位会长、4位理事，此10人轮流值班，每人每月3次，每次1天，值班工作包括打开高音广播，播放流行音乐。每天有约40位本村老人来中心娱乐（打牌、看电视），且吸引邻村老人及学校退休教师来中心娱乐。协会规定每月农历初一、十五为老人节日，鼓励老人到中心娱乐包括表演健美操、请人讲国家大事、发现本村善于吹拉弹唱之人并请其表演、搞腰鼓队，并且充分利用已有的台球、乒乓球、影视和棋牌娱乐的空间	首先，协会举办的各种文化娱乐活动一方面丰富了老年人的文化生活、改善了其精神面貌、缓和了其家庭矛，另一方面老年人协会主导的正统的文化生活占领农村文化的市场，遏制巫婆、神汉、邪教的发展空间。其次，协会推广妇女健美操，改善了妇女生活品质

　　不过，贺雪峰只注意到乡村留守老人孤独无助甚至有点凄凉的生活处境，试图通过建立互惠自助的老年人协会来把老年人组织起来，通过丰富老年人的娱乐和文化生活形式来改善他们的生活质量，这种做法根本不能带动乡村重建。他忽视了真正导致乡村"衰落"的根源是城乡社会经济发展差距过大。振兴乡村的根本途径在于通过培育乡村经济合作组织带动产业振兴，这才是治标又治本，仅仅靠组织老年人协会带动乡村发展只是

"一厢情愿"。值得一提的是，楚亚成也把老年人协会作为发展乡村社会组织的突破口，其所在研究团队在山东邹平县也开展了老年人协会建设实验，但因建设团队骨干的变动引发老年人协会的退场，并以"失败"告终。[①]

和贺雪峰不同，李昌平团队主持的中国乡村建设研究院打造的新农村试验实践则试图在河南省信阳市郝堂村通过组建乡村互惠互助式的民间融资体系以缓解乡村建设资源投入不足的问题，带动乡村建设和发展。缘于把该村打造成新农村建设示范点的意图，当地政府请李昌平团队主持的中国乡村建设院对郝堂村进行制度、规划和建筑等方面的设计，以期通过双方合作，把郝堂村变成一个具有活力、品质与品位的村。试验的结果是使郝堂村成了对城市人具有吸引力的乡村，每年到郝堂村游览的人数有数十万人，这给村民提供了通过办农家乐来获利的机会。郝堂村也由此成为既对城市人有吸引力又可以让村民获利的典范村。

不仅如此，李昌平团队还通过引入村庄"内置金融"将郝堂村组织起来，使村庄在获利的同时又实现了良好的村庄治理。其中的关键是将集体资金借贷给本村农民，收取一定利息，比如10%的年息。一方面村庄总有农户需要借贷进行生产，另一方面每个农户都可以以自己的土地权利作为抵押担保，村庄集体就可以获得稳定的利息收入，并因此提高村社组织能力。[②] 郝堂村探索的"内置金融"被认为是一个相当有效的通过金融手段提升农民组织能力的办法，值得在其他地区的村庄推广。

特别值得一提的是，为推动农民自组织建设，中国社会科学院农村发展研究所社会问题研究中心曾经分别在河北青县、山东邹平县、浙江玉环县（今玉环市）进行不同类型的农民组织试验。其试点内容主要是以创建村级经济合作组织为突破口，以公益性的社区服务组织为基础，建设农民合作经济服务组织、社区服务组织及以化解社会冲突为主要内容的农村综合组织。例如，河北青县试验点主要是通过与地方党委、政府紧密合作，研究所提供制度供给和知识输入，以"从实际情况出发，从农民需求出发，

---

①楚成亚：《当代中国农村社会组织培育及能力建设问题研究》，山东大学出版社，2017年，第175页。

②李昌平：《创建内置金融村社及联合社新体系》，《经济导刊》，2015年第8期。

坚持合作互助，规范权利和义务关系，探索多种合作模式"为新思路，推动青县农民专业合作组织发展。而在山东邹平县张高村试验点，主要是通过动员村庄内部的社会性力量，在充分利用和调动村民强烈意愿的基础上，推动张高村成立老年协会，并以老年协会为依托，推动村庄其他公益事业，如搭建路灯、建立村图书馆、举办各项文体活动等，来满足农民对公共物品的需要，同时改变村庄的面貌。在浙江玉环县试验点，则主要是以组建跨村的社区民间综合性组织为监测点，观察和评估浙江玉环县农民精英自发成立的九山文明促进会和进行的各项活动对社区农民生活所产生的影响，发现此类民间社团组织的存在和发展取决于其与地方基层政权之间的互动关系及筹资能力。

在建设农民组织实验的基础上，"试验者"试图立足农民组织弱化影响农民生活、农业发展和农村进步的现实，提出一些有价值的经验。一是从农民需要来改革现行制度，这需要地区领导人有真心为民的社会认知和勇于开拓的政治智慧。二是在资源投入有限的约束条件下，扩展社区公共空间是农民参与村庄公共事务的前提，要动员和整合乡村现有的各类有限资源，为村民提供必要的公共物品，要基于农民意愿，为农民生产和生活服务，建立真正属于农民自己的社会组织，以满足农民的多元化社会需要。三是要进行农民组织建设。针对当前乡村社会发展和社会生活存在的具体问题，通过各种形式的培训和宣传，让农民自己建立较为规范的各种经济合作组织和公益性的社区服务组织，来促进农业生产，改善乡村社会生活环境，提高农民的生活质量。四是各类组织建设存在制度性障碍。应从确保农民自组织健康持续发展的一般条件入手，在现行的法律框架内，推动地方政府进行具体规章制度的修正，包括消除行政主管部门对农民组织的困惑甚至误解。[1]

另外，值得一提的是文化学者欧宁等人在皖南进行的碧山建设计划也是一种新乡村建设的尝试。[2] 但该试点被称之为一些比较理想主义的中产阶

---

[1] 《让农民组织起来——我们的实验和思考》，《农民组织与新农村建设——理论与实践》，第1—4页。
[2] 李乐：《基于乡村性的乡村可持续发展探究——以碧山乡建设计划为例》，《中外建筑》，2016年第9期。

级分子投身乡村寻找"乌托邦"事业的尝试。

总体上看,近代以来大多数仁人志士在乡村开展的乡村建设试验是以失败告终的。即使一些试验区取得了一些成效与经验,但也未必能够复制推广到其他乡村地区。这说明仅仅通过一些村级的微观试验来推进乡村振兴目标是很难实现的,也难以形成一些所谓的有推广价值的经验做法。毕竟中国地域广大,不同地区的乡村差异性过大。实际上,仅仅通过村级层面的微观实践试图改变村庄的不景气处境是片面的,其潜在的意思是把导致当前乡村普遍"衰败"的原因归因为是村庄内部因素,而忽视了真正导致乡村衰败的因素是外部的城乡不平等的制度设计和变革因素。只有彻底改变外部的宏观制度环境,才能从根本上解决乡村发展相对滞后的问题,而这点正是新时期推进的乡村振兴战略所追求的目标。

第三节　国家乡村建设探索与实践

除了民间层面在开展乡村重建的试验,国家层面也在持续探索乡村建设和重建的新模式和新机制。新中国成立至今,不同的时期也提出了不同的乡村建设模式。特别是 21 世纪以来,国家日益重视乡村建设,先后做出建设社会主义新农村、美丽乡村建设与乡村振兴等一系列重大战略部署和布局,形成了乡村建设层层递进的关系。这些乡村建设发展战略可以看成是国家层面推进的乡村建设实践。与民间层面自下而上的方式不同,国家层面的乡村建设是动员国家力量和资源,通过自上而下的方式来对乡村建设进行制度探索和变革创新。

一、推进"社会主义新农村"建设

"社会主义新农村"作为乡村建设的一个新概念,早在新中国成立初期就已经被提出和使用,并且这一概念的内涵也随着时代的演进而更加具体化。在人民公社时期,"社会主义新农村"主要是指"建设社会主义新的农村",这一时期的"社会主义新农村"概念主要停留在政治号召或政治口号层面,例如 1957 年刘少奇在湖南长沙市中学代表座谈会上指出:"合作化以后的农村是新农村,农民是新农民",当时的任务是努力建设"社会主义新的农村"。1960 年谭震林在全国二届二次会议上所作的《为提前实现全国农村发展纲要而奋斗》的报告中也提出"建设我国的社会主义新农村"。到了1964年，中央号召广大知识青年"上山下乡"以"建设社会主义新的农村"。不过到了20世纪80年代后，"建设社会主义新农村"逐步由口号演变为中央和国家的顶层设计，例如1984年的中央一号文件、1992年的十八届三中全会《决定》、1998年的十五届三中全会《决定》都提到"建设社会主义新农村"的问题。到了21世纪，这一顶层设计进一步具体化，例如2005年党的十六届五中全会通过的《中共中央关于制定国民经济和社会发展第十一个五年规划的建议》，为推进新农村建设提出了"二十字"方针，即"生产发展、生活宽裕、乡风文明、村容整洁、管理民主"。而2006年，国家全面取消农业税，开始对农村进行"反哺"，并在第十届全国人大四次会议上正式提出社会主义新农村建设。2007年10月，中国共产党第十七次全国代表大会再次强调"要统筹城乡发展，推进社会主义新农村建设"。

"社会主义新农村"提出之后，国家和各级地方政府均大幅度增加对农村建设的投入，并涌现了诸多的典型建设经验，如浙江安吉县大力推行的"社会主义新农村"建设模式就闻名全国，并开创了"美丽乡村"建设的新实践机制。但是，各地在实践中也出现了不少问题，最突出的一点是有的地方对"新农村"建设的理解较为片面，认为建设"新农村"就是要拆除"旧农村"，结果导致一些地方大拆大建，把一些具有历史风貌和传统乡村文化保护价值的古村落毁坏了。针对这点，党的十八大之后，在建设"美丽中国"的新形势下，"社会主义新农村"建设策略逐渐被"美丽乡村"建设所取代。

二、推进"美丽乡村"建设

作为"社会主义新农村"的"升级版"，"美丽乡村"建设被赋予了更丰富的生态内涵。美丽乡村建设是指农村经济、政治、文化、社会、生态文明建设和党的建设有机结合、协调发展的统一体，其基本特征主要集中体现在"环境美""生活美""产业美""人文美"。党的十八大把生态建设纳入国家"五位一体"建设规划中，并提出建设"美丽中国"，落实到乡村层面，就是把"美丽乡村"建设纳入"美丽中国"建设范畴。事实上，一些地方在推进"社会主义新农村"建设实践过程中就提出了"美丽乡村"这个建设口号和目标，并取得了卓有成效的成绩。最典型的是浙江省安吉县，该县 2008 年前后即提出要以打造社会主义新农村的"安吉模式"为目标，提出用十年时间把全县 187 个行政村都建设成"美丽乡村"。后来经过多年的持续推进，该县打造的"美丽乡村"建设成为一个"样板"工程，引起各地的广泛关注。

2013 年习近平同志在鄂州市长港镇峒山村考察时提出：实现城乡一体化，建设"美丽乡村"，关键是要给乡亲们造福，不要把钱花在不必要的事情上。比如说："涂脂抹粉"，房子外面刷层白灰，一白遮百丑；不能大拆大建，特别是古村落要保护好。2013 年 1 月，十八届三中全会提出要建设"美丽中国"、形成人与自然和谐相处的格局，要实现这个目标，首先要解决广大乡村的基础设施薄弱和环境脆弱的问题。2013 年 2 月，农业部办公厅发布《关于开展"美丽乡村"创建活动的意见》，明确提出"加强农村生态建设、环境保护和综合整治，努力建设美丽乡村"，这标志着"美丽乡村"建设由地方行动升级为国家行动，并建立了"美丽乡村"目标及考核体系。截至 2013 年年底，全国共有 130 个县（市、区）、295 个乡镇确定了1146 个乡村作为全国"美丽乡村"建设的试点。2014 年中央一号文件提出了"通过美丽乡村建设，建设农民美好生活的家园"，"美丽乡村"因此得以加快实施，各地陆续打造了一批示范村和示范点。

2014 年 3 月《国家新型城镇化规划（2014—2020 年）》明确提出要建设各具特色的"美丽乡村"，强调乡村建设要注重实现自然环境、政治、经济、文化、生态等方面综合效益。2017 年党的十九大报告进一步指出："坚持人与自然和谐共生。建设生态文明是中华民族永续发展的千年大计。必须树立和践行绿水青山就是金山银山的理念，坚持节约资源和保护环境的基本国策，像对待生命一样对待生态环境，统筹山水林田湖草系统治理，实行最严格的生态环境保护制度，形成绿色发展方式和生活方式，坚定走生产发展、生活富裕、生态良好的文明发展道路，建设美丽中国，为人民创造良好生产生活环境，为全球生态安全作出贡献。"该报告为新时代"美丽乡村"建设提出了更高的目标要求。

三、实施乡村振兴发展战略

乡村振兴战略可以看成是"美丽乡村"的再次"升级版"。十九大报告提出：农业农村农民问题是关系国计民生的根本性问题，因此必须始终把解决好"三农"问题作为全党工作的重中之重，为此在全面建成小康社会的新时期，必须大力实施乡村振兴战略。前文提到，乡村振兴战略的背后隐含了一个前提，就是改革开放至今城乡发展差距持续拉大而导致乡村普遍不景气乃至出现"衰败"景象，因此才强调"振兴"。虽然乡村振兴是国家发展战略，目的是缩小城乡发展差距，推进城乡一体化，让广大农民共享改革开放成果，但是从目前的地方实践经验来看，各地基本还停留在试点推进阶段。一般的乡（镇）地方政府往往选取一两个或者若干个建设发展基础较好的村庄作为试点，目的是为将来推广探索可复制、可借鉴的经验。从这个角度来看，乡村振兴在具体落实过程中依然带有明显的乡村建设试验的特征。正如本丛书所呈现出来的，截至目前，各地推进乡村振兴实施的具体实践路径大多是以人居环境整治、改善乡村交通条件、促进产业结构调整、提升乡村公共服务等为切入点，因地制宜地推进乡村振兴计划实施。

在乡村振兴战略实施过程中，组织振兴作为"五大"振兴的重要组成部分，目的是通过强化基层党组织和其他社会组织建设，重组乡村的人地关系，构建现代农业产业体系、生产体系和经营体系，通过强有力的乡村组织保障来培育新型农业经营主体，健全农业社会化服务体系，实现小农户和现代农业发展的有机衔接，健全自治、法治、德治相结合的乡村治理体系。正如有的研究者所指出的，当前城市化、现代化发展导致乡村去主体性问题凸显，乡村农民的去组织化，导致村社共同体解体，乡村社会丧失凝聚力和内生发展动力。[1] 因此新时代的乡村振兴，必须以农民的组织化重建乡村的主体性，以乡村为主体吸纳整合各种资源要素，培育乡村内生发展动力，重塑城乡关系。对此，后面还将作进一步的讨论。

---

①吴重庆、张慧鹏：《以农民组织化重建乡村主体性：新时代乡村振兴的基础》，《中国农业大学学报（社会科学版）》，2018 年第 3 期。

第二章 / 村党组织建设发展历程及存在问题

前文提到，乡村振兴战略实施过程中，最关键的一点是要发挥好村党组织在乡村工作中的"党建引领"作用，组织振兴可以为乡村全面振兴提供重要的组织保障。正如习近平总书记明确指出的："党政军民学，东西南北中，党是领导一切的。"[①] 本章接下来将重点对这个专题进行探讨。

村党组织始终是乡村政治、经济、文化、社会、生态等各项工作的领导核心，是乡村的"主心骨"，任何时候，党组织的领导核心地位只能强化而不能"弱化""虚化""边缘化"。然而，在当前实际工作中，乡村党组织建设和党组织工作存在着许多薄弱环节，主要表现为一些村庄的党组织"悬浮"于村庄之上，不仅脱离群众且呈现出软弱涣散的特点；也有的村"两委"主要干部不和睦，村主任和村书记争当"一把手"，内耗严重，严重影响党对乡村工作的领导力和执行力。

针对当前乡村基层党建中面临的新形势和新问题，各地围绕如何加强和强化村党组织领导力和凝聚力进行了诸多有益的探索，积累了不少可复制可推广可借鉴的实践经验。如全国很多地方正在推行的村书记、村主任"一肩挑"做法，湖北鄂东团风县党建工作"5＋X"实践经验，福建将乐县探索推进的跨区域流动党员建设等。这些基层党建实践与探索，体现了地方党委组织部门结合当前城乡发展新形势，创新乡村基层党建的自觉性和主动性，彰显了乡村组织振兴的新气象。

---

① 习近平：《决胜全面建成小康社会 夺取新时代中国特色社会主义伟大胜利——在中国共产党第十九次全国代表大会上的报告》，人民出版社，2017 年，第 49 页。

第一节　村党组织的内涵及其功能

自 1921 年中国共产党成立至今，党员的力量不断发展壮大，如今已经是世界上成员数量最多的执政党。据中共中央组织部公布的统计数据显示，截至 2019 年年底，全国共产党党员总数为 9191.4 万名，这个数字比 1949 年新中国成立时的 448.8 万名党员增长了 20 倍左右，党员总量占全国总人口的比例也由 1949 年的 0.8％提高到 2019 年的 6.6％。而基层党组织数量也增加到 468.1 万个，比 1949 年的 19.5 万个增长了 23 倍。[①] 截至 2018 年年底，全国共 54.3 万名村党组织书记中，其中受教育程度达大专及以上学历的占 20.7％，年龄在 45 岁及以下的占 29.2％，致富带头人占 51.2％。[②] 这说明，和以往相比，如今乡村党组织带头人的教育及各方面素质得到全面提升。

截至 2019 年年底，我国 468.1 万个基层党组织中，其中乡镇党组织有 31062 个，建制行政村级党组织有 533824 个，乡村基层党组织覆盖率均超过 99％。全国党员总数中，其中农牧渔民党员有 2556.1 万名。以此推算，村党组织占全国基层党组织比例为 12％左右，乡村党员占全国党员数量总比例的 27.8％。全国平均每个建制村的农牧民党员数量约为 47.8 人。[③] 笔者近几年在实地调查中发现，大部分村庄的保有党员数量在 30—50 人之间，但每年发展的新党员数量很少。如 2017 年全国共新发展农牧渔民党员 35.8 万名，而当年建立党组织的建制村有 54.7 万个，以此推算，平均每个村党组织仅发展农牧渔民党员 0.65 名。[④] 2019 年，全国新发展农牧渔民党员 42.4 万名，以当年全国 533824 个建制村计算，则平均每个建制村发展的新

---

①辛文：《最新数字：中国共产党党员总数为 9191.4 万名》，2020 年 7 月 1 日，http://zjnews.china. com.cn/yuanchuan/2020-06-30/234834.html，2020 年 7 月 25 日查阅。

②《中国共产党党员总量突破 9000 万　基层党组织 461 万个》，2019 年 6 月 30 日，http://news.cnr.cn/native/gd/20190630/t20190630_524668907.shtml，2020 年 5 月 30 日查阅。

③高翔莲、乐诗韵、罗浩：《新时代乡村基层党组织振兴：内涵、地位、价值与目标》，《学习月刊》，2020 年第 1 期。

④胡小君：《从维持型运作到振兴型建设：乡村振兴战略下农村党组织转型提升研究》，《河南社会科学》，2020 年第 1 期。

党员也仅有 0.79 名。这说明乡村后备党员力量不足，将在很大程度上影响村党组织在乡村建设和乡村振兴中的作用的发挥。对此我们在后文再作进一步的分析和讨论。

一、村党组织的内涵

加强乡村基层党组织建设，首先需要明确村党组织的科学内涵及其功能。村党组织既是党的组织基础，也是党在乡村的组织根基。和一般的组织不同，加入政党组织的成员首先必须加入该政党，因此它"实际上既指政党本身的集合形态，更指的是把单个党员集合起来的党内组织"。① 据 2018 年 12 月 28 日新修订 2019 年正式颁布实施的《中国共产党农村基层组织工作条例》（以下简称新《农村党组织工作条例》）第二条规定：乡镇党委员会和行政村党组织是党在农村的基层组织，是党在农村全部工作和战斗力的基础。由此可以看出，乡村基层党组织包括乡镇党组织和村党组织，其中村党组织受乡镇党委领导。需要特别说明的是，考虑到本书的研究主要是立足于村级层面探讨乡村组织振兴，因此不涉及乡镇党委组织。

新修订的《农村党组织工作条例》第二章对村党组织设置作出了明确规定，为村党组织结构的规范化建设提出具体明确的要求。其中第五条增加了以村为基本单元设置党组织，放宽了村级党总支成立条件，指出村党组织设立的条件是：全村有正式党员 3 人以上的村，应当成立村党支部；不足 3 人的，可以与邻近村联合成立党支部。党员人数超过 50 人的村，可以成立党总支部。党员人数 100 人以上的村，根据工作需要且经县级地方党委批准，可以成立党的基层委员会，下设党支部。另外，新修订的《农村党组织工作条例》还对村党组织领导每届任期年限进行了调整，由之前的 3 年改为 5 年，村党委员会和支部委员由全村党员大会选举产生。一般村党支部委员会设委员 3 至 5 名，其中书记 1 名，必要时可以设副书记 1 名；正式党员不足 7 人的支部，不设支部委员会。村党总支部委员会一般设委员 5 至 7 名，其中书记 1 名、副书记 1 名、纪检委员 1 名。村党的委员会一般设委员 5 至 7 名，最多不超过 9 名，其中书记 1 名、副书记 1 至 2 名、纪委书记 1 名（第七条）。党员人数超过 500 人的村党委会，经乡镇党委批准，可以由

---

① 王长江：《政党论》，人民出版社，2009 年，第 63 页。

党员代表大会选举产生（第五条）。同时，新条例还规定，上级党组织可以向村党组织选派第一书记（第二十六条）。另外，新条例进一步明确农村经济组织和社会组织成立党组织的隶属关系，重新规定农村经济组织、社会组织具备单独成立党组织条件的可以成立党组织，且明确指出在跨村跨乡镇的经济组织、社会组织中成立的党组织，由批准其成立的上级党组织或者县级党委组织部门确定隶属关系（第七条）。

村党组织作为党组织体系的最基层组织结构，主要依照地域行政村落的建制来设置，具有内生性和地域发展性特征，决定着党在乡村社会的基础和活动能力。从组织生成角度来看，村党组织设置原则不仅奠定和实现了党对乡村工作的直接全面领导，而且这种组织体制嫁接到乡村传统的血缘、地缘社会结构上，并与村民自治制度相互融合，由此与传统的乡村自治体系形成相互嵌入的关系，也因此成为凝聚乡村社会大众的重要力量。作为国家权力下沉的重要举措，设立村党组织的目的是为党组织"向农村汲取/输入资源提供了前提"[1]，最终把乡村的建设和发展纳入国家整体建设发展的大格局中。

在具体组织架构上，村党组织是以乡村党组织书记为领导核心，由广大乡村党员干部参与构成的村基层党组织，它有自己独特的构成体系和体制机制。在乡村建设和管理中，村党组织在整合、统领、协调乡村的人地资源中发挥统领和核心作用。不过，正如本章在后文将讨论的，自20世纪80年代改革开放之后，我国开始逐步在乡村探索实施村民自治制度，产生了一套村民委员会的组织管理实践制度，由此建构起来的村"两委"组织体制在实际运行中体现了"党政分开"改革思想在乡村基层的实践，但村"两委"机制在实际运行中也会出现彼此博弈的局面，给乡村管理、治理和乡村振兴事业带来了一些新的问题和挑战。

和其他乡村基层组织相比，村党组织有两个基本特征。一是有坚强的领导核心。强化村党组织的领导核心地位，关键在于选好配强村党组织书记。当前实施乡村组织振兴，关键是要选好村党组织带头人。二是以广大

---

[1] 殷焕举、李毅弘、杨雅涵：《结构功能视域下转型期农村基层党组织建设着力点探析》，《中共中央党校学报》，2011年第2期。

农村党员为组织成员。村党组织的广大党员大都是从农村优秀分子中选拔出来的，这点也是其他组织所不能比拟的。

二、村党组织的功能

对于政党而言，如何把一个个分散的党员个体高效地组织在一起，直接关系到其统一组织能力和执行力。基层党组织是连接党员个体和上级党组织的主要途径。党员个体只有加入基层党组织，才能和上级党组织发生联系，整个党组织才有凝聚力和统一行动力。列宁曾指出，"无产阶级在争取政权的斗争中，除了组织，没有别的武器"。[1] 同时，他也提出了"党应当是组织的总和"[2] 的科学论断。这无疑表明了党组织在政党建设发展中的重要作用。作为党在乡村的基层组织，在中央全面从严治党的新形势下，村党组织和广大党员有极强的行动力和号召力，能够在各项乡村工作中发挥先锋模范带头作用。

中国共产党成立至今，一直非常重视加强基层党组织建设，形成了完善的基层党组织建设的规章制度。习近平总书记十分重视党的基层组织建设，强调"党的基层组织是确保党的路线方针政策和决策部署贯彻落实的基础"。[3] 1999 年 2 月，中共中央印发了《中国共产党农村基层组织工作条例》，全文共三十四条。2019 年中央新修订发布实施的《中国共产党农村基层组织工作条例》内容增加到十章四十八条，字数也增加了一倍多，这说明乡村基层党组织建设工作结合新时代发展新形势而进一步精细化和时代化。

新《农村党组织工作条例》第三条规定，在社会主义新时代，村党组织承担的总任务是"坚持党要管党、全面从严治党，以提升组织力为重点，突出政治功能，努力成为宣传党的主张、贯彻党的决定、领导基层治理、团结动员群众、推动改革发展的坚强战斗堡垒"。具体而言，和 1999 年的《农村党组织工作条例》相比较，新《农村党组织工作条例》有几个明显的变化：一是明确强调村党组织要为新时代乡村全面振兴提供坚强的政治和

---

① 中共中央马克思恩格斯列宁斯大林著作编译局编：《列宁选集》第一卷，人民出版社，1995 年，第 526 页。

② 中共中央马克思恩格斯列宁斯大林著作编译局编：《列宁选集》第一卷，第 471 页。

③《决胜全面建成小康社会 夺取新时代中国特色社会主义伟大胜利——在中国共产党第十九次全国代表大会上的报告》，第 65 页。

组织保证，要求村党组织从建强战斗堡垒、组织党员群众、聚集人才、动员群众等方面入手，合力推动新时代乡村全面振兴（第二十九条）；二是新条例从总体上对村党组织的职责进行了明确规定，包括细化村党组织在领导村庄经济建设、政治建设、文化建设、社会建设、生态文明建设和党的建设等"六位一体"建设方面内容，明确村党组织在新时代乡村治理中打造"善治"乡村的职责。新条例第十九条明确规定村党组织应当加强对各类组织的统一领导，村党组织书记应当通过法定程序担任村民委员会主任和村级集体经济组织、合作经济组织负责人，村"两委"班子成员应当交叉任职。村务监督委员会主任一般由党员担任，村民委员会成员、村民代表中党员应当占一定比例等。

新条例第十条特别就乡村振兴背景下的村党组织的工作任务作出规定，明确村党组织的职责是：讨论和决定本村"六位一体"建设的重要问题并及时向乡镇党委报告。同时，村党组织要"领导和推进村级民主选举、民主决策、民主管理、民主监督，推进农村基层协商，支持和保障村民依法开展自治活动。领导村民委员会以及村务监督委员会、村集体经济组织、群团组织和其他经济组织、社会组织，加强指导和规范，支持和保证这些组织依照国家法律法规以及各自章程履行职责"。从这条规定中可以看出，村党组织在乡村振兴的各项事务以及组织管理中发挥全面引领作用。

美国学者亨廷顿指出："只有政治组织才足以永久地填补"现代化国家中"权力和权威的真空"，"谁能组织政治，谁就能掌握未来"[①]。这句话凸显了政治组织所具有的独特重要功能。回溯历史与现实，村基层党组织在很大程度上是集政治功能、经济功能、组织功能和社会功能于一体的基层组织，具有凝聚和整合乡村社会资源，凝聚社会力量和凝聚人心的作用，是乡村经济和社会建设等各项工作的领导核心，也是贯彻落实党和国家各项方针政策的主体。具体而言，村党组织的功能主要包括以下几点。

1. 政治功能

讲政治，本质上就是对党对国家对人民要忠诚。十九大报告指出，加

---

①［美］塞缪尔·P. 亨廷顿，王冠华、刘为等译：《变化社会中的政治秩序》，上海世纪出版集团，2008年，第382页。

强村党组织建设要突出党组织的政治功能。2018 年中央一号文件强调要扎实抓党建促乡村振兴，突出政治功能，提升组织力。中国共产党成立伊始，其自身赋予的政治抱负带来的"先锋队"政治使命便决定了其"首先是作为领导力量和核心力量"[①]。村党组织是乡村基层组织建设的核心和领头羊。在关系农业、农村和农民的重要问题和重要事项上村党组织要能够作出正确决策，掌握主动权、决策权，以强化乡村基层党组织的领导权威，使其真正在乡村社会发展中发挥领导核心作用。

不过，在实践中，享有村级事务领导权的村党组织和享有自治权的村委会两者之间围绕权力划分问题，可能会造成村"两委"之间尤其是村主干之间的关系紧张。面对这种情形，和村民委员会相比，村党组织嵌入到乡村社会生活中，就要凸显其承接政党的"统""合"政治功能，目的是在保障党对乡村管理治理的政治制度属性发挥政治组织功能的前提下，推动乡村全面发展和进步。

2. 组织功能

组织力又称为组织能力，是指特定组织运用各种方式和手段配置组织资源、协调组织活动、整合组织引导、实现导向组织目标的能力。党的十九大报告明确指出，基层党组织"要以提升组织力为重点"，指明了新时代基层党组织建设的重点和方向，并首次将"组织力"引入党建学术领域中。有研究者指出，基层党组织的组织力是指基层党组织根据自身的工作目标，凭借自身的组织架构和组织体系，充分组织整合各种资源，实现对党员、群众和其他基层组织的引导、团结、凝聚、号召的综合能力。基层党组织的组织力具体包括政治领导力、自我革新力、组织凝聚力、统筹整合力、发展推动力等。[②]

马克斯·韦伯认为，从行政管理制度的角度出发，合理、高效的行政组织是以等级、权威、行政制的科层制为基础，组织内依照组织目标进行专业化分工，确立一套人员甄选、组织分工、组织考核的模式，形成自上而下的指挥行动链，这样才能提高组织效能，达成组织目标。而赫伯特·

---

①林尚立：《当代中国政治：基础与发展》，中国大百科全书出版社，2017 年，第 143 页。

②肖霜：《关于基层党组织"组织力"的概念界定》，《新西部》，2019 年 11 月中旬刊。

西蒙认为，从有限理性角度出发，组织力实施的实质是组织的决策过程，组织力的实现有赖于组织成员参与决策系统过程中对组织行动设计方案与运作过程的反复调整与检验。① 由此可以看出，两位学者都强调高度结构化的组织体系对于提升组织力的重要性。

组织功能是指村党组织在乡村建设、发展和管理治理中要发挥组织领导和统领作用。"党的力量来自组织，组织能使党的力量倍增"②。十九大报告中指出，基层党组织"要以提升组织力为重点"③，从而为新时代乡村基层党组织建设指明了新的方向和目标。推进乡村建设与发展，需要村基层党组织协调、组织好乡村社会的各种力量，调动农民和各个乡村组织参与乡村建设的积极性和能动性。

3. 服务功能

服务的本质是强调和凸显人民群众的主体性。中国共产党始终坚持以人民为中心，以为人民群众谋利益作为自己的执政基础。正如有研究者指出的，现代民主政治意义上的政党，只有充分发挥利益表达、利益综合、政治社会化和政治录用这些功能，满足民众的政治、经济、文化、社会等方面利益诉求，服务群众和选民，才能获得民众的认可。④ "服务是政党一项最重要的功能，只有服务，政党才能具有普遍意义上的'合法性'，才能不断扩大和巩固政党生存和发展的群众（阶级）基础，才能按照政党制定的路线方针政策，不断推进政党目标得以实现。"⑤

进入新时期尤其是十八大以来，中央和地方都把建立基层服务型党组织作为新时期基层党建工作的主要目标。2013 年 5 月 9 日中央印发《关于在全党深入开展党的群众路线教育实践活动的意见》，2014 年 5 月 28 日中央发布《关于加强基层服务型党组织建设的意见》，目的都是强化党的服务

---

①胡柳娟：《新时代提升农村基层党组织组织力的若干思考》，《中共福建省委党校学报》，2018 年第 11 期。

②《习近平在十八届中央纪委三次全会上发表重要讲话》，2014 年 1 月 14 日，http：//www.gov.cn/ldhd/2014－01/14/content＿2566862.htm，2020 年 8 月 13 日查阅。

③《决胜全面建成小康社会夺取　新时代中国特色社会主义伟大胜利——在中国共产党第十九次全国代表大会上的报告》，第 65 页。

④王芝华：《服务型基层党组织建设研究——基于实证研究的视角》，九州出版社，2016 年，第 10 页。

⑤《服务型基层党组织建设研究——基于实证研究的视角》，第 1 页。

群众能力建设。基层党组织要转变工作方式、改进工作作风，需把服务作为自觉追求和基本职责，寓领导和管理于服务之中，通过服务贴近群众、团结群众、引导群众、赢得群众。村基层党组织的服务功能是指其在乡村社会治理中扮演的服务角色。乡村基层党组织最贴近群众，也最了解群众的民生冷暖需求，是党做好群众工作的最主要的基础。当前，要重点把党组织的工作重心转移到服务发展、服务民生、服务群众和服务党员上来。

要做好乡村服务群众工作，关键是要增加乡村公共资源和公共服务供给。因此，习近平强调，要加强基层党组织带头人队伍建设，"确保基层党组织有资源、有能力为群众服务"。[1] 新修订的《农村党组织工作条例》第二十二条明确提出村党组织服务基层群众的具体要求，要求各地村党组织应当围绕解决群众入园入托、上学、就业、看病、养老、居住、出行、饮水等民生保障和切实利益问题，加强对乡村贫困人口、留守儿童和妇女、老年人、残疾人、"五保户"等人群的关爱服务。实际上，近年来，在一些村级组织振兴实践案例中，大都是围绕这方面开展了一些卓有成效的工作。对此，本书后面还会结合一些实践案例来加以阐述。

第二节　村党组织建设发展历程

重视加强党的建设始终是中国共产党领导革命和现代化建设不断取得新成就的"三大法宝"之一。与传统乡村治理体系不同，中国共产党对社会治理最有成效的举措之一在于把党的组织根系直接延伸至村庄最底层，把党的组织力量落地生根于乡村社会，使其成为组织乡村群众、动员乡村群众及整合乡村社会资源的最主要力量[2]，把村庄的人力物力资源动员起来，参与社会革命和现代化建设，真正把"以人民为中心"落到实处。

从历时性的角度看，共产党始终注意结合不同时期乡村工作的任务和目标，不断创新乡村基层党建体制机制，形成不同时期的基层党建做法和

①习近平：《在全国组织工作会议上的讲话》，中共中央问下研究室编《十八大以来重要文献选编》（上），中央文献出版社，2014年，第352页。

②徐勇：《政党下乡：现代国家对乡土的整合》，《学术月刊》，2007年第8期。

经验。乡村基层党组织建设也由此经历了一个不断发展不断变革创新的过程。不同时期积累的乡村基层党建经验，始终是新时期推进乡村组织振兴中必须借鉴的重要传承。

中国共产党党员数量不断增加和基层党组织建设的不断增强，意味着党联系群众、服务群众的能力不断增强，也意味着基层党建工作面临的形势和任务也在不断变化。在当前大力实施乡村全面振兴的新形势下，要切实把握当前乡村基层党建工作现状，必须对以往乡村基层党建实践历程进行较为全面客观的了解。下面我们先对不同时期乡村基层党建工作的实践路径和特征进行简要的梳理和分析。

一、改革开放前村党组织建设发展历程

中国共产党自 1921 年成立后，就高度重视乡村基层党组织建设与发展。在革命战争时期，共产党通过加强乡村基层党建，以动员农民群众参加革命。1923 年 8 月，在共产党员弓仲韬的组织下，中共第一个乡村党支部——台城特别支部在河北省衡水市安平县台城村成立。[①] 1925 年 1 月召开的中国共产党第四次全国人民代表大会上，中央强调要在全国普遍建立基层党组织并明确重点在于建立党支部。随后，毛泽东在同年 6 月创建了中共韶山特别支部。[②] 及至土地革命战争时期，毛泽东认识到由于党的乡村基层组织力量过于弱小，使得工农革命军在政治上不坚定，导致起义部队在残酷战争面前屡遭挫折。面对这种惨痛教训，他指出要发挥基层党组织的带头领导作用，主张将"支部建在连上"，从而为后续党指挥革命群众战斗提供组织基础。[③] 为了动员农民参加革命，毛泽东依托乡村基层党组织，在乡村开展了一系列的实地调查，深刻地揭示和分析了当时乡村社会存在的阶级矛盾，进而通过宣传和动员，发掘广大农民群众自觉的阶级斗争意识，使他们成为中国革命的最主要力量，由此也形成了党的群众路线教育的最初实践。

新中国成立后，在国家权力"下乡"的过程中，共产党尤为重视基层乡村党组织建设。为强化党在乡村的执政基础，逐步将乡村基层党组织嵌

---

① 曹国厂、王丽、黄艳：《中国第一个农村党支部》，《源流》，2011 年第 17 期。

② 《毛泽东创建中国最早的农村党支部》，2016 年 8 月 22 日，http://www.sohu.com/a/111514146_119871，2019 年 9 月 19 日查阅。

③ 张明楚：《中国共产党基层组织建设史》，福建人民出版社，2008 年，第 43—44 页。

入到乡村基层管理单位，形成中国特色的"嵌入型基层党组织"建设路径。这种自上而下的村党组织一经建立，便居于乡村组织体系的核心地位。[1] 人民公社时期，形成了党政经高度合一的组织体制。1961 年，国家正式把基层党组织延伸到生产大队（相当于现在的行政村）。1962 年 9 月发布实施的《农村人民公社工作条例修正草案》明确规定，人民公社是"政社合一"的组织，是我国社会主义社会在乡村的基层单位，对乡村土地则实施"三级所有、队为基础"的基本制度安排，乡村基层党组织则基本控制了农村的人地生产要素。这种带有计划经济色彩的乡村管理体制把乡村的人地生产要素高度整合在一起，融经济生产和社会管理为一体，属于"全能型"组织，目的是通过国家再分配体制为城乡工业化提供原始资本积累，但由此也造成了城乡二元社会结构体制，使得乡村整体社会经济发展处于弱势处境。从人民公社内部管理体制来看，"政社合一"的制度安排存在的土地产权不清晰明显抑制了农民的劳动积极性，降低了农业产出，由此为 20 世纪 80 年代后的土地家庭联产承包制和乡村组织管理体制改革埋下了伏笔。

二、改革开放至今村党组织建设发展脉络

1. 乡村基层党建转型

20 世纪 80 年代实行改革开放，乡村实行土地家庭联产承包责任制，城乡关系发生了重大变革。人民公社制度解体，原有的"政社合一"的乡村组织体制开始朝"政社分开"的体制转变，乡村基层党组织建设也因此进入了新的发展时期。

土地承包到户初期，由于村集体失去了对土地的控制，集体经济也失去了最重要的资源依托，导致"分田到户、集体空肚"现象，乡村基层党组织也大都失去了物质基础保障，其影响力自然也不断减弱。相比之下，农民的自主性则不断增强，农民形容"分田到了户，不要党支部"[2]，村党组织的地位因此就逐步呈现组织"弱化"、功能"虚化"和地位"边缘化"的涣散发展态势。面对这种新形势，以邓小平为核心的党中央领导集体高度重视乡村基层党建工作，不断加强乡村基层党组织建设。1979 年国家颁

①吴毅：《村治变迁中的权威与秩序》，中国社会科学出版社，2002 年，第 87 页。
②王同昌：《新时期农村基层党组织建设研究》，合肥工业大学出版社，2015 年，第 23 页。

布实施的《中共中央关于加快农业发展若干问题的决定》指出，必须坚持党和政府对农业的领导，加强乡村党支部建设，发挥党员的先锋模范带头作用。为此，中央及时改进和调整村党组织设置方式，下大力气整顿乡村基层党支部，树立"走富裕道路，离不开党支部"[①] 的社会氛围。

1985 年国家颁布实施的《关于农村整党工作部署的通知》对如何部署乡村整党工作进一步作出详细说明。在整党工作期间，中央在北京召开了全国乡村党的基层组织建设工作座谈会，部署了乡村基层党组织建设的相关工作。会议强调指出，做好乡村基层党组织建设工作，首先是要抓好党员教育，充分发挥党员的先锋模范作用，同时也要调整和建设好村党组织领导班子，而各级党委尤其是县委要加强对乡村基层党组织的领导，及时研究乡村基层党建中出现的新情况、解决新问题[②]。该通知的发布，为改革开放初期乡村基层党组织建设指明了新发展目标。1996 年国家颁布的《关于调整和改进农村中党的基层组织设置的意见》对如何设立党支部、总支部、党小组等作了进一步的详细说明。与此同时，为了促进村级党组织建设发展，国家还对村干部制度进行了改革。

2. 乡村基层党建制度化

十三届四中全会以来，以江泽民同志为核心的党中央领导集体高度重视和加强党的建设，尤其是围绕"三个代表"党建思想对如何加强党的基层组织建设作出了一系列重要决策部署。江泽民指出：发挥党的战斗力和党的力量，关键是要发挥基层党组织的战斗堡垒作用。[③] 他还进一步强调，"没有广大基层党组织战斗力的发挥，最后，我看我们全党的战斗力就是空的。力量的源泉来自哪里？来自基层"。[④] 1990 年国家发布的《全国村级组织建设工作座谈会纪要》强调了在村级组织建设发展中，村党组织建设处于领导核心地位。1994 年中央召开的全国农村基层组织建设工作会议集中探讨了新形势下如何更好地贯彻党的十四届四中全会精神，研究如何加强

---

① 虞云耀：《党的建设若干实践和理论问题》，党建读物出版社，2002 年，第 124 页。

② 中共中央研究室编：《新时期党的建设大事记：1978.12——2007.10》，中共党史出版社，2008 年，第 56 页。

③《十三大以来重要文献选编》（中），人民出版社，1992 年，第 579 页。

④《十三大以来重要文献选编》（中），第 582—583 页。

农村基层组织建设，提出了加强村级党组织建设的"五个好"发展目标①。

1994年，中共中央还发出了《关于加强农村基层组织建设的通知》和《关于进一步整顿农村软弱涣散和瘫痪状态党支部的意见》。在接下来的几年中，国家通过派遣机关干部下乡帮助乡村进行基层组织建设整顿的相关工作。经过整顿，大约80％的乡村基层党建工作有了不同程度的变化，有的还跨入了先进党组织行列。② 党的十五大之后，为进一步加强村党组织建设，国家又新颁布了一系列重要文件，如1999年实施的《中国共产党农村基层组织工作条例》《中共中央组织部关于加强农村基层干部队伍建设的意见》《中共中央、国务院关于做好2002年农业和农村工作的意见》等。这一系列文件的出台表明了乡村基层党组织建设发展进入制度化发展阶段。

党的十六大以来，以胡锦涛为总书记的党中央高度重视乡村基层党组织建设，在继续推进以"三个代表"重要思想为主要内容的先进性教育实践活动的基础上，有关部门颁布了《关于深入开展农村党的建设"三级联创"活动③的意见》，对如何促进三级党组织的建设发展作出了系统的部署，提出了具体要求。这一时期村党组织建设的重点在于如何开展保持党的先进性和党员的先进性教育。

2007年党的十七大对新时期乡村党组织建设进行了新的部署。十七大报告指出，党的基层组织建设是党执政的组织基础，要进一步落实党建工作责任制，全面推进乡村、企业和新社会组织等的基层党组织建设，进一步优化和扩大村基层党组织覆盖面，创新基层党组织活动方式，充分发挥基层党组织在推动发展、服务群众、凝聚人心、促进和谐的作用。报告特别强调，要以包括村党组织在内的党的基层组织建设带动其他各类基层组织建设，深入开展创先争优活动，建立健全城乡党的基层组织互帮互助机制。同时，报告指出，要借助现代信息技术，在全国乡村普遍开展党员干部现代远程教育，并建立健全党内的激励、关怀、帮助机制，关心和爱护

---

①"五个好"发展目标：要建设一个团结、坚强、群众拥护的好领导班子，尤其要有一个好书记；培养锻炼一支富有战斗力的好队伍；选准一条适合当地加快经济发展的好路子；完善一个好经济体制；健全一套体现民主管理、保证工作有效运转的好管理制度。

②《新时期农村基层党组织建设研究》，第26页。

③"三级联创"活动指在县、乡镇和村三级党组织中，开展的以"五个好"村党组织、乡镇党委和农村基层组织建设先进县为主要内容的创建活动。

基层干部和老党员，并注重解决基层组织经费保障和活动场所等问题。[1]　各省市县乡在贯彻落实党的十七大精神基础上，全面系统地部署乡村基层党组织建设。

2009 年召开的十七届四中全会则认真总结了执政党建设的基本经验，审议通过了《中共中央关于加强和改进新形势下党的建设若干重大问题的决定》（以下简称《决定》）。该《决定》指出，加强和改进乡村基层党组织建设要"把发展现代农业、培养新型农民、带领群众致富、维护农村稳定贯穿农村基层党组织建设活动始终，发挥党组织在建设社会主义新农村中的领导核心作用"[2]。同时，中央在加强乡村基层党组织建设上对农村党支部书记给以提供"一定三有"[3] 保障机制，目的是进一步调动村党组织书记的积极性。总结这一时期我国乡村基层党组织建设的发展，不难发现，乡村基层党组织建设更加制度化，进入有序推进的发展阶段。

3. 新时代乡村基层党建

党的十九大报告明确指出："中国特色社会主义最本质的特征是中国共产党领导，中国特色社会主义制度的最大优势是中国共产党领导，党是最高政治领导力量。"[4] 党的十八大以来，中央提出了全面"从严治党"方针。2012 年，中共中央组织部把这一年列为基层党组织建设年。2014 年 10 月 8 日，习近平在党的群众路线教育实践活动总结大会的讲话中首次提出"全面从严治党"思想。[5] 随后，党中央领导集体对新时代乡村基层党组织建设工作作出新的战略部署，其中最重要的是把建立基层"服务型党组织"作为乡村基层党组织建设的主题和价值取向，其核心思想是保持党同人民群众的血肉联系，保持党的先进性、纯洁性，确保中国共产党始终成为中国

---

[1] 胡锦涛：《高举中国特色社会主义伟大旗帜 为夺取全面建设小康社会新胜利而奋斗——在中国共产党第十七次全国代表大会上的报告》，《人民日报》，2007 年 10 月 25 日第 1 版。

[2]《中共中央关于加强和改进新形势下党的建设若干重大问题的决定》，人民出版社，2009 年，第 25—26 页。

[3]"一定"是指给村党组织书记定权责、立规范，"三有"是指让村党组织书记工作有合理待遇、干好有发展前途、退岗有一定保障。

[4]《决胜全面建成小康社会，夺取新时代中国特色社会主义伟大胜利——在中国共产党第十九次全国代表大会上的报告》，第 20 页。

[5]《习近平：在党的群众路线教育实践活动总结大会上的讲话》，2014 年 10 月 8 日，http://www.xinhuanet.com/politics/2014-10/08/c_1112740663.htm，2020 年 8 月 13 日查阅。

特色社会主义事业的坚强领导核心。

面对当前乡村工作新形势，中央要求，创新基层党建工作，目的是要夯实党执政的组织基础。因此，"要以服务群众、做群众工作为主要任务，加强基层服务型党组织建设。"① "党的基层组织是团结带领群众贯彻党的理论和路线方针政策、落实党的任务的战斗堡垒。要落实党建工作责任制……以党的基层组织建设带动其他各类基层组织建设。健全党的基层组织体系，加强基层党组织带头人队伍建设"。② 这说明乡村基层党组织建设要在各项乡村工作中发挥"引领"作用。

为进一步贯彻落实中央建设"服务型基层党组织"的要求，2014 年 5 月中央印发了《关于加强基层服务型党组织建设的意见》（以下简称《意见》），就明确加强基层服务型党组织建设的重要意义和总体要求、基层服务型党组织建设的主要任务、基层服务型党组织建设的方法措施等作出了具体部署。《意见》明确指出，基层服务型党组织建设要实现"六有"发展目标，即有坚强有力的领导班子、有本领过硬的骨干队伍、有功能实用的服务场所、有形式多样的服务载体、有健全完善的制度机制以及有群众满意的服务业绩。在《意见》的指导下，各地围绕"全面从严治党"的新要求，对基层党建做了新探索，乡村基层党建工作也获得了全面发展。

2017 年召开的党的十九大对乡村基层党建工作提出了新的发展要求。十九大报告指出，全面从严治党，最重要的是要将党的政治建设放在首位，要以提升基层党建工作的组织力为重点，突出政治功能，把农村、机关、学校、社区、社会组织等基层党组织建设成为宣传党的主张、贯彻党的决定、领导基层社会治理、团结动员群众、推动改革发展的坚强战斗堡垒。各类基层党支部要担负直接教育党员、管理党员、监督党员和组织群众、宣传群众、凝聚群众、服务群众的职责，引导广大党员发挥先锋模范作用。坚持"三会一课"制度，推进党的基层组织设置和活动方式创新。同时，十九大报告特别强调，加强基层党组织带头人队伍建设，扩大基层党组织

---

① 《十八大以来重要文献选编》（上），中央文献出版社，2014 年，第 42 页。

② 胡锦涛：《坚定不移沿着中国特色社会主义道路前进　为全面建成小康社会而奋斗——在中国共产党第十八次全国代表大会上的报告》，《人民日报》，2012 年 11 月 18 日第 2 版。

覆盖面，明确强调要重点着力解决一些基层党组织"弱化""虚化""边缘化"问题。① 十九大报告为新时代乡村基层党建指明了新的工作方向。2018年和2019年的中央一号文件对如何加强乡村基层党建工作，提升乡村党组织的组织力作出了新的重要部署。2018年新修订2019年正式实施的《中国共产党农村基层组织工作条例》（以下简称《农村党组织工作条例》）则对新时代乡村基层党建提出了新要求。所有这些，都凸显出新时代乡村基层党建工作的新气象和新作为。

三、村民自治制度发展历程

除了大力推进村基层党组织建设，有关部门还大力加强乡村基层"行政"管理制度建设，由此形成独具特色的乡村基层自治制度。新中国成立至今，国家权力下沉到乡村，强化基层执行力，对村庄实行直接控制，打破了传统的乡绅自治体系，建立了由国家力量直接管控乡村的管理制度，乡村社会因此而融入国家大一统的管理和治理架构中。新中国成立初期，国家对乡村社会的管理方式主要有两种：第一种是实行区、乡两级制，乡以下设置行政村；第二种是施行区乡建制，区作为县级政府的派出机构，而乡则是乡村基层政权组织。1954年宪法颁布实施后，乡村基层组织形式普遍走向统一，形成县、区、乡、村、组的逐级基层管理制度。② 人民公社化时期尤其是"大跃进"实行大人民公社制度，曾经短暂地打破了这种体制。1962年正式确立人民公社化体制，实行公社、大队和生产队的"三级所有、队为基础"的"政社合一"体制。到了20世纪80年代乡村改革实行土地家庭联产承包责任制后，实行"政社分开"，乡村基层行政管理体制也改制为乡（镇）、行政村和村民小组的体制。到1985年，建乡设村工作全部完成③。这种体制一直延续至今。

前文一直强调，实行土地家庭承包制后，国家权力及其代理人村"党政组织"也相应地失去了对土地的直接控制，由此导致了乡村基层党组织涣散、"弱化"和"虚化"的问题，部分乡村社会甚至出现了失序状态。面

---

①《决胜全面建成小康社会，夺取新时代中国特色社会主义伟大胜利——在中国共产党第十九次全国代表大会上的报告》，第65页。

②罗平汉：《村民自治史》，福建人民出版社，2006年，第9页。

③程同顺：《当代中国农村政治发展研究》，天津人民出版社，2000年，第155页。

对这种情况，一些乡村地方开始自发地开展了关于新的乡村自治的实践与探索。20世纪80年代，广西壮族自治区合寨村开启了被认为是全国最早实行村民自治实践探索的村，该村成立了村治安联防队和村委会。[①] 这一做法后来被逐步推广，由此形成的村委会自治组织形式受到中央认可，并进行完善和推广。

1982年修订颁布实施的《宪法》将村委会组织形式以及村民自治予以合法化后，全国普遍建立村委会组织[②]，各地全面推进组建村委会试点工作。1983年中央发布的《关于实行政社分开、建立乡政府的通知》中明确指出，各地要根据村民居住情况自行考量是否设立村委会，村委会组建工作全面推进，并到1985年全面完成。不过，对于建立村委会之后是否要确立村民自治原则这一问题进而制定一部有关村委会的组织法，各界对此分歧众多。有群众认为村委会的组织形式尽管已经建立了，但并没有被纳入自治轨道[③]，也有人对乡政府和村委会的关系该以何种原则重构存在疑虑。[④]

基于此，国家民政部于1984年起草完成了《中华人民共和国村民委员会组织条例》初稿，之后经过多次修改，最终《中华人民共和国村民委员会组织法（试行）》于1987年11月获得表决通过并于1988年6月1日起试行实施，由此标志着村民自治制度作为一项国家制度化的基层民主自治制度正式在全国确立并依法实施。1986年，全国有极少数村庄开始开展村委会主任直选试点。1997年，党的十五大作出决定，要求在全国乡村广泛推进村民自治制度，使得村民自治在全国走向普及阶段。为进一步规范村民自治有序推行，1998年新修订的《中华人民共和国村民委员会组织法》（以下简称《村委会组织法》）开始实施，新法不仅强调加强党的领导，而且对村民自治的选人、议事以及村委会的性质、职能、选举等具体程序方面做了明确规定，使得村民自治逐步走向进一步规范化和制度化。其中，吉林梨树县首创村民"海选"，使村委会主任进一步扩大了村民自治的基础。在此之后，全国开始全面推进村委会主任村级"直选"这一做法，开启了村

①林尚立：《政治建设与国家成长》，中国大百科全书出版社，2008年，第221—222页。
②徐勇：《乡村治理与中国政治》，中国社会科学出版社，2003年，第3—13页。
③白益华：《中国基层政权的改革与探索》（上册），中国社会出版社，1995年，第374页。
④景跃进：《当代中国农村"两委关系"的微观解析与宏观透视》，中央文献出版社，2004年，第19页。

民自治制度实践的新历程。

第三节　当前村党组织建设面临的新形势与新问题

前文内容中，我们多次指出现在乡村基层党建工作中面临着党组织"弱化""虚化"和"边缘化"的问题，这种形势严重影响村党组织领导作用的发挥，也使得部分乡村党组织和党员在群众中缺乏威信和公信力，直接损害和降低了党在乡村群众中的形象，影响了党在乡村的执政基础。

一、当前村党组织建设面临的新形势

改革开放 40 多年来，由于大力推行市场化改革，加上城镇化工业化带来的城乡社会大流动，导致城乡发展差距不断拉大，村集体经济明显弱化，农村的人、财、物大量外流，传统乡村组织管理制度和方式滞后等一系列深层次的问题，乡村社会逐渐呈现出严峻的"衰败"景象。这种形势深刻地改变了乡村基层党建的外部社会环境，乡村振兴发展战略因之成为国家的发展战略。

2006 年国家全面取消农业税费，这标志着乡村政策体系总体上从原先的管理体制"汲取型"向"反哺型"治理体制转变。与此同时，各地进一步推进乡镇管理体制改革，如削减党政部门机构、撤乡并镇、合村并组、取消村民小组长等，这些改革举措使得国家权力对乡村的实际控制力相对弱化，在村一级层面主要表现在两个方面：一是村民小组数量锐减，二是村民委员会成员数持续下降。据国家统计局数据显示：自 2006 年以来，全国村民小组数与村民委员会成员数均呈现下降趋势。2006 年，全国村民小组数量为 453.3 万个，相比于 1999 年的 555.7 万个减少了 102.4 万个，减少了 18.43%。2008 年后，全国村民小组数量进一步下降。与此同时，全国村民委员会的数量也一直在减少，1995 年村民委员会数量约有 93.17 万个，2016 年下降到约 55.92 万个，此后更是急剧下降，到 2018 年下降为 54.2 万个，也就是说 2018 年全国村民委员会数量比 1995 年减少了近 39 万个，减少了 41.86%左右（详见表 3-1）。村民委员会数和村民小组数量下降一方面与城镇化快速推进，不少城乡接合部村庄被"村改居"纳入城市社区管理体制有关，另一方面也与一些地方合村并组有关。

表 3-1　改革开放以来的农村基层组织数据表

年份	乡镇个数（个）	行政村数（个）	村民委员会数（个）	村民小组（个）
1978 年	52781	—	690388	—
1979 年	53348	—	698613	—
1980 年	54183	—	710000	—
1981 年	54371	—	718022	—
1982 年	54352	—	719438	—
1983 年	56331	—	311681	—
1984 年	72182	—	933485	—
1985 年	72153	941000	948628	—
1986 年	72135	—	866000	—
1987 年	68296	—	845000	—
1988 年	56676	—	883000	—
1989 年	56497	—	746432	—
1990 年	56481	743278	1001272	—
1991 年	55542	—	804153	—
1992 年	48366	—	806032	—
1993 年	48250	—	802352	—
1994 年	48165	—	802052	—
1995 年	47136	740150	931716	—
1996 年	45484	740128	928312	—
1997 年	44891	739447	905804	5358000
1998 年	45462	739980	832987	5371000

（续表）

年份	乡镇个数（个）	行政村数（个）	村民委员会数（个）	村民小组（个）
1999 年	44741	737429	801483	5557000
2000 年	43735	734715	731659	5534000
2001 年	40161	709257	699974	5419000
2002 年	39240	695000	681277	5286000
2003 年	38290	679000	663486	5192000
2004 年	37334	653000	644166	5079000
2005 年	35509	629079	629079	4905000
2006 年	34675	625000	623669	4533000
2007 年	34369	614000	612709	4669000
2008 年	34301	604285	604285	4809000
2009 年	34169	599127	599078	4805000
2010 年	33981	594658	594658	4791000
2011 年	33270	589874	589653	4764000
2012 年	33162	588475	588475	4694000
2013 年	32929	589447	588547	4664000
2014 年	32683	585451	585451	—
2015 年	31830	580575	580856	—
2016 年	31755	559166	559186	—
2017 年	31645	554202	554218	—
2018 年	—	542238	542019	

资料来源：中国经济与社会发展统计数据库。

站在国家的角度来看，村组合并使得村组数量减少，意味着国家正式权力对乡村基层社会的控制相对弱化，也意味着乡村基层组织基础减弱。而对于普通的农民群众而言，行政村和村民小组是真正的熟人社会，撤村并组意味着他们不得不在一个相对陌生的范围内获得相关的公共服务，村干部可能在一定程度上会脱离群众。由于村组织是为农民提供基本生产生活服务的组织，其组织"弱化"和功能"虚化"会直接影响乡村管理和服务功能发挥，甚至导致农民生产生活基本秩序难以维持。例如，村民小组长功能削弱后，农村"黑恶"势力可能会泛滥，邪教势力可能会填补乡村组织退出后留下的权力"真空"。特别是改革开放至今，由于农民从事传统农业的比较利益下降，大量农村青壮年外流到城镇从事非农产业，传统的"内卷化"的小农经济逐步向"空心化"形势转变[①]，由此形成以"农民老龄化、农村空心化、农业粗放化"为特征的"新三农"问题。

城市化与人口高度流动使乡村基层组织基础发生动摇。"人"在村是乡村社会组织的核心要素。"人"的流动必然动摇乡村社会组织的基础。新中国成立至改革开放前（1949—1978年），乡村社会结构是相对稳定的。其主要原因是在国家城乡二元体制、人民公社体制的设置下，农民被"捆绑"束缚在乡村土地中，基本不流动。但相比于传统社会，这一时期的乡村是被国家高度组织起来的。为快速实现工业化和现代化，国家通过组织人民公社，从初级合作社，到中级合作社，再到高级合作社，并从乡村提取大量工业化的原始资本。国家从农民那里汲取了大量现代化建设所需要的资源，也通过乡村基层组织实现国家意图。反过来讲，农村的稳定性得以延续。

改革开放后（1978年至今），由于乡村人口尤其是青壮年大量流向城市，乡村传统村落中的共同体关系发生了根本性的变化，乡村社会总体上呈现出农民群体规模化进城→村落消失→农村社会"无主体"的新格局。中国城乡之间和不同地区的乡村之间的经济和社会发展开始呈现出不均衡的状态。中西部欠发达地区乡村缓慢发展，农民从事农业生产只能维持温饱，无法实现小康和富裕生活。为获取更多的经济收入，他们流向发达的

① 王国敏、罗浩轩：《中国农业劳动力从"内卷化"向"空心化"转换研究》，《探索》，2012年第2期。

浙江、广东、上海等地。近年来，随着劳动力的流动加速与城市化进程加快，农民进城买房动力增强，乡村人口逐步向城市转移，村庄变得"空心化"和萧条化。这种发展变迁态势深刻地改变了包括乡村基层党组织在内的组织生长环境，带来乡村弱组织化和乡村弱社会发展问题。

笔者指导的研究团队 2014 年对豫、甘、鄂、闽、赣、浙、冀、青、苏、贵 10 省 31 村进行的一项劳动力人口流动情况问卷调查显示，乡村劳动力外流、人口迁移、土地抛荒趋势日益凸显，加剧了乡村人、财、物外流。首先，劳动力外流日益增加。以河南省西皋东村为例，该村全村共 3100 户 7200 人，劳动力人数约 3200 人，其中外出劳动力达 1700 人，外出劳动力占劳动力总人口的 53.1%。这意味着全村有一半以上的劳动力均外出；其次，人口迁移规模大。从我们随机抽样调查获取的 14360 户样本中，有 628 户已迁离本村，527 户全家移居外地。其中被调查的福建鞋尖村有 39.4% 的农户已经举家移居外地，属于样本村迁移人口较多的，甚至一些村庄已经全村整体搬迁。

大量乡村人口外流，直接改变了乡村土地利用方式，导致土地流转加快以及土地利用的低效化，主要体现在三个方面：一是土地抛荒现象日益凸显。在我们调查的 31 个样本村中，耕地抛荒率达 14.3%，且呈现逐年增加的趋势，这点在一些耕作条件较差的乡村地区更为明显。二是土地流转加快。如截至 2013 年底河南省伍子村有 55.2% 的耕地已流转。土地流转加快意味着农民与土地脱离的程度在不断加强。三是农作物种植结构改变。留守在村的农民倾向于种植收益程度较高的蔬菜水果等经济作物，而传统的水稻、玉米等粮食作物的种植面积逐年下降，出现了农地耕作的"非粮化"现象。例如在我们调查的 31 个村庄中，尽管有 48.4% 的乡村以种植水稻、小麦、玉米等粮食作物为主，但也有 35.5% 的乡村以种植蜜橘、油茶、枸杞、蔬菜、烟叶等经济作物为主。

乡村大量人口外流，不仅导致农业生产方式发生重大改变和农民家庭、农民个体"原子化"，也使得不少村庄的村党组织负责人与农民党员游离于党组织之外，成为"流动党组织书记"和"流动党员"，这样便形成了外出"流动党员没人管、村级事务无人问"和"组织找人难，人找组织难"的问题，导致村党组织和村委会组织涣散。① 如 2020 年 7 月 31 日我们在将乐县安仁乡调查发现，该乡全乡共有党员 478 人（含乡党委政府机关党员），其中仅外出到上海的村党员就有 117 人，为此该乡早在 2013 年前后就在上海成立了流动党支部，以加强对外流党员的组织管理，并在创新流动党建方面摸索出一套新做法和经验。

由此可见，城乡社会大流动深刻地改变了城乡关系，也改变了乡村社会治理的基础，由此带来的严峻形势凸显了乡村振兴中组织建设的重要性和紧迫性。当前，由于全国绝大多数村庄的集体经济发展落后，村集体经济薄弱，村财收入少，甚至不少村庄负债，因而乡村建设主要靠村庄外部的国家资源输入。尽管当前国家为乡村振兴投入的资源总量明显增加，但因乡村组织实施和执行能力差而导致乡村振兴面临国家投入的资源利用效率低的问题。事实上，乡村建设本身其实是农民组织化、组织制度化的过程，而如何通过强化村党组织建设提高农民的组织化程度是关键一环。

二、当前村党组织建设面临的新问题

1. 部分乡村党组织涣散

1949 年新中国成立后，党总体上由革命性政党转向建设型政党，党的工作逐步由以军务为主转向以政务为主，并通过党组织形式使党嵌入到各级政府部门，实现党对政府的领导。党嵌入政务的主要方式有两种：一是在政府机构内部建立党组织，二是建立请示报告制度。1949 年 11 月，党中央发布《中共中央关于在中央人民政府内建立中国共产党党组的决定》，提出在中央政府中建党组织。1958 年 6 月 10 日，中央发布《关于成立财经、政法、外事、科学、文教各小组的通知》文件，决定成立直隶中央政治局和书记处的财经、政法、外事、科学及文教等五个小组。② 党中央通过领导小组的方式强化了对政府各部门的领导作用以及对政府工作具体部署的决定权，由此使得"政党—政府体制全面贯彻到社会、经济和文化的各个领域"③。但在"文革"

①胡柳娟：《新时代提升农村基层党组织组织力的若干思考》，《中共福建省委党校学报》，2018 年第 11 期。

②中共中央组织部等编：《中国共产党组织史资料》（第九卷）下，中共党史出版社，2000 年，第 628 页。

③刘伟：《迈向现代国家——新中国建国六十年国家政权建设的回顾、总结与展望》，《甘肃行政学院学报》，2009 年第 5 期。

时期，党的领导制度建设偏离了正轨，给党和国家发展造成一定的负面影响，也为改革开放后党政体制改革埋下了伏笔。

1978 年改革开放后，党的工作重心转移到经济建设上来。针对以往"党政合一"导致的"党政不分""以党代政"的行政领导体制弊端，国家开始推进以"放权、放活、让利"为特点的政治体制、市场经济体制等方面的改革，将党所掌控的政治权力、经济权力下放到地方、市场和社会企业，以实现"简政放权"的目标。同时，加快推进顶层领导制度改革：一方面，中央通过恢复党内法规制度建设使党的领导制度建设走向正轨；另一方面，确立了党中央和各级党委实行以民主集中制为核心的集体领导体制。党的十三大提出"健全党的集体领导制度和民主集中制，要从中央做起"，"地方各级党组织也要相应建立和完善有关的议事规则、表决制度和生活会制度"①。党的十六大提出"按照党总揽全局、协调各方的原则，规范党委与人大、政府、政协以及人民团体的关系"②，并以"总揽全局、协调各方"的原则推进党的领导制度建设。

20 世纪 80 年代中后期，有人主张把"党政分开"一直贯彻到社会基层。在乡村则把村党组织领导与村民自治对立起来，由此形成的"党政分开"体制实际上在一定程度上削弱了党的领导，"党要管党"变成"党只管党"③。针对这种情况，中央要求要大力抓好乡村党组织建设，尤其是要解决好村党组织涣散的问题。1984 年中央一号文件指出："加强农村党组织的建设。要按照中央的部署，进行整党，纯洁党的组织，发扬党的优良传统，提高党组织的战斗力，改变软弱涣散的状况。"④ 1986 年中央一号文件再次重申要对部分村庄基层党组织涣散问题"采取措施限期改变"⑤。1987 年 1 月 22 日中共中央政治局通过《把农村改革引向深入》指出：应把克服村党组织涣散状况作为重点任务。1990 年 6 月，江泽民在中央农村工作座谈会上的讲话中指出：各级党委要把解决一些乡村党组织软弱涣散、"瘫痪半瘫

①中共中央文献研究室编：《十三大以来重要文献选编》（上），人民出版社，1991 年，第 43 页。
②中共中央文献研究室编：《十六大以来重要文献选编》（上），中央文献出版社，2011 年，第 26 页。
③田改伟：《党内民主与人民民主》，天津人民出版社，2015 年，第 212 页。
④《中共中央国务院关于"三农"工作的十个一号文件》，人民出版社，2008 年，第 54 页。
⑤《中共中央国务院关于"三农"工作的十个一号文件》，第 78 页。

痪"问题作为工作重点。[1] 在此之后，中央还一再强调要着力解决村党组织涣散的问题。如 2008 年十七届三中全会通过的《中共中央关于推进农村改革发展若干重大问题的决定》再次指出："农村社会利益格局深刻变化，一些地方农村基层组织软弱涣散"。这说明，部分乡村的党组织涣散问题一直是改革开放 40 年来基层党组织建设中存在的一大难题。

2. 部分乡村党组织能力"弱化"

部分乡村基层党组织涣散必然导致党组织在乡村工作的组织能力"弱化"。这点首先与 20 世纪 80 年代改革开放实行土地承包制后村集体经济弱化有关。由于大多数村"两委"组织不再控制土地和人力资源，其组织凝聚力开始下降。到了 2006 年全面取消农业税费后，各地财政出现缺口，为减少财政支出而引发的一系列例如精简机构、裁减人员、撤乡并镇、合村并组、取消村民小组长等乡镇体制改革，致使乡村组织退出乡村，乡村组织能力"弱化"倾向进一步加剧。

其次，村党组织组织"弱化"与乡村党员队伍整体素质偏低也有关。目前乡村党员普遍存在党员数量比例偏少、年龄偏大、受教育程度偏低等问题。由于近年来各地严格把控村民群众"入党关"，加上一些年轻人入党意愿不高，致使很多村庄在发展新党员上举步维艰。如 2017 年全国共新发展农牧渔民党员 35.8 万名，而当年建立党组织的建制村有 54.7 万个，以此推算，平均每个村党组织大约发展农民党员 0.65 名。目前大部分乡村党员队伍的新陈代谢是老龄党员自然减员，党员队伍过于老化，老弱病残的党员居多，一些高龄党员成为乡村建设发展的"失能党员"，自然谈不上发挥党组织的战斗堡垒作用和党员的先锋模范作用了。[2] 如以闽西北将乐县白莲镇为例，笔者 2020 年 7 月在该镇调查时发现，全镇 543 名党员中，其中农村党员 472 人，党员平均年龄为 53.9 周岁，明显老龄化。

即使是村党组织的领头人村党组织书记也普遍存在年龄偏大、文化程

①江泽民：《在农村工作座谈会上的讲话》，《十三大以来重要文献选编（中）》，人民出版社，1991 年，第 1165—1166 页。

②胡小君：《从维持型运作到振兴型建设：乡村振兴战略下农村党组织转型提升研究》，《河南社会科学》，2020 年第 1 期。

度低、管理能力差等"大、低、差"现象。[1] 有研究者选取某省 122 个县中的 280 个村庄进行实地调查发现，在被调查的 560 名村"两委"主干中，其中 35 岁以下的仅有 18 名，约占被调查村主干总数的 3.2%；50 岁以上的则有 397 人，约占总数的 70.9%。而且被调查村庄的"两委"主干呈"寡头化"发展态势，越是村"两委"主干高龄化的村庄，其干部的任职周期越长。被调查的 50 岁以上的村主干中，其中占 84.67% 的人已经连续担任"两委"主干职位 20 年。[2] 再以闽西北将乐县白莲镇为例，该镇 2018 年换届选举中新当选的村"两委"主干共有 11 人（"一肩挑" 9 人），其中 35 周岁以下的仅有 1 人，35—50 岁周岁的也仅有 1 人，50 周岁的则有 9 人，约占 82%。

不仅如此，村党组织能力"弱化"与党员的先锋模范作用彰显度不高也有很大关系。我们在湖北鄂东团风县调研时遇到一位 80 多岁高龄的老党员，他曾提到过去入党是有严格要求的，因此党员和党组织在村民群众中有很高的威望，但现在的情形似乎不可同日而语了：

我的党员身份是 1958 年抗洪救灾时拿命换来的。人民公社时期，党员都要吃苦耐劳、表现积极，且被评为生产队长才有资格入党。党员都是在群众中表现最突出的、素质能力最强、觉悟最高的人。党员带头做事，群众评价高，会跟随。现在党员带头清理村里的垃圾，就只有几个党员参加义务劳动，这种没报酬的劳动，群众还笑你是"傻子"。[3]

这位老党员的话很朴实，道尽了一些乡村地区的群众曾经对于党员身份的认知。如果乡村党员不能代表先进典型，党员的本质属性也就丧失了，也就导致党群关系弱化。毛泽东曾经形象地称"党群关系好比鱼水关系"[4]，邓小平也强调"群众是我们力量的源泉，群众路线和群众观点是我们的传

①中共河南省直属机关工作委员会党校课题负责人：《经济欠发达地区农民老龄社会问题研究》，中共河南省直属机关工作委员会党校，2002 年，第 19 页。

②《新时代提升农村基层党组织组织力的若干思考》，《中共福建省委党校学报》，2018 年第 11 期。

③访谈时间：2018 年 8 月 20 日。

④毛泽东：《一九五七年夏季的形势》（1957 年 7 月），《建国以来毛泽东文稿》第 6 册，中央文献出版社，1992 年，第 547 页。

家宝"①。目前，一些乡村地区对入党环节把关考核不严，直接弱化了乡村基层党组织的凝聚力、团结力、执行力和公信力。

3. 部分乡村党组织职能"虚化"

所谓乡村党组织"虚化"是指基层党组织在乡村工作中缺乏合适的"抓手"，无法在乡村工作中切实有效地发挥领导和核心作用，由此进一步降低了村党组织在乡村工作的地位而导致村党组织地位"边缘化"，这点与部分村党组织领导方式和工作方式脱离群众有直接关系。党的群众路线是党的根本领导方法和工作方法。毛泽东在《关于领导方法的若干问题》一文中指出："我们共产党人无论进行何项工作，有两个方法是必须采用的，一是一般和个别相结合，二是领导和群众相结合……在我党的一切实际工作中，凡属正确的领导，必须是从群众中来，到群众中去。"② 他还进一步强调，党一旦脱离群众，就容易产生主观主义、形式主义问题，使党的号召归于落空的危险。因此一定要警惕滋长官僚主义作风，形成一个脱离人民的贵族阶层。毛泽东的群众路线思想一直是值得我们珍视的重要党建思想传承。

自 20 世纪 80 年代乡村党政体制改革后，不少地方形成"务虚"的事情归村党组织管、"务实"的事情归村委会——"行政"组织管的管理体制。村党组织越来越异化为"务虚"的组织，有的乡村的党组织甚至出现"空心化"现象，党组织建设变得形式化。村党组织的活动范围大都局限于组织党员参加政治学习，而缺场于与群众密切接触的实体或事件，导致党在一定程度上脱离群众而"悬浮"化，使党在农民心中从具体化的关系转变为一种抽象的存在。但是一旦离开具体的事务，村党组织建设就没有可靠的抓手。

我们在各地调查中发现，很多乡镇干部和村干部反映：以往日常的党组织建设都是"虚"的，乡村党建要融入为百姓做事情当中去，才能真正收到实效。在他们看来，脱离为群众做实事的党建都是"虚"的，也是没有太多

---

① 邓小平：《贯彻调整方针，保证安定团结》，（1980 年 12 月 25 日），《邓小平文选》第二卷，人民出版社，1994 年，第 368 页。

② 毛泽东：《关于领导方法的若干问题》，《毛泽东选集》（第三卷），人民出版社，1991 年，第 897 页。

实质意义的。针对这种情况，近年来各地在创新乡村基层党建工作过程中，普遍把党建工作和乡村社会经济发展以及乡村治理的实事紧密结合起来，把党建工作落实和融入具体工作中，努力在乡村建设、发展和治理中发挥每个乡村党员作为一面"旗帜"的作用，乡村基层党建也因此开创了一个全新的局面。而这点正是本书第三章将要重点讨论和分析的内容。

4. 村"两委"主干职责不清晰

乡村管理中存在村党组织和村民委员会"两委"工作体制，这点实际上是"党""政"领导体制在乡村基层的延伸，由此建构起来的村"两委"制度则构成"官方"意义上的乡村"党政"管理体制。他们代表国家权力对乡村行使领导、规划、设计等政策执行职能，以区分于其他社会组织在乡村治理中的协同参与作用。然而，从现实层面来看，自村民自治制度实施后，如何协调村委会与村党组织领导体制的关系问题就成为理论界和实践部门关注的重要议题。尤其是 1989 年后围绕"实行村民自治是否会削弱党的领导地位和作用？"展开了广泛的争论。自 1998 年《村委会组织法》正式颁布实施后，原先规定的乡（镇）党委与村委会的领导、被领导及村"两委"的关系就发生了微妙的变化。由于强调村民的民主自治属性，乡（镇）党委政府与村委会的关系更多演变为指导和被指导的关系，这样无形中弱化了上级党组织对村"两委"的领导和制约作用。

村"两委"成员虽然都属于村干部，但是村党组织书记和村委会主任更大程度上接受上级党政部门的领导和工作指导，同时也要维护广大村民群众的切实权益，另外他们也会在管理和治理乡村过程中谋求村"两委"组织甚至追求个人的利益。他们处于一种特殊的上情下达和下情上达的"中间人"位置。在不同的历史时期，村"两委"——村干部所扮演的角色取决于国家权力对乡村控制力的强弱程度、村干部个人的职业能力和素养以及村民自治制度对其监督等因素。

实际工作中，村"两委"成员之间尤其是村党组织书记和村主任两者之间在实际工作中会产生矛盾和冲突，形成村级层面的"党政分离""党政不和"的状态。之所以会导致这种局面，首先与国家相关法律制度设置的不明晰，村"两委"之间存在明显的职责界定不清晰的情形有关。根据相关制度的规定，村党组织与村委会之间的关系是领导与被领导的关系，但是在实际运行中，"两委"主干之间的关系比制度规定的复杂得多。2018年新修订的《中国共产党农村基层组织工作条例》（以下简称《农村党组织工作条例》）明确规定，村党组织是乡村中的领导核心，在乡村振兴及其他所有乡村工作中具有领导职能，享有领导权。而《中国共产党农村基层组织工作村民委员会组织法》也规定：村党组织在乡村工作中"发挥领导核心作用"，但它要"依照宪法和法律，支持和保障村民开展自治活动、直接行使民主权利"。同时，该法还明确强调："村民委员会是村民自我管理、自我教育、自我服务的基层群众性自治组织"，"村民委员会办理本村的公共事务和公益事业"，"管理本村属于村民集体所有的土地和其他财产"。这些规定一是明确村委会是群众自治组织，其在工作中须向广大村民群众负责，二是强调村委会负责管理本村的土地等集体资产、办理村庄的公共事务和公益事业，彰显自身作为行使村庄行政权力第一责任人的地位。

表面上看，《农村党组织工作条例》和《村委会组织法》有很清晰的规定，村党组织对乡村工作有领导权，而村委会享有具体事务的管理和执行权。但是在实际运作中，村党组织和村委会两种权力的产生和行使机制有很大的差异。村党组织作为党的基层组织结构，明确受上级党委政府的领导，工作中也首先是对上级党政部门负责。村党组织书记也是由全村党员通过党内民主推选选举产生，也可以由上级党组织直接下派。这意味着村党组织和村党组织书记的权力是在党员和党组织内部生成，与全村的非党员群众没有太大的直接关联。

相比之下，村委会则是属于村民群众的自治组织，享有村级自治权。根据《村委会组织法》的相关规定，村委会成员是经过全体享有选举权的村民民主投票选举产生的，村委会成员候选人必须获得村民支持，因此从常理上推断出两个被广大村民认可的共识：一是当选的村委会成员的工作主要是对全村选民负责，其"合法"性是建立在《村委员组织法》等法律法规和广大村庄选民认可基础上；二是村委会代表全体村民履行管理治理职责。不过，由于国家相关法律法规都未明确指出什么是村党组织的领导权，什么是村委会自治权，因此村"两委"之间在很大程度上存在权责不清、职责不明的情况，最终引发了"两委"之间尤其是村书记和村主任两位主干之间的矛盾和冲突，彼此内耗的结果自然导致村"两委"组织的组织力和执行力大为下降。

站在普通村民的角度看，究竟是村党组织书记还是村主任在村庄管理中更有话语权？这其中涉及的因素其实非常复杂。从客观的角度看，村党组织书记是由全村党员内部推举产生，而全国平均每个村庄党员数量不足50人，大多数村庄的村民数量在1000—2000人之间，以此推算，党员数量占全体村民比例较低，再加上很多乡村党员年龄偏大、受教育程度偏低，对村庄民主治理的参与能力也较低，因此经由党内推选产生的村党组织书记的群众代表性基础总体上往往不如经由全体村民推选产生的村主任。再者，按照村主任的选举规定，作为候选人的村主任经过了一个村内直选甚至是"海选"的民主选举过程，在参与选举过程中必须和广大选民亲密接触，并在村民中宣传发表自己的竞选主张，承诺当选后给村民办具体实事，因此从这个角度来看，村主任似乎比村党组织书记更有广泛的群众支持基础。这也是当村"两委"主干之间发生矛盾和冲突时，村主任会大都以自己经由村民选举产生有更广泛的群众基础为由，为自己寻求立场支持。这样双方就会围绕职能分工、权力来源等的不同而产生争议和分歧。有些村庄的村主任会甚至公然"叫板"村党组织书记，其结果使得村庄管理和治理工作中出现相互推诿和扯皮现象，直接影响乡村建设与发展。特别是在东部沿海城郊村，因村集体经济实力强大，村干部手中掌握的资源多，故村"两委"主干之间的关系更容易对立化。

从村"两委"主干个人的角度看，究竟双方谁在村庄管理治理中更有影响力，还取决于彼此的工作能力，也取决于谁能为村庄获得更多的外部资源。这种外部支持包括比谁的"后台"背景更"硬"，也包括从上级党政部门获取各类支农项目资源的多少。通常"后台"背景更"硬"能为村庄争取到更多项目资源的村主干会被村民认为更有能力，自然在村庄中也更容易获得声望和村民的支持。除此之外，村主干的群众基础也与其所在的家族宗族在村庄中的影响力大小有关联。通常情况下，同一个家族或者宗族的村民倾向于支持本家族宗族的人参选村主任，也更愿意支持本家族宗族的人担任村党组织书记。

实际上，学界对村民自治制度的研讨大致有两种不同的观点：一种观点认为重在"自治"，强调村民自治制度是解决村庄内部秩序的一种办法；

另一种观点认为重在"民主",即村民通过民主选举的办法来解决村庄的治理问题,选举出来的村干部应该能够抵制乡镇不合理的要求,维护村民的权益。[1] 鉴于村"两委"之间的职责不清晰,如果引发村"两委"主干之间的矛盾,会直接降低村党组织和村委会的号召力、凝聚力和执行力,最终受损的是村民的整体利益。因此,自20世纪90年代前后开始,各地开始积极探索实行"两票制""一制三化""一肩挑"等改革试点。构建新型的村级"党政融合"管理体制机制,而其中尤以"一肩挑"试点实践最为常见。对此本书下一章再作详细分析。

---

①贺雪峰、刘勤:《乡村体制与新农村建设的几个问题——社会主义新农村建设研讨会综述》,《学习与实践》,2006年第8期。

第三章 / 党建引领： 村党组织建设与乡村振兴

　　针对当前乡村党建工作面临的新形势和村党组织建设中存在的问题，尤其是十八大以来，各地以推进社会主义新农村建设、"美丽乡村"建设和实施乡村振兴战略为契机，在中央全面从严治党、强化村党组织对乡村工作发挥"党建引领"的前提下，大力创新乡村基层党建，重点把乡村党组织振兴融入乡村发展和乡村振兴的各项事业中，形成多样化的乡村组织振兴实践模式。

　　依据组织管理理论，一个组织要有高度的凝聚力和执行力，必须制定明确的行动目标，然后调动足够的资源，形成相应的激励机制以团结所有的成员获取组织目标。新时代乡村基层党组织振兴，其总目标是把乡村党员组织起来，把乡村人才凝聚起来，把村民群众动员起来，合力推动新时代乡村全面振兴。乡村基层党组织振兴的重点是要整顿和解决乡村党组织"弱化"、功能"虚化"、地位"边缘化"等"衰微"问题，增强党组织战斗堡垒作用，发挥村党组织书记在乡村工作的带头作用，发挥乡村党员的先锋模范作用，提升党在乡村的领导力和公信力、组织力和战斗力、凝聚力和向心力。

　　有研究者指出，新时代要激活乡村基层党组织振兴的机能，必须紧紧围绕三个方面来展开：一是拥有素质高的党组织"领头雁"和数量充足的党员干部队伍，二是村党组织掌握足够的经济资源、政治资源和文化资源，才能提升党组织的政治领导力、社会组织力、人才吸引力、思想文化引领力和落实落小落细的为民服务力，三是建构高效的内部运行体制和有效的外部领导体制。其中最关键的是整顿乡村党组织软弱涣散问题，加强组织制度建设、强化党员教育管理。① 只有采取多举措，才能扎实推进乡村组织振兴进程。

第一节 "机制创新"：提升村党组织的组织行动能力

提升村党组织的组织行动能力是党组织振兴的首要前提。只有提升党组织的组织化水平，才能把一个个分散的乡村党员力量凝聚成一股绳，形成党组织的强大的一体化行动能力，发挥党组织的战斗堡垒作用。只有强有力的党组织，才能动员和整合乡村所有的人、财、物资源，将其投入到乡村建设和发展中，这是乡村组织振兴追求的首要目标。为了达到这个目标，新时期中央明确赋予村党组织在乡村工作的核心领导职能，并强化县、乡（镇）党委和组织部门在村党组织建设的主体责任，以强化对村基层党建工作的经费和人员保障投入，这样做的目的是为村党组织全面领导乡村建设和发展营造更好的外部支撑条件。

和 1999 年发布的《农村党组织工作条例》相比，2019 年新修订的《农村党组织工作条例》强调基层党组织在乡村工作扮演的角色从"领导核心"转变为"全面领导"，凸显了"党领导一切"精神在村级层面的贯彻落实。新条例处处体现了这一基本原则，强调村党组织要为新时代乡村全面振兴提供坚强的政治和组织保证，并明确要求村党组织要从建强战斗堡垒、组织党员群众、聚集人才、动员群众等方面入手，合力推动新时代乡村全面振兴（第二十九条），同时凸显在乡村经济工作中，村党组织要推动乡村产业振兴，推进农村一二三产业融合发展，让农民合理分享全产业链增值收益，增加村党组织领导力，要在"坚持绿水青山就是金山银山理念"下提倡绿色发展，吸引各类人才到农村创业创新（第十二条），动员和带领群众全力打赢脱贫攻坚战（第十三条），在发展壮大集体经济（第十四条）等关键工作中发挥领导作用。这些规定都赋予村党组织直接参与村庄经济发展领导工作职责。另外，新条例还结合乡村文化振兴工作，就村党组织做好群众

---

① 高翔莲、乐诗韵、罗浩：《新时代乡村基层党组织振兴：内涵、地位、价值与目标》，《学习月刊》，2020 年第 1 期。

教育、人居环境整治、村庄精神文明建设等方面新增了多项规定（第十五条至第十八条）。另外，新条例根据新时代乡村振兴工作新要求，去掉了"计划生育工作"条款，同时增加"做好本村的社会主义精神文明建设、法治宣传教育、社会治安综合治理、生态环保、美丽村庄建设、民生保障、脱贫致富、民族宗教等工作"的内容。

为了强化对乡村党组织建设工作的领导，新条例第四十一条还规定：各级党委特别是县级党委应当高度重视党的乡村基层组织建设，认真履行主体责任。党的乡村基层组织建设情况应当作为市县乡党委书记抓基层党建述职评议考核的重要内容，纳入巡视巡察工作内容，作为领导班子综合评价和领导干部选拔任用的重要依据。县级党委组织部门应当以足够精力抓好党的乡村基层组织建设。

当前，乡村振兴要以扩大乡村基层党组织覆盖面，创新党组织建构形式为组织建设的工作重点。特别是要依托合作社、农业企业等新型经济组织、合作组织、行业协会、乡村社会组织、乡村文化组织等建立党支部或党小组，形成村党组织多元嵌入其他各类组织的新型组织体系。同时探索依托乡村振兴各项具体工作，建设各类功能型或者流动型党支部，直接在一线的乡村振兴实践场域发挥党组织的示范带头和引领作用，并吸引各类先进分子加入党组织。例如，苏州市吴中区光福镇太湖渔港村党委就把党支部建在太湖渔船上，带动志愿者开展把渔船生活垃圾带上岸的环保行动，发挥了党组织引领乡村生态振兴的功能。[1]

十八大以来，针对部分村庄仍然存在的党组织"虚化"问题，各地开始创新乡村基层党建，把党建工作融入各项乡村建设和发展的事务中，让村党组织及每个党员在一个个实干的平台展现自己的引领能力和作用，党建工作也因此而做细做实做小，群众从中亲身体会到党组织的存在感。下面我们通过流动党建机制创新、贫困地区精准扶贫带动精准党建及人地资源重组机制创新的地方实践案例分析提升村党组织资源整合和行动能力的基本路径。

---

[1] 胡小君：《从维持型运作到振兴型建设：乡村振兴战略下农村党组织转型提升研究》，《河南社会科学》，2020年第1期。

一、创新流动党建新机制

针对改革开放以来越来越多的乡村党员随着"民工潮"流出家乡到城镇创业谋生而暂时甚至长期脱离党组织的新形势，各地以探索建立流动党组织的方式，推进流动党建工作，目的是让党员流动到哪里，党组织建设就延伸到哪里，实现党组织建设全方位全覆盖。与此同时，新修订的《农村党组织工作条例》第三十七条增加了关于流动党员的管理规定：要求"党的农村基层组织应当加强和改进流动党员教育管理。流入地党组织应当及时将外来党员编入党的支部和小组，组织他们参加组织生活和党的活动。流出地党组织应当加强对外出党员的经常联系，可以在外出党员相对集中的地方建立流动党员党组织。流动党员每半年至少向流出地党组织汇报1次在外情况。"这条规定将使得各地对流动党建工作有了明确的工作指导思想和依据。

如前文提到的闽西北将乐县是一个户籍人口只有18万多人，常住人口大约只有13万人的山区县。该县有5万多人常年在上海、珠三角等地务工经商，很多党员也随之外流出去了。据该县组织部提供的信息显示，全县农村党员大约有50％常年在县城居住，且大都已经在县城购房入住，还有20％—30％的党员则到县外务工经商。针对这种情况，多年来，将乐县委组织部一直非常重视乡村基层党建，并在创新流动党组织建设工作中探索出一些较有成效的经验和做法。首先，该县依托县城农民居住密集的小区，成立社区大党委，把已经进到县城的农村党员组织起来开展党组织活动，并把一些企业的党员吸纳进来。其次，鼓励外出人口较为集中的乡镇在外出地成立流动党支部。其中安仁乡是属于开展流动党建的一个典型。目前这个乡全乡约有1.37万人，其中外出到上海等地开店经商的大约有7000人，另有1000多人常年生活在县城。① 全乡501名党员中，有一半左右成为流动党员，其中跨省流动的党员有117人，且主要集中在上海，外流到上

①将乐县安仁乡地处本县最北片地区，从20世纪90年代开始，以Z.C.S.为领头人的村民开始到上海闯荡，之后他发现开小食杂店较为适合发展。在他的带领下，全乡以亲带亲、老乡带老乡的方式带领越来越多的乡民到上海开店经商，并向周边的其他乡镇扩散。据保守估计，目前全县在上海从事开店经商包括开超市、药店等相关产业的超过1万人，后来将乐县以安仁人为主要成员，成立了将乐县上海商会组织。另外，将乐县最南片的白莲镇农民则是从20世纪80年代初期开始到广东特别是珠三角等地经商闯荡，也开出了属于自己的一片新天地。对此，我们在第六章再进行分析讨论。

海的党员有 101 人①。安仁乡党委就在农民务工经商地——上海建立党支部，将乐县组织部门和乡党委定期派人去上海指导流动党支部建设，使流动党员依旧保持与家乡的密切联系。

2019 年 7 月我们在当地调查，据安仁乡时任党委书记 Y 书记介绍，乡党委把本乡外出农民定性为"乡贤"。最初，由于外出人口主要集中流入到上海开店经商，流动党员们认为他们在上海需要组织起来，共同应对外部环境，党员也需要有组织归属，于是在 2013 年前后自发成立上海流动党支部，并在春节返乡时，要求乡党支部定期去上海党支部进行指导。慢慢地，上海党支部组织建设越来越完善，乡镇党委与上海党支部之间密切互动，使党员们虽然在形式上由于外出而远离党组织，但内核上更加强化了向党组织靠拢的心。乡镇党委指导上海党支部建设的同时，也将家乡发展的需求向外出"乡贤"反映，使他们不管人在哪里，始终响应党的号召，能够一起参与到关乎家乡集体利益的公共事务之中，包括吸引事业有成的"乡贤"返乡投资兴业。尤其是该乡的年轻党员大部分在上海务工经商，乡党委将党支部建立在上海，村党支部定期开会，不仅使年轻党员成为家乡发展建设的积极支持力量，而且让外出党员有归属感。

不仅如此，由于在上海的安仁人已经成立了商会组织，因此该乡的流动党支部也和商会联合在一起办公，形成流动党组织嵌入到商会组织的工作形态。商会组织和流动党支部不仅可以互动开展活动，而且商会的成员可以为流动党支部开展党建活动提供必要的资金和物资支持，商会组织本身很多是事业有成的精英人士，他们在参与商会活动的过程中也接触党支部的活动，有的甚至因此而被发展为新党员，由此形成商会组织和流动党组织融合共建的新格局。

二、"精准党建"融入精准扶贫

很多贫困地区近年来把精准扶贫和精准党建结合在一起，从中彰显党组织在精准扶贫场域的组织力、凝聚力和执行力。各地在贯彻落实国家精准扶贫政策时，各级党委政府和帮扶单位响应党中央号召，通过向贫困地区、贫困村和贫困户输入党组织资源和各项扶贫项目政策支持，实现了"精准扶贫

---

① 到 2021 年 7 月 28 日，全乡党员总数为 501 名，村外流党员 115 名。

＋精准党建"的有效结合。其具体做法包括下派第一书记、动员党员干部深入到贫困地区、贫困村和贫困户展开结对挂钩帮扶行动。广大党员干部以"不脱贫不回城"的战斗姿态投身精准扶贫事业，不仅践行了党的群众路线教育实践，更是重新建构党和人民群众的血肉联系。需要特别说明的是，在精准扶贫实践中，村党组织在领导体制上被整合到更大的组织网络中，在具体工作上更多是由下派的扶贫干部来引领村党组织采取统一行动。不过，恰恰是通过这个资源整合过程，村党组织焕发出新的活力。

我们近年来在实地调查中发现，很多党员干部通过参与扶贫攻坚，在思想认识层面发生了很大的变化。他们由完成扶贫政治任务逻辑下的被动、抱怨，转变为自主、自觉地为贫困群众服务，党性觉悟得到很大提升，干群关系得到了很大改善。通过参与精准扶贫，党在群众心中的形象发生了变化，党员们也在扶贫行动中深刻体会到"不忘初心、牢记使命"的当代价值和意义。各级党组织通过扶贫任务的落实，党建工作也逐渐嵌入到村庄结构中，形成了党建促扶贫，扶贫强党建，二者相互强化的新党建格局。

如江西寻乌县古坑村由省国企下派扶贫第一书记、县直属单位下派一名扶贫驻村工作队队长和两名工作队队员、乡镇派副镇长和计生专干作为队员，同时吸纳村主任和书记，将不同层级、不同单位的党员重新整合起来，共同组成驻村扶贫工作队，产生一致的行动能力。这些选派的党员干部扶贫队伍，必须长期驻扎在乡村，全面介入乡村的工作。扶贫工作队成为党组织的化身，使党具象化，村民对党组织能够看得见，能够切实体会到党对群众的服务，党组织落地扎根于乡村扶贫场域。

据寻乌县扶贫工作队 L 队长讲述，他于 2016 年 4 月份任古坑村扶贫工作队队长，至今已在村里待了四年，平常吃住都在村子里，对村里的 75 户贫困户的每一户情况都十分熟悉，同时自己挂包了四户贫困户，每个月至少走访四次。他对其他贫困户以及非贫困户也要经常去走访，与村民谈心、向村民宣传政策、传达党的精神，如贫困户生病了，自己就带他们去医院、交医药费……时间久了，L 和全体村民都建立了深厚的感情，甚至觉得这个村就是自己工作的地点。在村民心目中，L 队长自己就代表了党，村民对 L 扶贫工作的满意度和认可度，从某种程度上就代表了对共产党的满意度和认可度。再如古坑村驻村扶贫第一书记在结婚两个月后被派到村里，而当时他妻子正怀有身孕，但他在村里工作后，每个月只回家一次，有时候甚至几个月也不能回家。事实上，在扶贫过程中，每个党员干部都切实感受到自己代表的是党组织，并深度嵌入乡村社会内部，成为熟人社会网络中一分子，干群关系自然而然也就密切起来。

从自身党性觉悟方面看，驻村党员干部通过扶贫工作与贫困户密切互动，在此过程中实现从"要我扶贫"到"我要扶贫"的思想转变。如贵州龙里县林业局副局长、扶贫干部 X. A. M. 就是一个比较有代表性的个案：

我帮扶了一户因残致贫的贫困户，他们一家人都是残疾人。户主从小患有左腿小儿麻痹症，他的爱人是一个哑巴，他儿子原来是四肢健全的，但 2012 年在湖南一个采石场干活的时候不小心手被机械绞断了，左手从踝部以下都没有了。帮扶这户贫困户，我就想，他儿子原来是在外面打工的，每个月工资也就 2300—2400 元。后面我给他儿子找了一份工作，就是在县城旁边龙架山森林公园一个小区当保安，包吃包住，一个月 1800 元。解决一个人的就业，他家就脱贫了。当时，我带他（残疾人的儿子）去上班的时候，开始时担心他干不下去，因为公司第一个月是不会拿工资给他的，起码要上一个月的班，我又担心他没生活费会跑掉，于是我又拿了 600 块给他作为第一个月的生活费，这钱是我自己贴的，自己帮扶他这点钱，也是我应该出的。只要他安心上班一个月后，拿到工资就不会走了。同时我还积极为他家争取到易地扶贫搬迁政策扶持。因为他家三口人都是残疾人，不能种地了，继续待在农村也没有意义。针对这种情况，最好的办法是让他全家搬迁到县城，安置在一个扶贫小区。户主起先是有些犹豫，不太愿意搬迁，毕竟生活在农村习惯了。我就做他儿子的思想工作。他儿子毕竟在外面打过工，思想要新一些，后面他儿子就同意了。这样这个家庭就在县城的安置小区申请到 60 平方米的住房，基本上能够做到拎包入住。儿子有一份工作，还有相关的低保政策继续支撑着他，那他就可以实现脱贫了。[1]

在提及 X. A. M. 个人自愿掏出 600 元帮扶贫困户的感受时，X. A. M. 认为，自己对此其实也经历了一个特殊的心路历程。他十分坦荡地表示：

<hr />

[1][2]　2017 年 6 月 1 日访谈贵州龙里县林业局干部 X. A. M.。

我开始的时候也有点儿想不明白，扶贫本是国家的责任，不是我个人的责任，但是后来我想通了：我帮扶这个贫困家庭，这点钱就是我应该出的。我是一个党员干部，如果我的600元能够帮助一个贫困家庭重新站起来，甚至因此而脱贫，我何乐不为？我有什么理由不去做了？我非常愿意出这点钱。何况我还是一个国家干部，一个党员！②

另一位贵州龙里县扶贫干部曾向我们测算过，在精准帮扶贫困户脱贫过程中，该县平均每个帮扶责任人，即帮扶干部，自己个人付出的费用每个月大概要1000元，包括下乡和贫困户对接的车费、油费、买慰问品（米、面条、菜、油）等，还不包括时间方面的投入。可见，类似X.A.M.这样的干部在贫困地区不是个案，很多扶贫党员干部在与贫困户长期的互动和帮扶过程中，激发了自身的党员干部的主体性、主动性和自觉性，党性意识得以觉醒。

在扶贫过程中，党员干部联系群众、团结群众和服务群众的能力不断提升。以贵州独山县影山镇紫林山村驻村扶贫第一书记Z.M.J.为例（挂职时间为期两年）。他是国家林业和草原局下属单位的工作人员。2016年8月6日是他婚后的第二天，他就在这天响应单位号召，自愿报名到偏远的紫林山村担任驻村扶贫第一书记。在接下来的扶贫工作中，作为一个外地人，尽管因水土不服经常起湿疹、拉肚子，但他还是尽快克服各种水土不服的状况，投身"白加黑""5+2"的扶贫工作模式，为紫林山村的扶贫工作开展入户调查、填写扶贫资料、对接扶贫项目、寻找资金等。在此过程中，Z.M.J.除了出面协助争取扶贫项目资金，用于改善村里的交通基础设施、扶持扶贫产业发展、促进村财增收之外，还要直接参与重组村级"两委"组织，包括优化村干部队伍，将村"两委"干部成员从11人缩减为6人，包括撤换了原来的村支书，同时参与村里大大小小的事情，如土地确权、换届选举、人大代表选举等，付出了极大的心血。

对于自己一年多的驻村扶贫感悟，Z.M.J.表示：

我在这里做的事情跟在机关的不一样，对于我来说明显是两个概念。在这里干的每一件事情都是明明白白可以看到的，但是在机关就不一定了。今年四月份的时候我们全村的党员干部还有老百姓写了一封挽留我的申请书，送到我们县委组织部。作为一个党员，在这里我能感受到为老百姓服务的价值，老百姓都会记得。特别是对于我们这样的年轻人来说，是很受教的。①

正是无数个像 Z. M. J. 这样的年轻党员干部，在被下派为驻村第一书记从事精准扶贫工作中，不仅自身的工作能力得到了锻炼和提升，而且增强了党组织的团结力和凝聚力。正是千千万万个驻村扶贫第一书记使党组织从抽象存在转变为具体的存在，更作为党组织代表引领精准扶贫事业的全面推进，使党组织深度嵌入到贫困地区、贫困村和贫困户的生产生活中。每一个扶贫党员干部的参与和自我党性意识的觉醒，必然能够更好地促进基层党组织的精准建设，提升基层党组织建设水平，同时也促进精准扶贫工作的有效推进。正如 Z. M. J. 所谈到的：

精准扶贫工作是一项民心工程，要用心去做才能赢得民心，才能够获得更大的实效。新时期推进的精准扶贫工作促进广大党员干部通过与贫困户家庭精准对接，使得乡村干群关系明显改善。党的群众路线教育因此找到另一个实实在在的切合点。②

按照精准扶贫的规定，基层扶贫干部有的要长期驻村担任第一书记，有的要每周或者每个月定期到帮扶的目标贫困户家庭走访，倾听他们的诉求，把国家的扶贫政策因村、因户施行精准落实到户。在这个过程中，扶贫干部要精准分析贫困户的家庭人口、土地承包和收入情况，分析其致贫原因，探讨可能的增收脱贫路径，帮助贫困户争取相应的产业项目、助学、建房、医疗补助等政策扶持。国家的各类扶贫项目资源实际上大都是通过扶贫干部的帮扶途径对口精准落实到户的。在这个过程中，双方逐步建立了浓厚的感情。这个过程直接大大拉近了扶贫干部和贫困户的心理距离，也拉近了党和群众的距离，极大地改善了干群关系和党群关系。

如广西壮族自治区百色市平果县在精准扶贫过程中让全县 8000 多名对口帮扶的党员干部担任帮扶的贫困家庭的"第一家长"。这种做法让党员扶贫干部以家庭成员的身份参与到贫困家庭内部，担任贫困家庭的"大家长"。在扶贫过程中，"第一家长"要主持召开贫困家庭的家庭会议，帮助其分析致贫原因，制定发展脱贫计划，实施产业项目对接，带领整个家庭

①② 2017 年 5 月 27 日访谈国家林业与草原局派驻贵州省独山县影山镇紫林山村驻村扶贫第一书记 Z. M. J. 。

脱贫致富。"第一家长"制定的扶贫策略,使党组织和党员干部直接嵌入到贫困村的家庭细胞内,重新组合每个贫困家庭发展的内部力量,重塑党员干部与贫困家庭的关系,进而重建党组织和困难群众的关系。而贵州省龙里县扶贫干部则把走访贫困家庭形象地称之为是"走亲戚",体现了扶贫过程中干群关系的变化。

另外,在扶贫工作中,很多扶贫干部提升了工作能力,也提升了与群众沟通的能力,这点对于他们个人的今后成长也是非常重要的。贵州省龙里县扶贫干部 P 就谈道:

在扶贫工作中,与群众拉近感情是最重要的工作。我们主要采取两种方式:一是通过当地的群众、干部等贫困户周边的人了解情况,二是直接与贫困户互动建立感情,包括把贫困户称为"亲戚"。每月将自己买的米、面条、油带去"亲戚"家走访一次,没事就给他们打扫下卫生,做点菜,边喝酒边聊天,多拉家常。感情联系上后,群众对你信任了,工作就好开展了。我们是用干部的辛苦指数换老百姓的幸福指数,但这个很值……老百姓对国家的扶贫政策很感激,常说党和国家没有忘记他们。[①]

作者于 2017 年 6 月曾经跟随龙里县当地的扶贫干部到其所帮扶的贫困户家中,目睹该贫困户看到帮扶干部,就很高兴地说:"大哥又来看我了,谢谢大哥。等我家后山上的毛栗子熟了,我一定要先采摘下来送给大哥。"这句朴实的话,体现了扶贫干部和贫困户已经建立了一种随和甚至亲密无间的关系。

近年来的精准扶贫实践表明,精准扶贫既是一个帮扶贫困户摆脱贫困的重大民生工程,也是乡村基层党建和党的群众路线教育落实、落小、落细的过程,更是"精准扶贫+精准党建"双向融合的过程。在这个过程中,扶贫干部的党员主体性和自觉性不断被挖掘和彰显,他们在参与扶贫过程中通过与贫困户的长时间互动沟通,彼此间达到了一种前所未有的了解,这既是党员干部的自我教育也是群众的自我教育,同时也是扶贫干部和群众的相互教育。一方面,通过基层扶贫干部的亲力亲为的扶贫实践,贫困群众甚至非贫困群众能够从他们身上切实感受到中央及各级党委政府对最

---

①2017 年 6 月 3 日访谈贵州龙里县扶贫干部 P 部长。

底层的贫困户的关怀和支持；另一方面，帮扶干部在帮扶贫困户的过程中，深入基层一线，深入贫困户家庭，切实了解民情和社情，尤其是通过与贫困群众的亲密帮扶过程，改进了自己的工作方式，提升了自己的各方面能力和素质。

从更高的层次看，在整个精准扶贫过程中，基层扶贫干部深度融合到村庄结构中，进入群众生活的实践场域和生活情境中，党员干部的行为与村庄的结构性力量展开了全方位的互动沟通，彼此相互影响、相互建构，共同从扶贫实践场域中建构起了新型的干群关系。对于扶贫干部和基层群众而言，这种"人在情境中"的在场感、参与感及内心获得感都是双向的，双方在扶贫过程中都增加了对共产党和国家扶贫政策实施初衷的认知，可以说是乡村基层党建的最生动的实践，彰显了新时代中国共产党一以持之的民生情怀。

精准党建以精准扶贫为抓手，引领脱贫攻坚取得了巨大成效。同时精准扶贫也大力提升了精准化党建水平，在党建精准化过程中强化了党员精准化服务困难群众的水平。党组织在精准党建和精准扶贫的同构中，促进党组织从"悬浮"到落地，提高了党的执行力，改善了党群关系。党带动引领社会各界帮扶到户，形成了前所未有的社会共同参与的党建扶贫新格局，共同攻克人类的反贫困性难题，使基层党建取得了巨大的政治效益和社会效益，展现了党的新作风形象，形成社会大党建、大扶贫的新格局。

三、创新人地资源重组机制

传统的乡村社会中，大多数村庄尤其是自然村是基于血缘和地缘形成的共同体。人民公社时期的土地所有制也大都是建立在"队（生产队）为基础"之上，因此在小农经济时代，村庄是一个内生且相对封闭的社会基层单位。无论是在人民公社集体制时代还是改革开放初期实行土地家庭承包经营，农业生产经营主要在村庄内部完成，很少会超出这个边界。

但是改革开放 40 多年来，由于城镇化、工业化、市场化发展快速推进，大量乡村青壮年劳动力外流，加上从事传统农业的比较收益持续下降，致使土地流转率大为上升，有的地方土地规模化集约化流转水平大为提升，有的地方的土地利用呈现低效化现象甚至大量抛荒，凸显出发展现代农业经营制势在必行。而发展现代农业，提高土地的规模化集约化经营水平是必然选项，这就要求必须打破传统的小农经营体制的村庄边界，从跨村的角度整合乡村土地和人力资源。为了提高乡村人地资源的利用率，各地探索了联村干部和联村党组织建设新模式，发挥基层党建引领作用，重组不同村庄的人地资源以发展乡村产业，带动产业振兴的同时促进乡村全面振兴。

1. 联村干部打破村庄治理边界：浙江宁海县实践

在早期，为了打破各村庄之间的壁垒，有的地方尤其是经济发达的江浙地区开始探索设立联村党员干部工作制度，可以看成是试图打破传统村庄之间壁垒的一种有益尝试。这一制度是让联村党员干部以一种"客观公正人"的身份介入村庄间的资源分配、项目实施中的矛盾调解，目的是在乡（镇）、村之间建立一个沟通的桥梁、纽带和"润滑剂"。联村干部主要起到政策宣传、监督村级工作完成情况以及沟通、传递和控制作用，其职责更多是属于乡村管理、治理和服务职能。2006年税费改革前后，联村干部的主要职责发生了转变，从早期的督促村干部协助乡（镇）完成收取农业税费及计划生育工作转向协商和对接国家和各级政府输入村庄的支农项目资源，其职责转向为乡村提供基本的公共服务。

如浙江宁海县近年来进一步完善了联村党员干部制度。作者2016年到该县的屠家村调查时，一位"资深"的联村干部反映了自己对联村干部工作制度的看法。他做联村干部已经30余年，近些年，联村干部的主要工作职责有两类：一类是常规性的工作，如政策的上传下达，下村入户重点了解村庄边缘群体如困难户、残疾户和种田大户等的各项诉求，以减少群体性信访事件的发生，进而维护村庄稳定；一类是从事非常规性的工作，如做好抗害防灾等自然灾害类的工作。随着国家资源大量向乡村转移，联村干部的工作任务越来越多，越来越细。由于村民的文化素质不高，尤其是一些村庄的村干部不团结，本身应由村干部完成的工作，也主要转嫁给联村干部承担。联村干部似乎扮演了村干部的秘书和文书的角色。但这也从另一个侧面显示了联村干部在乡村治理中发挥了越来越重要的作用。

联村干部本身并非熟人社会内部的"自己人"，因此，一个经验丰富的联村干部进入村庄后所能够依赖的治理资源是与村民不间断打交道过程中所积累的情感和威信。在实际工作中，联村干部无法通过行政命令的方式使村干部配合上级工作，只能通过打"感情牌"与村干部建立一种合作型的关系。但合作能否成功，取决于联村干部的任务与村干部的利益诉求是否一致。当二者一致时，村干部才会积极配合联村干部，乡村合作最充分最得力；当二者的利益不完全一致时，联村干部就需要借助谈条件的方式取得村干部的信任和支持，但若村干部不听从联村干部的建议，联村干部也无法强制要求村干部配合。当村干部拒绝配合联村干部执行一些必须完成的工作时，后者也可能从指导者转变为事务承担者，由此带来的工作压力是很多联村干部反映最多的问题。

下面是屠家村一位 50 多岁的"资深"联村党员干部分享的从事多年联村工作积累丰富的经验：

一是自身要有很高的综合协调工作能力，联村干部自己手里要有资源、懂政策，要有自己的渠道，这样能拉来"关系"，才具备与村干部谈判的条件和资本。二是充当村"两委"的"和事佬"，两边多说对方的好话。通过有效的沟通策略，聆听村民诉求，并尽力解决问题。三是答应承诺的事情尽量要办到，说一是一，建立威信，赢得信任，建立情感。四是把想法、政策、制度等讲给村"两委"及村民代表听。五是办事公平、公正、公开，提高工作的透明度。六是运用策略型的感情联络，而非简单的谈话聊天吃饭喝酒，只有经常互动，建立感情联络，例如看百姓有什么需求，联村干部可以帮忙解决。这样可建立群众工作的感情基础，等到日后工作的时候就会顺利很多①。

2. 联村党建促产业振兴：福建省将乐县实践

跨村庄的资源重组早期主要体现在土地流转方面。改革开放至今，全国土地流转大致经历了从村庄社区伦理型流到政府和市场主导型流转转变的过程。② 随着市场经济的不断发展，土地流转的规模化、集约化、市场化

①2016 年 7 月 20 日访谈浙江宁海县屠家村联村干部。

②农村民间私下的土地流转早在 20 世纪 80 年代中后期就已出现，但国家法律层面对土地流转的引导和规范约束相对较晚。1984 年中央一号文件首次提出允许土地"转包"并鼓励耕地向种田能手集中。1993 年中央 11 号文件首次明确提出土地承包经营权可以"有偿流转"。2003 年 3 月 1 日颁布实施的《中华人民共和国农村土地承包法》率先使用"土地承包经营权流转"概念，为土地承包经营权流转提供了法律依据，2007 年的《中华人民共和国物权法》则进一步强化对土地承包经营权的物权保护，2008 年发布的《中共中央关于推进农村改革发展若干重大问题的决定》第一次提出建立"土地承包经营权流转市场"，并强调大力推进了土地适度规模经营。

程度不断提升，土地流转的范围也逐渐从村庄内部场域向跨村流转转变，打破了传统的村庄边界。以联村党建促进土地跨村流转，进而带动乡村产业振兴，这点是福建闽西北将乐县探索乡村基层党组织建设的新路径。

在 20 世纪 90 年代土地二轮延包政策实施之前，农民首先看重的是土地社会保障功能诉求，因此全国大部分村庄通过每隔若干年重新调整承包地的方式，以应对不同农户间的人口增减、婚丧嫁娶引起的集体成员权变动的形势，其目的是追求村庄"生产剩余的最大化"，以保障全村的公共福利最大化。[1] 在调整土地的过程中，村"两委"也借此对乡村社会秩序进行控制和调节，发挥自身的影响力。[2] 不过，土地家庭承包制也暴露出土地分配细碎化、缺乏规模经济、市场接轨困难等问题，成为现代农业经营制度发展的障碍。后来，各地开始出现一些小规模的土地流转，这种流转机制大多是以村庄社区内的亲友邻里间的口头协议的非正式流转为主，属于"血缘、地缘式土地流转模式"[3]，其流转范围大多是局限在本村之内，流转的期限大都只有一年，流转面积小且大多没有达到规模经营水平[4]，流转租金较低且组织化程度也较低，流转双方并不是追求经济利益最大化。流出方更多是希望流入方在自己外出时能够帮助"照看"自家的承包地，因此他们不太在意土地流转租金的高低，其具体流转形式主要有代耕、出租等。一旦流出方需要重新耕作，能随时完整地要回土地。而流入方流入土地，也仍是以小农耕作为主，并不会改变生产组织形式，也不会对土地经营进行长期投资。[5]

20 世纪 90 年代中期后，土地二轮延包政策实施，特别是 2007 年农民专业合作社法实施和 2008 年十七届三中全会后，各级政府都加大了对

[1]全国农村固定观察点办公室：《当前农村土地承包经营管理的现状及问题》，《中国农村观察》，1998 年第 5 期。

林卿：《农村土地承包期再延长三十年政策的实证分析与理论思考》，《中国农村经济》，1999 年第 3 期。
姚洋：《中国农地制度：一个分析框架》，《中国社会科学》，2000 年第 2 期。
[2]朱冬亮：《土地调整：农村社会保障与农村社会控制》，《中国农村观察》，2002 年第 3 期。
[3]董国礼、李里、任纪萍：《产权代理分析下的土地流转模式及经济绩效》，《社会学研究》，2009 年第 1 期。
[4]根据 2016 年开展的国家第三次农业普查对农业经营的"规模化"指标的解释，土地耕作的规模化标准在南方省份是 50 亩以上，北方省份是 100 亩以上。
[5]朱冬亮：《农业治理转型与土地流转模式绩效分析》，中国社会科学出版社，2016 年，第 73—75 页。

土地流转的政策引导和干预力度，土地经营制度也从原来的土地所有权和承包经营权的"两权分离"向"三权分置"转变。二轮延包"30年不变"乃至十九大提出二轮延包到期后再延长30年，这种对承包权的长期性"固化"设置说明国家希望激励土地经营者进行可持续性投入。和早期的村庄社区伦理型流转不同，新时期各级政府介入土地流转的目标是建构规模化集约化的市场经营制度。为了发展多种形式的适度规模经营，各级政府出台了多种政策激励措施[①]，包括搞好土地流转的管理和服务，对家庭农场、合作社和农业企业等土地流转大户给予财政补贴，同时对村集体成立合作社给予直接补助等。[②] 为了激励工商资本在土地流转中进行长期投入，让市场力量在土地流转中发挥更好的资源优化作用，"三权分置"制度才应运而生。

经过市场化的土地流转后，村集体经济组织（以下简称"村集体"）、农户和经营者分别获得土地的所有权、承包权和经营权。其中村集体经济组织属于法定的土地集体所有权委托代理人。土地集体所有制本质上是社会主义生产资料公有制在农村的具体实现形式，"弱化"或者"虚化"村集体的土地所有权主体地位，不仅会削弱乡村治理的经济基础，也会动摇农村社会主义制度的经济基础。因此，党的十八大以来，国家通过修订相关法律法规及推进相关制度改革来明晰和强化原本模糊的村集体所有权主体权利和权能，目的是为村集体利用所有权人身份盘活各类土地资源、发展壮大村集体经济提供制度基础。[③] "三权分置"制度设计中，原本一直是强调把"坚持"土地集体所有权作为农村改革的"底线"之一，2014年的中央一号文件则首次明确强调要"落实"土地集体所有权。2016年10月有关部门发布的《关于完善农村土地所有权承包权经营权分置办法的意见》进

---

① 如2015年和2016年国家出台了《关于支持农民工等人员返乡创业的意见》和《关于支持返乡下乡人员创业创新促进农村一二三产业融合发展的意见》等文件。

② 如安徽省2009年出台政策，对种粮大户每亩给予10元补贴。皖北宿州市规定，凡是加入现代农业产业联合体的家庭农场连片流转土地100亩以上的，每亩连续3年给予财政奖补200元，连补3年。闽西武平县2014年规定，对本县连片周年流转种植农作物的土地流转示范片，面积在50—100亩的，每年每亩给予补助100元，和省定标准一致；而对流转规模达100亩以上的土地流转示范片，则每年给予补助200元/亩，比省定标准高出一倍。

③ 朱建江：《农村集体土地所有权实现与集体经济发展壮大》，《毛泽东邓小平理论研究》，2019年第10期。

一步明确指出："农民集体是土地集体所有权的权利主体"，并明确列出集体所有权主体具有发包、调整、监督土地利用及在征地时获得补偿的权利，凸显其具有土地管理和社会服务职能。此后 2017 年 3 月通过的《中华人民共和国民法总则》、2007 年颁布实施的《中华人民共和国物权法》、2018 年新修改实施的《中华人民共和国农村土地承包法》和 2020 年 1 月 1 日新修订实施的《中华人民共和国土地管理法》等法律也将《宪法》所规定的土地集体产权主体即"农民集体"明确界定到村集体经济组织①。2019 年中央一号文件则进一步提出要"完善落实"土地集体所有权，由此传递出的信号是要更进一步强化土地集体所有权主体的实践地位。

不过，法律或政策层面的制度设定仍然没有破解关键的村集体作为土地所有权的委托代理人主体地位模糊的问题，至多只是提供了外部制度支持。虽然 2016 年的《关于完善农村土地所有权承包权经营权分置办法的意见》明确集体所有权主体有土地管理和社会服务职能，但是并没有明确其具有独立的法人市场主体地位。2017 年后国家全面推进的农村集体产权制度改革明确强调要确立"村集体"的法人市场主体地位，并强化集体产权的对外排他性。作为巩固社会主义公有制和完善农村基本经营制度的重要改革举措，集体产权制度改革是具有重大创新意义的农村经济制度改革，其改革目标是赋予和明晰"村集体"市场主体地位，并强调要通过集体资产的股份制改革，保障农民集体成员权和收益权的实现。②

由此可以看出，党的十八大以来，正是国家采取的一系列强化村集体经济职能的改革举措，使得农村集体经济组织和政治组织在很大程度上又互嵌到一起了。虽然集体产权制度改革强调要实行"政经分开"，明确以村集体经济组织作为村集体经济的实践主体，以区别于村"两委"组织，但是在人才极度短缺、经济组织本就难以生成的农村弱社会，再建立一套独立于现有村"两委"组织之外的乡村集体资产管理经营队伍显然不可能，

---

①由于过去实践中村集体经济组织包括"三级所有"的历史传承，因此相关法律也强调在特定情况下，村民小组、村委会和乡镇集体经济组织也可以代表村集体经济组织行使相关权能。

②2016 年国家发布的《关于稳步推进农村集体产权制度改革的意见》明确规定，村集体经济组织应发挥好农村集体经济组织在管理集体资产、开发集体资源、发展集体经济、服务集体成员等方面的功能作用。

其结果仍然是原村"两委"班子成员控制村集体经济。况且，国家现在大力推行村支书和村主任"一肩挑"，这样就进一步强化了"政经合一"的农村集权管理体制。再加上乡村公共服务和公益事业的相关经费支出必须要村集体通过"村财"增收来实现，这样村集体组织就成为集村民自治（社会治理主体）、集体经济管理和运营（市场主体）为一身的多功能组织。

落实到村级土地流转实践场域，由于当前农民从事传统小农经济的比较收益持续下降，农民外出把承包地流转给市场主体经营，农民自身则与土地渐行渐远，对土地的依附和情感也越来越弱。尤其是年轻一代农民，不再把土地视为是"命根子"，其结果是导致在土地经营中尤其是在土地流转场域中农民的承包权实践主体地位呈现逐步"固化"和弱化态势。与此相对应的，经过市场化流转后获得土地经营权的各类新型市场经营主体的实践地位却趋于强化，甚至在约定的流转期内成为土地的实际控制者。[1]

从各地的土地流转实践来看，土地规模经营主体尤其是村庄外部的经营主体进入村庄流转土地时，必然要和拥有土地所有权的村集体组织打交道，后者在法律上也拥有监督土地流转合约履行的权力。尽管国家的相关制度并未明确规定村"两委"组织可以从土地流转管理和服务中获取利益，但是市场主体进入村级土地流转场域时，必须借助地方政府和村集体组织的力量与农户进行沟通，以降低与每个农户协商土地流转的成本。作为农户与外来流转方的中间人和村庄的"守门员"，村集体组织必然会从中获取部分管理费之类的分成收益。在这个过程中，村集体可以从中收取某种"管理费"，而且自身也可能组织成立农业专业合作社，直接介入土地经营，其作为土地所有权主体的实践地位也呈现不断强化的趋势。

事实上，2018年新修订的《农村党组织工作条例》明确提出要理直气壮地发展壮大村集体经济。新推进的集体产权制度改革为村干部以壮大集体经济的名义介入土地流转提供了正式的制度依据。况且促进"村财"增收增强村党组织的凝聚力、增强农村治理能力建设和服务群众的能力也是

---

① 朱冬亮：《农民与土地渐行渐远：土地流转与"三权分置"制度实践》，《中国社会科学》，2020年第7期。

各级党委政府着力追求的目标,而各级政府下达的各类支农项目资源输入大多是以激励土地规模化集约化经营为目标,普通小农大都被排斥在外。这种制度排斥弱化了小农家庭对接外部资源的机会,而村集体的委托代理人村"两委"——村干部很容易借助自身的体制内身份和资本优势,对接和"俘获"外部的输入性资源。这种资源的对接过程大都是通过土地流转这个关键的环节实现。

综上所述,无论是从外在的发展趋势还是从内在的发展动力来看,当前的乡村发展形势都为村党组织、村委会在更大程度上介入乡村土地流转创造了条件。正是基于这点,各地试图打破传统小农经济的组织边界,遵循产业振兴的市场规律,探索跨越传统村庄边界的土地和人力资源整合机制,其中最值得的关注的就是探索联村党建方式,构建跨村庄的产业联盟,以进一步做大做强乡村产业链,提升农业价值链。

福建将乐县高唐镇常口村等六(行政)村联合打造的联村党建助推产业振兴就是个典型案例。常口村靠近全县主要河流——金溪旁边,山清水秀,森林资源丰富,又靠近县城,地处交通要道,一直是将乐县经济发展和社会治理形势较好的先进示范村,也是 1999 年时任福建省领导习近平实地考察过的村,该村现任村党支部书记 Z. L. S. 是全国人大代表。近年来,常口村产业发展不断壮大,但由于单个村庄地域狭小,无法扩大产业规模,因此出现产业发展资源瓶颈的情况。这点也是将乐县组织部 Y 科长反映的当初之所以探索实行联村党建助力乡村振兴的初衷。

我们县之所以想到在常口村办联村党建,一开始是为了整合乡村发展的资源。高唐镇林地资源和水资源较多,但各个村都有一些插花资源,彼此交织在一块,很难统一利用,阻碍了这些资源的开发。常口村是先进村和新农村建设示范村,经济较为发达,是个"强村",但它周边的村大都是"穷兄弟",县里面有这个意图,就是让常口村帮带一下,毕竟大家都开花花才更香。于是我们就跟各村村"两委"干部商量,大家也觉得可行。那用什么名义组织起来最合适呢?受到尤溪县(福建省三明市下辖县)联村党建做法的影响,我们也做这个试点。所以,一开始我们办联村党建是为了打破各村资源利用方面的瓶颈,总的目的就是强村带动弱村发展,大家一起发展振兴。

当初 2016 年前后常口村利用水资源建立云衢山漂流旅游项目（投资 1000 万元），但是上游的水源头属于另外一个村——常源村，漂流项目落地在下游的常口村。之前两个村因为水源和收益分配的事情，也有一些分歧和矛盾，我们以前也去这两个村调解过这些事情。后面我们就想出一个办法，如果通过联村党委的形式，由其出面把各村的资源整合在一块，大家都是联村党委的党委委员，有钱大家一块赚，项目一块做，岂不更好。这就是我们试点实行联村党建的本意。

我们县委组织部当时建这个联村党组织的时候是有规定的，党员数要 100 人以上的村才能成立基层党委，常口村等六个村都比较小，每个村的党员数大多是 30—40 个，不具备成立党委的条件，而六个村加起来的党员有 100 个，所以可以成联村党委。组建联村党委之后，各个村的党员的组织关系不用转，联村党委更多是一个党组织的协商合作组织。各村的资源毕竟也无法完全整合在一起，在行政区划上也没办法把六个村整合成一个大村，因此通过成立联村党委，把它作为一个协调机构。各村的行政区划不变，原来的资产资源不变，组织关系不变，我们总结了"六不变"，平常还是"分灶吃饭"。只有涉及用资源争取项目的时候，我们才会捆绑起来。[1]

由此可以看出，将乐县探索联村党建模式，首先是为了破解乡村产业振兴中面临的资源分割困局。2017 年，在当地党委政府部门的支持下，由常口村这个强村牵头，联合周边经济发展相对较弱的常源村、元坪村、高山坊村、陈坊村、邓坊村等五个资源相似、村情相仿的村庄，建立全县首个联村党委——常口联村党委，探索各村联合发展的新模式和新机制，助推乡村振兴。联村党委由将乐县委常委直接挂钩，镇挂村领导任联村党委第一书记，常口村党支部书记 Z. L. S. 任联村党委书记。联村党委成立之后，六个村拧成一股绳，建立党建工作同研究、党建资源同分享、党建活动同开展、党建经验同交流的"四同"党建机制。联村党委每月定期研究联村的重大事项，同时联村"抱团"行动，取长补短，实现了党建工作联抓、基础设施联建、发展利益联享、治理工作联动的新组织协调机制，为实现乡村全面振兴提供了可借鉴的样本。

---

①2020 年 1 月 15 日访谈将乐县组织部 Y 科长。

成立联村党委后，在联村党委的统一领导下，常口村等六村打破原先的村庄的壁垒，聘请台湾地区的团队按照"一村一品一特色"原则，对联村的种、养产业进行统一规划。联村党委在整合六个村庄的人地资源的基础上，以规划出的核心区主动融入将乐县的健康旅游产业规划建设框架。将乐县则把联村附近的著名旅游景点——玉华洞整合进来，以发展全域旅游的思路，并引进福建省旅游投资企业，共同打造总投资达7亿元的文化旅游康养产业基地——常上湖旅游区。这样，联村的产业规划就融合到一个区域更广、实力更为强大的现代化的田园综合体产业链中，给未来的产业振兴提供了非常令人期待的发展前景。

常口村的产业建设已经投入了3000多万元，取得了初步的效益。2019年，仅常口村的"村财"收入就达122万元。根据联村党委确定的实施方案，常口村将重点发展第三产业——城郊休闲观光旅游业，以聚集乡村发展的人气；常源村、元坪村和高山坊村则重点发展中草药等林下经济作物，夯实联村的特色产业基础；邓坊村和陈坊村则重点发展淡水养殖、有机蔬菜种植等第一产业，以进一步丰富联村整体产业形态。联村党委在协调各村土地、资金资源基础上，统一流转联村的土地，以打破小农土地经营的规模不经济困境，实现土地的规模化集约化经营，促进农业经济结构转型，探索一二三产业融合发展的产业链，提升传统农业价值链。常口联村引进金源农业有限公司在村里发展面积达680亩的脐橙种植基地，2020年已结果产生效益。基地果树进入丰产期后，公司除了给农户支付土地流转租金外，还将每年给予村集体和村民共计100万元以上分红，并吸收村庄的部分在村劳动力进入公司就业，解决他们的就业问题，实现村集体、农户和产业投资者的多元共赢。

建立联村党委后，常口村等六个村庄形成的联村在对接各级政府支农项目和基础设施项目建设方面，也体现了前所未有的规模优势。联村在环境治理、公共设施建设等方面都采取统一布局方式，实行基础设施项目捆绑申报、集中管理、分片实施，先后完成了小流域治理、高标准农田建设、农村公路改造等一系列项目。另外，六个村庄还依托联村矛盾纠纷调解中心，发挥联村妇联、老年协会等群团组织作用，实现乡村治理联动，大大提升乡村治理水平。所有举措，都进一步打通了各村的边界，六个村庄逐步成为一个命运共同体，并向"超级村庄"演变。

在常口村六村联建取得一定经验的基础上，将乐县安仁乡余坑村、泽坊村、半岭村、元洋村等四个村也打造了另一个联村党建促联村产业振兴的样本。和常口村联村党委强村带动弱村发展的模式不同，安仁乡地处将乐县偏远山区，因此四个村的村集体经济发展都非常薄弱。由于安仁乡大量人口外流到上海等地经商，土地利用低效化甚至抛荒现象日益凸显。安仁乡党委政府和各村村"两委"都试图改变这种现状，于是就探索以成立联村党委，通过组建产业联盟的形式来重新整合各村的人、地资源，以此引入外部市场经济组织来参与各村的土地流转，发展现代农业产业项目。

2019 年安仁乡党委积极支持余坑村、泽坊村、半岭村和元洋村等四个行政村成立产业联盟党委会，以党建引领村企共建，整合各村的人、地资源，实行"党支部＋公司＋合作社＋农户"模式，办公地点设在余坑村村部（全称为"中共安仁乡余坑产业联盟委员会"），由时任乡党委副书记 Y. Y. J. 兼任第一书记，同时设立联村党委书记一人（由余坑村原村支书 Y. S. S. 担任），各村的村党支部书记则均为产业联盟党委会委员。安仁乡之所以设立产业联盟委员会，目的是在发展农村产业，招商引资及促进土地流转等方面加强协作，同时发挥联村党委作用，各联建村在防汛、防火、农业发展中集聚合力探索"联建、联防、联治、联产"模式，推进各联建村抱团发展。

按照这个思路，2019 年，余坑联村党委把周边四个村庄的 3000 多亩耕地统一对外流转。截至 2020 年年初，安仁乡政府与招商引资进来的福建将乐巨远生态农业有限公司（以下简称为"巨远公司"）等四家农业产业化企业签约。这四家公司分别在联村计划发展种植 1000 亩赣南脐橙、1000 亩高山生态茶及 500 亩百香果、芙蓉李等。同时，这四家企业依托本地的农腾种植合作社、鑫农植保合作社、健辉合作社、新粮农合作社等四家农业专业合作社，建立生产种植基地。这些合作社大多是以村"两委"名义或者由村主干自己成立，和村干部群体高度重合，由其出面具体协调各村的土地流转工作，为这些农业企业实施规模化经营土地创造便利条件。外来的四家投资企业不需要直接与各农户谈判土地集中流转事宜，这样无疑可以大大降低土地流转的谈判成本。

时任安仁乡党委书记 Y. F. S.（2020 年 5 月调任将乐县农业农村局局长）认为，在组建产业联盟时，地方政府所起的作用就是通过乡、村两级的共同努力，争取上级政府的各种扶持项目。例如高效节约水、农田设施建设等方面的财政补助。同时，由于引进的农业产业化项目可以助力农民增收和"村财"增收，乡政府将协助四家项目投资商及四家加入产业联盟的合作社争取上级政府的各类农业产业化扶持项目资金。这样彼此就能共同发展，一起做大，形成村集体组织、农户和土地流转市场经营主体多方共赢的局面。Y. F. S. 详细描述了实施产业联盟的发展前景和构想，向我们呈现了"一鱼三吃"的多元共赢目标。

（1）"第一吃"：农户获得地租收入。安仁乡引进的农业项目在实施过程中，总共集中流转了 3000 多亩的土地，约占全乡耕地总面积的 1/6。这些土地大部分是地处位置偏远的山垅田，如果不加以利用，也许会面临抛荒的命运。乡政府通过引入这些项目，可以有效盘活利用这部分耕地资源，不仅可避免土地的抛荒，当地农户还可以从中获得一笔租金收入。虽然这租金收入只占到核定粮食产量的一成到二成（每亩年租金是 100—150 斤干谷，折算为当年粮食市场价支付），但对比农户自己私下流转的价格还是略高半成甚至一成。事实上，安仁乡各村的山垅田多半处于半抛荒或者抛荒状态，即使不收租金，也无人愿意耕作。

（2）"第二吃"：促进农民就业增收。引进农业产业化项目，可以为安仁乡当地农民创造就业机会。虽然目前全乡剩余的从事农业的劳动力普遍在 60—70 岁之间，但他们中的大部分人依然身强体壮，能够从事农业劳作。如果能够在家门口有就业机会，自然也可以带来一定的经济收入。例如，仅巨远公司在余坑（行政村）、泽坊村实施的百香果种植业，首期种植了 400 亩的面积，平常要雇工 20 人左右。这些人大部分是来自泽坊村及余坑村下属的其他三个自然村，且年龄普遍在 60 岁左右，也是本村仅剩的至今仍然在从事农业的群体。巨远公司等于是把余坑村剩余的几乎所有的劳动力就业问题基本解决了。其中泽坊村有一个 68 岁的农民，他从 2018 年年底至 2019 年 5 月月初即在巨远公司务工，累计达 56 天，一天酬劳是 120 元（女工是 100 元）。以此推算，这位村民获得的劳务收入为 6720 元。预计全年务工收入可以达到 2 万元，全村其他在巨远公司工作的村民获得收入也和他的大同小异。另外，据巨远公司投资人 C. Z. H. 计算，截至 2017 年 7 月，其公司已经发放的劳务费有 60 多万元，全年预计要支付劳务费 100 多万元。

（3）"第三吃"：促进"村财"增收。从村集体的角度，引进这三个农业产业项目，可以有效促进"村财"增收。由于地处偏僻山区，没有其他产业，安仁乡各村除了来自县林业企业福建金森林业股份有限公司①租赁村集体的林地而每年支付的林地租金收入之外，基本上没有其他固定的"村财"收入。大部分村庄都是"空壳村"。而安仁乡引进这三个项目，就要考虑到如何通过项目实施达到促进"村财"增收的目标。例如，余坑村在土地流转中，村里专门成立一个合作社，负责从农户手中流转土地，然后交给百香果种植者巨远公司，合作社每年从每亩流转的土地中收取"管理费"约 100 元。另外，巨远公司每雇佣一个人工干一天，还必须额外向村里支付10 元，双方约定的合同书上称之为是"调工费用"算是另一种分成收益。同样，上际村集体从土地流转中收取的管理费每年每亩 50—80 元。另外，政府投入的农业项目资金也可以入股并获得分红收益，每年每亩为 100 元，村集体以项目"入股"方式获得这笔分红收益：

比如说这一片地都是村里的，共有 1000 亩，在这里村里划出一片，不需要具体的地，但是村里和流转土地的投资者需在合同上明确写出。比如拿出 20 亩出来，作为村里"村财"增收的地，相当于入股。这 20 亩地的投资者每年给 2000 元/亩，一年就是 4 万块，这个 4 万是村里的"村财"收入。有的投资者资金压力大，可先付一半，2 万块，但第二年开始就要给 4万，这个是属于第二块。第三块就是"村财"增收基地。这跟上面的不一样，必须明确这一块是（安仁乡下属村）伍宿村的，这一块是安仁村的，这一块是余坑村的，大概是一种投资入股分红的方式。所得的分红必须要两三年之后才能拿，但每年会有个固定的收益，这样"村财"就有个稳定的增收渠道。②

---

① 福建金森林业股份有限公司是将乐县唯一的上市企业，在全县租赁经营了约 60 万亩林地，其中大部分是从村集体手中租赁的，金森公司每年按照一亩 10 元的标准向村集体支付租赁金。安仁乡一般的村集体可从中获得了 1 万—2 万的相对稳定的租金收入。

② 2019 年 2 月 28 日课题组负责人和调查员访谈安仁乡党委书记 Y. F. S.。

安仁乡党委书记 Y.F.S. 表示，2017 年自己刚担任乡党委书记的时候，全乡所有村的平均"村财"收入为 5.13 万元（不计财政转移支付）。到了 2018 年，全乡 11 个村级单位中，"村财"收入达到 10 万元的大概有 3—4 个村，大部分的村在 7 万—8 万元，还有半岭和上际两个村"村财"收入在 3 万—5 万之间。2018 年安仁乡引进的两个农业项目，可以促进帮助提升"村财"收入。Y.F.S. 估计，2019 年年底全乡平均每村的"村财"收入应该可以突破 10 万元。

将乐县探索的联村党建促乡村振兴只是近年来各地创新乡村基层党建的一个缩影。将乐县安仁乡通过联村党委组建产业联盟的方式，目的也是打破传统小农经济和村级经济发展的瓶颈。联村党建背后离不开地方党委政府的强力的政策和项目扶持，也是应对当前城镇化工业化快速推进土地利用低效化而采取的应变举措。借助联村党建促进跨村庄的人地资源重组，使得村集体以市场化改革为机遇，重新复苏于村级土地实践场域。将来村集体也可能成为"政经合一"的市场经营法人。

站在普通小农的角度来看，由于他们从土地流转中得到的租金收入占家庭收入的比重越来越低，土地在其心目中的使用价值和经济价值也随之降低，因此他们不太在意村"两委"如何处置土地。农民的这种心态变化恰恰为村"两委"——村干部强化自己的权力和利益诉求创造了条件。他们正是利用自身所处的作为土地所有权法定的委托代理人——中间协调人的处境，各从土地流转双方，即农户和市场主体中获取一部分分成利益。即使是每个农户让渡出一点点利益，由此产生的"规模效益"对于村"两委"和村干部而言都是一笔可观的收入。当然，村"两委"组织也可能把土地流转中获得的收益再分配给村民，或用于发展村庄的公益事业，但这种看似合理且合法的解释并不能掩盖土地流转中村集体实践主体地位逐步强化的事实。

考虑到目前大多数村庄留守在村的"老弱妇幼"者大都是属于村治参与的"低能"甚至是"失能"群体，因此在实际村治中就容易形成"政经联合"的"寡头治理"机制。村集体和村干部会利用自己自身掌控的资金、信息和人力资本优势，通过"精英俘获"①的形式谋求村庄内部和外部输入的各类政府支农项目资源。普通村民很难从中获得参与权和利益分配权。这点也是各地在探索联村党建促进乡村振兴过程中必须警惕的可能出现的一个不良倾向。

第二节　"权责一体"：提升村党组织的服务能力

俗话说，"党员看干部，群众看党员"，这句朴实的话揭示了基层党组织建设的重要运行机制。新时代推动乡村组织振兴，必须坚持权责一体，充分激发每个党员干部和党员群众的自觉的能动的党性意识。邓小平曾经指出，党有没有资格和能力领导人民的事业，"决定于我们党的思想和作风"。②村党组织和党员作风的好坏，直接决定了党在人民群众中的形象和公信力。只有党员的带头作用得到体现，群众对党员的信任度才能不断增强，由此才能令党群关系和干群关系更加融洽。2018年新修订的《农村党组织工作条例》第三十四条规定：村基层党组织应当严格党的组织生活，包括坚持"三会一课"制度，每月相对固定一天开展主题党日，组织党员学习党的政策文件，开展民主议事和志愿服务等，以强化提升党组织的党性属性和党员的身份意识。

一、"权责一体"：激活党员党性意识

当前，在村庄规划建设、人居环境整治、发展产业、土地整治和乡村治理等方方面面都需要党员干部和党员群众发挥带头示范作用，如安徽省宿州市就发生过下面这样一个典型例子。

2013年5月，宿州市埇桥区夏刘寨中心村为了改善村民生活环境，科学规划村庄布局，节约村庄耕地，迫切需要对一个500户的自然村进行拆旧建新。为加快拆迁进度，夏刘寨村党委班子充分发挥先锋模范作用，党委委员带头拆除了自家刚建两年、价值12万左右的三间门面房和住宅大院，

---

①"精英俘获"概念最早源自经济学领域，后来被政治学、社会学广泛采用，意指本来是为帮助多数人而转移支付的资源反而被少数精英所获得，导致其他大部人的利益因此受损的现象。

②《邓小平文选》第一卷，第274页。

蒙受了 5 万多元的经济损失。但是，在村"两委"成员、广大党员和村民代表的带领和示范下，全村 500 多户的房子用了不到一个月的时间就全部和谐地完成了拆迁任务。①

与此同时，各地坚持权责一体的原则，凸显党员的身份不仅是一种责任和义务，同时也是一种权利。因此，在基层党建和基层治理中，不能仅仅强调党员的责任，也不能只是要求党员要为人民服务，还要赋予党员一定的权利，让党员意识到自己和普通群众的不同。不能总是让基层党员成为一种"吃亏者"的形象，而应该是具有超出一般群众的能动者形象。这样才能更好地调动党员在群众中发挥先锋模范作用。

具体来看，在乡村治理中，一般党员群众拥有两项重要的权利：一是党员的优先知情权。例如，在每月的党员组织生活会上，不仅要党员学习政治理论知识，强化党员的党性意识，宣讲相关的政策文件精神，而且要跟党员讨论最近村里布置的工作，并征求党员的意见和建议，优先让党员群众获得有关乡村建设发展的政策信息。这是激活党员身份意识的一种方式。二是提高党员群众的参与权。在村庄发展、建设和治理的具体实践过程中，要充分调动党员的积极性，赋予党员参与村庄治理事务的更多空间。

例如，湖北团风县实行的党建工作"5＋X"工作法就较好地激发了村党组织建设与乡村治理的活力。2018 年 8 月份我们在此进行实地调查发现，该县针对人民公社解体后很长一段时间，村级党建工作流于形式、党员作用"弱化""虚化"，村民甚至感受不到党员的先进性、示范性的新情况新问题，认为现在的党员混同于一般群众，甚至在村庄人居环境整治行动中发动党员带头做一些义务劳动，也仅仅是少数党员在行动。面对群众对党员无存在感的状态，团风县有针对性地通过创新党建"5＋X"工作法，以激活党员的身份意识和自觉的党性意识。

团风县党建"5＋X"的具体做法是：在党员会议上，先进行 5 项常规的党组织学习如"两学一做""三会一课"等，之后村干部请每一个党员就村庄具体若干事务"X"进行讨论，请他们发表自己的看法，并提出具有建设性的意见和建议。因此，党员就比一般群众拥有了优先知情权和参与村

---

① 梅世贞、邵玉芹、付文学：《打造服务型农村党组织研究》，《宿州教育学院学报》，2014 年第 6 期。

庄治理的权利，凸显自己作为党员身份所享有的一些特殊优先权，让党员群众产生一种荣誉感。党员可以通过讨论规划村里的"X"事项，对村庄建设和发展中存在的问题进行讨论，并积极建言献策，凸显了党员的价值和作用。"5＋X"为党建工作搭建了实体化平台，使党组织工作从务虚转变为务虚与务实相结合。因此，党员的身份意识就通过此平台而与村庄治理相关联起来，从而为党建工作注入了生机和活力。

以团风县磨石山村为例，该村的党组织建设采用的"5＋X"模式中，"X"是村民可以自主商议村庄公共事务。恰是这个"X"部分为党员提供了表达村民需求偏好的政治空间，使党建与村庄治理相结合起来。村庄里普通党员和党员干部都可以借助党员大会，将村民的需求和诉求充分表达出来。由于这些事务与村民们的生产生活密切相关，关乎他们的切身利益，党员们就愿意且积极参与村庄里的党员大会。以往，村里党员大会参与的党员并不多，但是在实行"5＋X"党建工作法之后，全村党员们的积极性一下子被调动起来，因而每一次党员大会都座无虚席。村干部要求每一个党员在大会上发表自己对乡村发展有关的问题和建议，因此每个党员都有机会反映自己所关心的村庄公共事务，表达自己的利益诉求。

不仅如此，当地还提出将党支部建在小组内。这是因为在当地实践中，磨石山村的村民小组在村庄中发挥了很强的作用。由于地理因素，该村依傍河流形成一个一个湾子，一个湾子就是一个小组，但各个村小组之间距离较远，因此村小组单位是村民真正的熟人社会，也是农民最基本的认同与行动单位。村民小组内部成员在生产生活上互帮互助，例如生产中有用水需求时，小组长就组织村民合作，轮流放水进行农田灌溉。在"红白喜事"上小组内的邻居都会过去帮忙。人情仪式的规则性也很强，小组成员的行为要遵守熟人社会内部的规则，符合其他成员的预期，否则就会被边缘化。因此，强规则性就使小组集体性替代了个体性。在小组组织内部，人们遵守公共规则，讲究公共性。村干部的选举也受到小组的制约，一个人想要当村干部，首先需要得到小组中大多数村民的认同和支持，否则就无法成为村干部。因此，村民小组就成为一个自治单元，而将党支部建在村民小组内的设想意味着党支部将直接发挥在小组中的作用。

在上一章中，我们提到在磨石山村实地调查中采访了村里一位80多岁的老党员，据他反映，在人民公社时期的乡村党员数量很少，入党很难，要经过层层考验。而他自己的党员身份就是当时抗洪救灾中拿命换来的。在他看来，党员不能混同于一般群众，必须有更高的觉悟和为民服务的意识。这种党员的责任感和使命感伴随他一身。磨石山村正是利用这些受过严格考验的老党员，以及老教师、老干部等"三老"人员组成村监委会，他们至今仍然是本村治理的一支重要力量。他们积极监督村干部、参与村庄矛盾纠纷的调解，为村庄权力透明化和村民和谐关系的建构发挥了重要的作用。如在磨石山村因区位优势而自然发育出来的市场上，他们自发组织成市场监督管理委员会，收取少量的管理费，监管商贩的产品质量与服务、维持车辆与交通秩序、保护村民的财产安全等，以保护本村村民和商贩共同的利益为根本宗旨。由此可以看出，磨石山村"三老"人员依据乡村内部需求组织起来服务群众，他们的组织成员身份具有"公"的身份和象征意义。有了组织成员身份，他们在化解村民的矛盾纠纷、维护公共利益时便具有了权威性与合法性。

二、建立村党组织书记激励机制

提升村党组织的行动能力，还必须提高每个党员的工作能力和素质，把好新党员"入党关"、选配好德才兼备的村党组织领头人是重中之重。2018年新修订的《农村党组织工作条例》要求今后发展新党员和选拔村党组织书记应从本村致富能手、外出务工经商返乡人员、本乡本土大学毕业生、退役军人中培养选拔（第二十六条），并增加对村党组织负责人的激励机制，要求各级党委政府注重从优秀村党组织书记、选调生、大学生村官、乡镇事业编制人员中选拔乡镇领导干部，从优秀村党组织书记中考录乡镇公务员、招聘乡镇事业编制人员（第二十五条）。同时，新条例规定各级党组织应当满怀热情关心关爱农村基层干部和党员，政治上激励、工作上支持、待遇上保障、心理上关怀，彰显党员的榜样力量作用，激励党员干部在乡村振兴中有新担当新作为（第四十五条）。实际上，近年来，各地在全面从严治党的新形势下，普遍重视和加强党员入党审核和考察环节，同时加强了对村党组织领头人的激励机制建设。

1. 福建晋江市实施村党组织建设"领头雁"工程

选好社区党组织治理带头人，直接关系到社区党组织在乡村振兴中的功能发挥。晋江市首先非常重视选好社区党组织带头人。在 2018 年城乡村（居）换届选举中，有关部门一方面细化村级党组织换届负面清单 42 条，对候选人凡是涉及"刑黑恶、黄赌毒、信斗酒"的实行一刀切。全市村（居）党组织选举共报审 4463 人，否决 596 人，其中公安部门否决的有 399 人、法院刑罚否决的有 56 人、违反计划生育政策的有 58 人、存在"两违"行为的 73 人、失信人员 24 人、遭受环保处罚的 9 人、纪委查处 6 人。在这次村社选举中，晋江市有关部门广泛运用基层民主协商程序，对村民代表、委员的名额分配和人选产生过程，前后开展 6 轮民主协商，强调没有协商不选举、没有共识不投票，防止无序竞争、无组织地竞选，实现组织意图、个人意向和群众意愿相统一。在此过程中，镇（街道）工作组深入村（社区）与每位参选人和村落、"房头"、重要企业和华侨代表反复协商，镇（街道）党（工）委书记直接与重要社会贤达和重点参选人员见面协调，在此基础上形成提名方案，经各方达成共识、取得一致，参选人签字确认后才能组织选举。通过对村党组织候选人的严格把关，这次换届选举的"质量"比历届选举大为提高。

与此同时，晋江市 2012 年即开始探索实施村级党组织"领头雁"示范工程，至今已经进入第三轮。其主要做法有以下四个方面。

一是提高村干部待遇，突出实绩导向。晋江市有关部门提出，村主干基本报酬按照不低于上一年度即全市农村居民人口人均可支配收入的两倍标准核定。据此测算，该市的村主干年均基本报酬约为 4.8 万元，略高于本市农村居民人均预计可支配收入的两倍，加上各镇按村干部每人每年不低于 5000 元的标准设立业绩奖励金，村主干年薪酬有 5 万元左右，其他"两委"成员年酬薪也达 2.88 万元。另外，晋江市还建立村干部工作积分制，细化考评指标，对个人素质、工作实绩、示范带动、荣誉评价、责任追究等方面定分量化。委托市"社调队"采取电话民意测评问卷，调查村（居）民对本村（社区）及党组织书记在党建村建民生等工作满意度。综合工作积分和群众满意度，每年对村级党组织书记评星定级，从高到低依次评定为五星、四星、三星和不定星级等次，分别奖励 2 万—6 万元。

二是把村干部纳入乡村治理人才进行管理和考核。根据上届三年考评情况确定人才申报等级，乡村治理人才三次均评定五星的可申报特级，两次评定五星的可申报高级，两次评定四星及以上的可申报中级，均评定星级的可申报初级，其中在上届任期内本人或村（社区）获评泉州市级以上"一先两优"、劳动模范、文明村、美丽乡村的，可破格申报中级治理人才。

三是享受优惠政策。将乡村治理人才纳入全市人才框架体系，享受经济、政治、生活等方面优惠政策。当届任期内，根据特级、高级、中级、初级等次，对应享受每月3000元、2500元、2000元、1500元的人才岗位津贴，从市人才专项经费中统筹。优先推荐参评各级"两代表一委员""两先一优"和劳动模范，在考录镇街干部、选配（兼任）镇街领导班子成员等方面优先考虑。2015年届村"两委"干部中，全市共有21人获评市级以上优秀党务工作者、优秀共产党员和劳动模范，两人考录镇街事业干部，一人选配进镇领导班子。如果有村干部连续被认定为高级及以上人才的，其直系亲属可享受优质教育资源，其子女可就读市重点学校。

四是强化人才效应。将"领头雁"分为若干小组，按照选派一名指导人员、配备一个博导团队、支持一笔补助资金、季度一次交流活动、年度一期高端培训等"五个一"措施进行培养，市财政每组配套落实10万元/年活动经费，引导人才小组通过座谈研讨、实地调研、外出考察等方式加强交流，鼓励联合实施村级集体经济创收项目，发挥抱团发展优势。

五是建立村务工作者队伍。从2005年开始，晋江市实施"一村一大学生"计划，先后分九批次向社会公开招聘大学生到基层担任村（社区）专职工作者。截至2018年，全市村务（社区）专职工作者队伍993人，各村（社区）实有2—3名常驻村（社区）开展便民服务。积极引导优秀村务（社区）专职工作者进村（社区）"两委"队伍，2018年村级换届中共有201名村务（社区）专职工作者当选"两委"干部，其中主干18名。

晋江市以往有些村党组织书记常年由某些宗族派系的人担任，发展党员也都控制在村支书手中，有些村支书更是把持村党组织十几年，导致优秀人才难以向上流动。针对这种情况，晋江市有关部门探索形成新党员发展由"市级牵头，镇级孵化，村级培养"的新方式，为村党组织建设提供合适的党员人选。具体做法是由镇里设立党员"孵育"支部，由晋江市委组织部单列指标，有合适的人选由"孵育"支部专门进行发展培育，市委组织部单列党员发展名额，同时不列入考核指标，让有能力、能干事、适合基层工作的人才能够上浮，从而建立一条特殊通道。

不仅如此，考虑到晋江市民营企业发达，非公经济活跃，市场要素流动性强，因此构建非公企业和社会组织党建"孵育"基地是十分必要的。如何让企业和社会组织的能人脱颖而出成为新党员后备力量人选，晋江市组织部注重抓好新党员培育，实施党员培养计划，把群众中的先进分子发展入党，把优秀党员培养成乡村治理领军人才。与此同时，镇（街道）党委可直接"孵育"部分重点对象入党。乡镇党委也可以直接抓村级党建，建立村级党组织人才队伍培养机制。

2. 福建厦门市同安区内厝镇创新入党"积分制"教育机制

厦门市同安区内厝镇也非常重视加强对入党组织考察对象的培养教育，探索出对申请入党的积极分子实行入党积分制管理，按照积分确定入党考察的先后排序，并制定了颇有特色的"党员义工队管理制度"。内厝镇组建党员义工队，将入党积极分子纳入其中，在全区率先实行入党积分制管理方式，入党积极分子、发展对象、预备党员在参加党校理论学习的同时，每年至少应参加六次义工队活动，每次参与活动情况由各队队长进行登记汇总存档，并以积分卡的形式交其本人保存，获取足够的积分才能进入下一个考察环节。通过义工队劳动，激发了组织考察对象的工作活力，能有效提升党员的服务意识，营造"比学赶超"的良好氛围。

根据内厝镇制定的《关于实行入党积分制管理的实施方案》的规定，入党积分内容包括思想政治、现实表现、民主评议、组织谈话、表彰奖励五个方面，分别按 25 分、25 分、25 分、25 分和 5 分进行计分，每个积分项又进一步细分为不同的指标。如思想政治积分包括理想信念坚定、政治觉悟较高、加强自身学习、主动汇报思想、政策理论考试等五个选项，每个选项各设置最高分 5 分。入党积极分子在考察期间，严格按照积分累计相加得出最终分值（每个方面积分最高分不超过相应分值），由入党组织考察对象所在党（总）支部落实专人纪实登记，并作为其列为发展对象的重要依据。积分以一个年度为周期计算。

对于积分的管理，内厝镇是按照"一人一卡"的要求，由党（总）

支部填写《内厝镇入党积分制登记卡》，实事求是、及时准确地做好积分登记工作，每季度通过公开栏、党员大会等形式对积分情况进行公示，接受党员群众监督。各村党（总）支部要建立积分台账，并派专人负责管理。

积分运用方面，党（总）支部召开支委会（支部党员大会），在充分听取党小组长、培养联系人等意见的基础上，通报入党积极分子积分情况，经讨论同意后可列为发展对象。原则上，积分90分及以上的列为优先发展对象，80（含）—90分的列为重点培养对象，80分以下的不列为本年培养对象。

另外，为了严格规范入党积分制，内厝镇入党积分制实施方案除了对获得相关荣誉的人额外加分之外，同时对参与不法行为的入党积极分子作出专门的惩戒性规定。入党组织考察对象凡是有以下行为的，实行一票否决，直接取消其入党积极分子资格：

①无正当理由（无请假审批）两次及以上，未参加镇、村（居）组织的活动或分配的工作任务的；

②理论考试成绩在60分以下的；

③因违反法律法规被相关部门依法处理的；

④违反社会秩序，聚众赌博、打架斗殴等尚未构成治安处罚和刑事处罚的；

⑤煽动、组织或参与非法集访、群访、越级上访的；

⑥确立为入党积极分子五年内违反计生、综治、执法、国土等政策的。

同时，内厝镇入党积分制实施方案还规定，入党组织考察对象有以下行为的，要加强锻炼和培养，视情况延期半年以上：

①因故请假缺席三次及以上，未参加镇、村（居）组织的活动或分配的工作任务的；

②不服从镇组织、党支部、义工队领导和分配任务的；

③在入党积极分子培训班中有迟到早退等违反纪律现象的；

④理论考试成绩在60—80分的。

表 4-1　内厝镇入党积分制积分内容及计分办法

积分内容	具体内容	最高分值	积分要求	计分办法
思想政治积分（25分）	理想信念坚定	5分	树立正确的世界观、人生观和价值观，具有坚定的理想信念，在大是大非面前旗帜鲜明、立场坚定，自觉增强道路自信、理论自信、文化自信和制度自信	符合要求的得 5 分，不符合要求的不得分
	政治觉悟较高	5分	政治觉悟较高，大局意识较强，服从组织安排，不计个人得失，维护集体利益	符合要求的得 5 分，不符合要求的不得分
	加强自身学习	5分	认真学习《中国共产党章程》《关于党内政治生活的若干准则》以及中央和省市县委重大决策部署和政策、党纪党规等文件资料，认真撰写心得体会	每撰写 1 篇心得体会得 1 分，最高得分不超过 5 分
	主动汇报思想	5分	每季度向党支部书面汇报一次思想和工作情况	每书面汇报 1 次思想和工作情况得 1 分，最高得分不超过 5 分
	政策理论考试	5分	积极参加政策理论考试	成绩为 100 分的得 5 分，90（含）—99 分的得 4 分，80（含）—89 分的得 3 分，80 分以下的不得分
现实表现积分（25分）	义工服务活动	15分	积极参加镇、村（居）组织的义工服务活动，如义务劳动、公益活动、建言献策、志愿服务、抢险救灾、环境治理等	每参加 1 次活动得 3 分，最高得分不超过 15 分。每个人每年应至少参加 4 次，达不到要求者不列入重点培养对象或视情况延长预备期（每次活动签到点名由各义工队队长负责，党支部把关，镇组织进行监督审核，确保落实到位。）
	其他各类活动	5分	按照规定参加"三会一课"、现代远程教育学习、集中培训和镇、村（居）组织的其他学习教育培训活动等	每参加 1 次活动得 1 分，最高得分不超过 6 分。每个人每年应参加至少 3 次，达不到要求者不列入重点培养对象

（续表）

积分内容	具体内容	最高分值	积分要求	计分办法
	联系服务群众	2分	主动联系服务群众，为群众解难事、办实事	每做1件好事得1分，最高得分不超过2分
		3分	积极参与扶贫、助困、捐赠等活动，主动为群众提供力所能及的帮助	每参加1次活动得1分，最高得分不超过3分
民主评议积分（25分）	培养联系人评价	10分	培养联系人在入党积极分子培养期满后给予评分	评分平均在95分（含）以上的得10分，90—95分的得9分，80—89分的得8分，80分（不含）以下的不得分
	党员群众评价	15分	党支部召开党员群众代表会议，对入党积极分子综合表现进行民主评议	民主评议满意率在95%（含）以上的得15分，90%—95%的得13分，80%—89%的得11分，80%（不含）以下的不得分
组织谈话积分（25分）	党章党规、"两学一做"及相关理论知识、个人综合素质等的考察	12分	入党积极分子培训后、结业前，请党课培训老师、村居老书记、区组织人员等人士，与入党积极分子谈话	谈话评分等级为优秀得12分，良好的得10分，合格的得8分，首次不合格者需进行教育培养，再次谈话若通过得6分，若不合格，不列入本年发展对象
		13分	接收为预备党员前，由镇党委组织部门派专人进行谈话	谈话评分等级为优秀的得13分，良好的得11分，合格的得9分，首次不合格者需进行教育培养，再次谈话若通过得7分，若不合格，不接受为本年度预备党员（若发展对象至接收预备党员期间超过3个月，取两次得分平均值。）
		—	预备党员转正前，由镇党委组织部门派专人进行谈话	不列入积分，仅作为预备党员预备期考察项目。首次谈话不合格者需进行教育培养，再次谈话通过才可转正，若不合格，视情况延长预备期

（续表）

积分内容	具体内容	最高分值	积分要求	计分办法
附加：表彰奖励积分（5分）	各类表彰	5分	中央表彰奖励	受到中央或部级表彰奖励的得5分
		4分	省级表彰奖励	受到省委、省政府或省部级表彰奖励的得4分
		3分	市级表彰奖励	受到市委、市政府或市部级表彰奖励的得3分
		2分	县级表彰奖励	受到县委、县政府表彰奖励的得2分
		1分	镇街（县级部门）表彰奖励	受到镇街（县级部门）表彰奖励的得1分

注：

1. 入党组织考察对象有以下行为的，实行一票否决，直接取消其入党积极分子资格：①无正当理由（无请假审批）两次及以上，未参加镇、村（居）组织的活动或分配的工作任务的；②理论考试成绩在60分以下的；③因违反法律法规被相关部门依法处理的；④违反社会秩序，聚众赌博、打架斗殴等尚未构成治安处罚和刑事处罚的；⑤煽动、组织或参与非法集访、群访、越级上访的；⑥确立为入党积极分子五年内违反计生、综治、执法、国土等政策的。

2. 入党组织考察对象有以下行为的，要加强锻炼和培养，视情况延期半年以上：①因故请假缺席三次及以上，未参加镇、村（居）组织的活动或分配的工作任务的；②不服从镇组织、党支部、义工队领导和分配任务的；③在入党积极分子培训班中有迟到早退等违反纪律现象的；④理论考试成绩在60—80分的。

3. "表彰奖励积分"中，同一内容奖项的，按照最高级别得分；不同内容奖项的，可累积得分，最高不超过5分。

内厝镇党委认识到，村"两委"干部及党员长期以会代训，缺乏系统、完善的党内教育，难以推动学习教育深化及常态化。考虑到乡村党员的培育模式、考察途径与机关党员存在较大的差别，需对入党程序进行完善。因此，为了进一步强化对党员干部的培训、培养和教育，内厝镇决定设立一所颇具特色的乡村党校，该党校是对农民夜校和农民讲习所的一种延伸，具有既"接地气"，又"有内涵"的属性。乡村党校在创办阶段就得到社会各界的广泛支持。

内厝镇乡村党校于2016年12月9日建成正式揭牌启用，其办学地点位于老区山区革命基点村——内厝镇前埯村，由村民主动捐献古大厝而设立。

该村是著名的侨乡和台胞祖籍地，具有较强的革命历史积淀和现实教育意义。党校现有建筑面积约 200 平方米，内设一个公共讲堂及基点文化展室、教研室（闪闪红星接力站）、党员义工队集结室、谈心室（党代表服务站）等四个场馆。

内厝镇乡村党校外景（笔者摄于 2018 年 7 月 28 日）

内厝镇设立乡村党校的目的是推进"两学一做"学习教育常态化制度化，使乡村基层一线的党员、支部委员接受经常性、常态化的学习教育。乡村党校坚持以"党校姓党，从严治党"为办学原则，以培养"四讲四有"合格党员为目标，在课程设置及功能场馆的布设上充分考虑农村党员的特点，旨在通过党校教育培训，提升村"两委"干部、普通党员综合能力，挖掘和培育优秀入党积极分子，起到了党性教育主阵地的作用。

内厝镇乡村党校的公共讲堂设在乡村党校的大厅，约可容纳 50 人。讲堂是入党积极分子、预备党员、党员及村居"两委"干部学员学习党课及实用性专业知识的地方。讲堂根据学员类别及村民需求，定期邀请老师授课，并供学员共同学习讨论。公共讲堂配置了投影仪，增设"红色放映厅"

功能，每周面向广大学员及普通群众播放一次红色经典电影，旨在提升广大的党员党性修养，弘扬社会主义核心价值观，增强群众的爱国主义情怀。

内厝镇乡村党校内景（笔者摄于 2018 年 7 月 28 日）

内厝镇乡村党校还设立了基点文化展示厅。展厅内放置有关于中国共产党重要举措及国家领导人重要讲话的书籍及几个时期具有代表性的入党申请书，墙上挂有内厝镇革命老区村简介和地下党组织重要领导人简介，旨在让参观者感受基点文化，深入了解本镇革命老区基点文化历史，进一步激发参观者的爱国热情、爱党热情，弘扬优良的革命传统。展厅设置"我的入党志愿书"展柜，展柜陈列了不同时期具有代表性的入党申请书，教育党员不忘入党初心。乡村党校制作了一批复古搪瓷杯、党纪党规保温杯、革命手机壳、红色书签等文创作品，旨在通过潜移默化、活泼生动的宣传形式，教育党员吃水不忘挖井人，党的教诲时刻记心头，并以慈善义卖出售，营造和谐友爱互助的氛围。

另外，结合内厝镇创新乡村党建工作举措，在乡村党校设立党员义工队集结室。室内分为党员义工队签到处及劳动工具存放处。每次活动前，党员义工队队员在此签到及领取劳动工具，活动后自觉将工具放回原处。义工队以群众实际需求为主，开展便民利民、扶贫帮困、治安维稳、就业创业、清洁家园等义工服务活动。各义工队每月开展一次义务服务活动，平时服务采取"小型、分散、灵活"的形式，每年进行一次总结。在职党员应结合岗位特点，每年至少参加四次义工队活动，每次参与活动情况由各队队长进行登记汇总存档，每年底报送镇机关支部。义工队队员参加活动时，应根据队长要求着统一服饰，服从队长安排，热情友善地提供服务。

内厝镇乡村党校还设立教研室、"闪闪红星接力站"。教研室是党校老师备课、休息、为学员答疑的场所，也是党校管理人员的办公场所。教研室内放有党校的年度教学计划和各个班次的教学任务。教研室还融合了"闪闪红星接力站"的功能，将周围中小学的少先队员和共青团员纳入乡村党校的教育培养范围之中。接力站内设有中国共产党红色经典故事书柜，少先队员及共青团员可以在这里阅读经典、相互讨论、共同成长，为培养共产党优秀接班人奠定坚实的思想基础。

内厝镇乡村党校另外设立了谈心室、党代表服务站，作为各级党代表履行代表职责、联系党员群众的工作平台。服务站为党代表履行职责提供便利条件，促进党代表之间的联络与交流。服务站配置简朴，体现农村特色，增进亲切感，有益于促进党员及群众之间的交流。

三、"每个党员都是一面旗帜"

上一章我们提到，打造新型基层服务型党组织是转变党的组织作风的重要举措。2018 年新修订的《农村党组织工作条例》新增第四十条，对基层党组织和党员提出了明确的服务职能要求，即要求农村党员应当在社会主义物质文明建设和精神文明建设中发挥先锋模范作用，带头投身乡村振兴，带领群众共同致富。村党组织应当组织开展党员联系农户、党员户挂牌、承诺践诺、设岗定责等活动，给党员分配适当的社会工作和群众工作，为党员发挥作用创造条件。事实上，各地在创新村基层党组织建设过程中，都包含了转变党的工作作风的内容，也包含了开展服务型党组织建设的内容。无论是身处乡村贫困地区的一线扶贫干部，还是严格把好党员的入党关，本质上始终都包含了党一贯重视的"为人民服务""以人民为中心"的宗旨。

我们在实地调查中发现，各地创新基层服务型党组织建设，大都采取以工作岗位来设定党员服务岗位的做法，彰显党组织和党员的服务本色。凡是党员所在的工作岗位即设为党员示范岗，要求党员在日常的岗位工作中要"晒"出或者公开"亮"出自己的党员身份，随时接受群众或者工作对象的监督。这样就把党组织和党员的服务意识融入日常的岗位工作中，从中彰显党员的先进性和模范带头作用，切实让自己也让广大人民群众感受到：每一个党员都是一面旗帜。

闽西北将乐县白莲镇小王村党员示范岗（笔者摄于 2020 年 7 月 28 日）

为了更好地转变党员干部的工作作风，加强党的组织纪律建设，很多乡村对党员的日常言行举止都提出了严格的标准和要求，规定党员在日常工作场景中严格遵守，目的是促使党员干部改变工作作风，贴近群众，放低身段，沉下心来搞好服务群众工作。如浙江绍兴市上虞区道墟街道称海村根据群众反映较多的一些干部工作时推卸责任的"口头禅"，制定出"党员干部二十条禁语"：

理想信念都是空的，只有嘴上说说的。

讲政治是大领导的事，和我没关系。

事体都嘎忙，哪有精力去学习。

口号喊得嘎响，都是空佬佬个。

做这种事是领导出风头，我们吃苦头。

嘎多规矩，嘎严要求，当干部还有啥意思。

多做多错，少做少错，不做就不会错。

忙的忙死，闲的闲死，得过且过就好。

工作这么多，何必事事较真，应付过去就好了。

我就这个态度，你有本事到领导那边去反映。

我也没办法，是上头说要这样做的。

这桩事情同我不搭嘎，甭来寻我。

这种事不去吵不去闹，没人替你解决的。

这事我做不了主，你还是直接找领导吧。

我又不是"百事通"，样样业务都懂。

老百姓家里到过就好了，做做样子咯。

现在的老百姓越来越难弄了，最好甭去搭嘎。

程序、规矩不过是种形式，骗骗外行人的。

集体研究都是空的，早就定好了，过过场而已。

这个事情给你私下说下，你自己有数就好，外面不要去说。

山东省淄博市博山区乐瞳村也极为重视发挥党员的先锋模范作用，把党性修养和党员的"先进性"转化为服务群众的切实行动。在日常生活中，乐瞳村严格执行每月举行一次的"党员奉献日"村庄公益活动，组织党员积极参与扫雪、环境卫生清理等活动，塑造确立"党员不同于一般群众"的思想认识，营造了村庄公共舆论对党员带头模范性的认可，党员的自觉性也得以彰显出来。在党员干部的带领下，乐瞳村的乡风民风有了很大的改观，村民对村里公共事业的参与度明显提高，党建引领作用逐步得以发挥。

乐瞳村除了注重激发党员发挥带头示范作用外，还积极调动党员做好群众工作。在村庄建设中，总是避免不了和群众出现摩擦或者矛盾。为此，村党组织利用党员与非党员群众互为亲戚邻里关系的特点，在碰到一些棘手问题时，就大力动员村里的党员去做群众工作，保障了疑难问题的有效解决。

第三节　"党政融合"：提升村庄治理效能

从乡村组织振兴的角度看，必须使村"两委"成员之间尤其是两位主干之间保持和谐团结的关系，才能发挥村党组织和村民自治组织的双重作用，进而提升乡村治理效能。在前一章我们提到，由于村"两委"组织和主干之间存在职责不清晰问题，容易引发村党组织书记和村主任之间的矛盾。为了规避和化解村"两委"之间的矛盾，自 20 世纪 90 年代至今，各地都在探索实行村"两委"主干"一肩挑"，"两委"成员之间交叉任职以及基层民主协商等做法，形成村级"党政融合"的新局面。"党政融合"是指党建工作与行政工作相融合，重新确立村党组织在乡村中的"党建引领"作用，化解"党政分开"引发的村党组织和党的领导力涣散、党组织功能"弱化""虚化"和地位"边缘化"的问题，提升乡村治理效能，探索促进乡村治理体系和治理能力现代化建设的新途径。

一、"一肩挑"促进党政融合

1. "一肩挑"改革试点

从乡村组织振兴的角度看，实行"一肩挑"和"党政融合"的优势有两点，一是可以减少"党政分开"后所形成的两位村主干之间的工作矛盾和对立情况，减少和降低村级管理中行政执行的摩擦成本，二是可以降低村"两委"组织的人力和物力成本，最终目标是提升乡村组织管理的效率，促进村庄的发展和增进村民的福祉，为乡村振兴构建更优的领导组织架构。

村主干"一肩挑"的具体含义包括两个层面：一是村书记、村主任"一肩挑"，即村书记兼任村主任，二是其他村"两委"成员交叉任职。早在 20 世纪 90 年代前后，我国的一些乡村地区就有探索实行村党组织书记与村主任"一肩挑"的实践试点。[①] 其中 1988 年的湖北省谷城县冷集镇党委试点的"一肩挑"被认为是其中的一个典型。该镇于 1993 年 3 月在全镇普

---

①史卫民等：《中国村民委员会选举：历史发展与比较研究》（下篇），中国社会科学出版社，2009 年，第 265—266 页。

及实施"一肩挑"。① 不过，学术界关注讨论较多的试点实践是山东威海和广东顺德探索出的两种"一肩挑"实践模式。

1998 年 10 月，山东威海市借助《中华人民共和国村民委员会组织法》正式颁布实施前夕，该市提出要第一次探索实行村民直接选举。② 当时这个市面临是否让村党支部书记参选村主任而出现不同结果的两难选择时，该市领导倾向于实行"一肩挑"，由此探索出一条同时保障村民自治制度实施和党支部领导核心地位的新方法，村党组织书记和村主任两个职位由一人担任，并倡导村"两委"人员交叉任职③，开始了较为严格意义上的"一肩挑"探索实践。④

"一肩挑"自各地探索实践以来，一直备受争论。有的人担心实行"一肩挑"虽然会强化党对乡村工作的领导力，但也可能会弱化村民自治制度的实施空间。由于村民自治制度有《中华人民共和国村委会组织法》作为法律保障，因此一些党政部门始终对通过村级选举把控"一肩挑"的实施规范备感疑虑。这点也是有些地方的"一肩挑"实施迟缓且不强制推行的原因。

实际上，在 21 世纪之前，虽然全国探索实行"一肩挑"的地方不断增加，但也有少数几个省份实现"一肩挑"且完成比例总体较低。后来在充分借鉴和吸收各地乡村"一肩挑"试点实践经验的基础上，2002 年中共中央、国务院发布第 14 号文件，首次明确强调鼓励提倡实行村"两委"主干"一肩挑"做法，各地才因此而加快"一肩挑"试点实践，全国实现"一肩挑"的村庄的平均比例从 2002 年至 2005 年快速提高了 11.01 个百分点。随后，各地基本每年都有相关农村"一肩挑"实现比例的统计数据，但有一个突出现象，就是各地农村"一肩挑"实现比例并不稳定，时高时低。

从 2008 年到 2013 年期间，全国实现农村"一肩挑"的平均比例涨幅不大且始终低于 41%。其中有少数几个省份农村"一肩挑"实现比例多年以

①袁正昌、宋海云：《村级党政"一肩挑"的初步尝试》，《改革与开放》，1993 年第 3 期。

②党国英等：《"一肩挑"是改善村级管理体制的理想出路吗》，《乡镇论坛》，2001 年第 3 期。

③姜玉泰：《威海农村不见"两张皮"，百分之八十六的村党支部书记与村委会主任"一人兼"》，《大众日报》，2001 年 10 月 24 日。

④殷文梅：《农村基层党建与"一肩挑"选举实践——福建省 4 县（市）调查》，厦门大学硕士论文，2020 年，第 26 页。

来一直保持在 10％以下，如浙江、福建、重庆、贵州、陕西、甘肃等省份实现"一肩挑"比例较低，其中尤以浙江、福建、重庆、陕西几地更为明显。这些省份"一肩挑"比例自 2008 年年底开始到 2013 年"一肩挑"比例大部分都维持在 6％以下（详见表 4-2）。

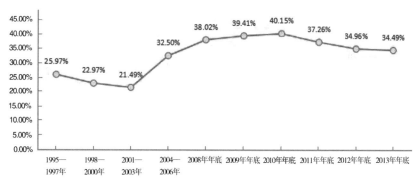

全国农村"一肩挑"实现平均比例

表 4-2　1995—2013 年全国部分省份农村"一肩挑"比例实现情况表

单位：％

省份	年份									
	1995—1997 年	1998—2000 年	2001—2003 年	2004—2006 年	2008 年	2009 年	2010 年	2011 年	2012 年	2013 年
山东	—	—	69.27	88.60	70.93	71.20	76.05	84.00	76.75	75.25
广东	—	55.22	67.13	71.10	66.26	67.26	67.89	63.50	55.00	55.81
浙江	—	7.79	5.39	9.82	5.60	6.02	4.06	4.49	4.66	4.48

（续表）

省份	年份									
	1995—1997年	1998—2000年	2001—2003年	2004—2006年	2008年	2009年	2010年	2011年	2012年	2013年
福建	—	1.55	—	5.07	5.38	5.44	4.54	3.22	8.40	4.36
重庆	—	—	1.77	0.91	6.11	3.86	6.36	5.86	5.56	4.10
贵州	—	—	2.92	—	6.90	7.12	8.18	9.61	10.38	8.70
陕西	3.72	—	5.87	9.01	5.96	5.61	5.69	5.61	9.51	5.49
甘肃	—	—	—	5.99	9.37	9.29	10.45	10.74	9.41	8.81

资料来源：表中所用部分数据是根据唐鸣、张昆在 2015 年发表的文章中进行整理后得来的。

在新时代全面加强党建和全面从严治党的背景下，国家强化了农村"一肩挑"实现比例的要求。2018 年新修订的《中国共产党农村工作条例》第十九条明确规定："村党组织书记应当通过法定程序担任村民委员会主任和村级集体经济组织、合作经济组织负责人，村'两委'班子成员应当交叉任职。村务监督委员会主任一般由党员担任，可以由非村民委员会成员的村党组织班子成员兼任。"这一规定以党内规定的形式为"一肩挑"政策实施提供了强有力的保障。2019 年 9 月发布的《中国共产党农村工作条例》第十九条同样明确强调要强化农村基层党组织对村庄各项工作的领导，且村党组织书记应当经法定程序环节当选为村委会主任和村集体经济组织负责人。[1] 不仅如此，2018 年 5 月中央政治局审议通过的《乡村振兴战略规划（2018—2022 年）》明确对"一肩挑"实现比例明确提出推进时序要求，指出全国村党组织书记、村委会主任"一肩挑"的比例，并要在 2022 年完成 50％的目标比例。可以预见，在此之后，各地在执行过程中会提高实施比例，这意味着"一肩挑"政策将被确立为正式制度而强力推广实施。

2. "一肩挑"地方实践

从基层实践来看，近年来，各地"一肩挑"政策执行力度不断加大，"一肩挑"实现比例也不断提高。我们的研究团队 2018 年在闽西北将乐县安仁乡和湖北鄂东团风县及广东等地调研时对当地"一肩挑"政策实践情况进行了全面了解，发现不同地区的"一肩挑"具体实践有明显差异。其中广东省"一肩挑"实现比例在 70％以上，鄂东团风县"一肩挑"的覆盖率高达 97％，福建将乐县安仁乡作为所在地级市的"一肩挑"试点，要求村书记主任"一肩挑"实现率在 70％左右。不过，福建省近年来加大了"一肩挑"实施力度。我们 2020 年 1 月 15 日到将乐县有关部门调查时了解到，该县共有 135 个村，2015 年村"两委"换届时，全县实现"一肩挑"的村共有 17 个，当时要求是每个乡镇至少有一个村要实行"一肩挑"，这一届换届选举算是试点阶段。到了 2018 年换届选举，福建省加大了"一肩挑"推行力度，县里要求全县要"一肩挑"比例要达到 50％，后来又层层加码，最终全县"一肩挑"实现比例达 77％。等到下一次 2021 年换届，则要达到 100％的比例。在此之后，换届周期就是五年了。地处沿海经济发达地区的福建晋江市 2018 年村（居）换届选举中，全市 395 个村（居）实现村（居）书记、主任"一肩挑"的共有 169 个，占总数的 42.78％，其中 293 个村中，"村两委"书记、主任实现"一肩挑"有 116 个，占总数的 39.59％[2]。值得一提的是，2018 年换届选举中，为了加强社区党建的引领作用，晋江市在一些没有合适的村支部书记候选人的村庄直接下派工作人员，并通过

---

①中共中央印发《中国共产党农村工作条例》，新华网，2019 年 9 月 1 日，http：//www.xinhuanet.com/politics/2019－09/01/c＿1124947671.htm，2019 年 9 月 2 日查阅。

②2015 年晋江市村（居）换届选举在，实现"一肩挑"的村（居）数有 23 个，其中村有 11 个，社区有 12 个。

选举方式担任村党支部书记，这样的村庄有七个左右，目的是强化村庄社区党组织的领导力和执行力。

由于中国乡村地域广大，各地实际情况千差万别，不同地区对"一肩挑"的认识有明显差异。以"一肩挑"换届选举方式为例，当前各地区的选举方式不同，如湖北鄂东团风县"一肩挑"的选举办法是乡（镇）支持村党组织书记去竞选村主任。如果书记竞选失败，就无法实现书记主任"一肩挑"，其推理逻辑是村主任是依据村民自治法进行选举的，而非由书记直接任命为村主任。而广东省一些地区采取的做法是先动员村里的党员群众去竞选村主任，再将选上村主任的党员直接任命为村党组织书记。河南一些地区采取的策略则是先选村党组织书记，再将其直接转化为村主任。

福建将乐县 2018 年"一肩挑"采取的选举办法是"两推一选"，即先选出村支委，再推荐村支委去竞选村委成员。为强化村党组织的领导核心地位，当地主要采取两种方式：一是通过延长村书记的任期来强化党支部的领导力，"一肩挑"党组织书记的任期是五年，相较于《中华人民共和国村委会组织法》规定村主任任期三年而言，村党组织书记的任期更长、稳定性更强；二是增加"一肩挑"党组织书记的工资待遇，提供配套的工作激励机制。不过，将乐县在 2018 年"一肩挑"换届选举过程中也产生了三个值得重视的问题。

（1）村庄选举更加激烈，村庄后备干部断层。农民进城务工机会因生命周期的变化而变化，他们年轻时进城，年龄大了在城市找不到合适的就业机会，又不习惯跟随子女进城居住，就会选择退回到乡村。而乡村的工作机会不多，务农也无法致富。在"一肩挑"提升村干部待遇后，村主干一年各项待遇加起来有三四万元。因此，竞选村干部的村民增加，使村庄选举更加激烈。但由于年轻力壮的村民一般都在城镇务工经商，因此参加村干部竞选的大都还是年龄偏大的中老年村民，这导致通过"一肩挑"强化乡村党组织核心地位首先面临的困境是村干部队伍年龄偏大，村庄后备干部断层。

（2）不少村民对"一肩挑"选举方式不理解。和广东一些地区采取的鼓动村里优秀的党员产业带头人去竞选村主任，然后由党委直接任命当选的党员村主任为村党组织书记的做法不同，将乐县采取的"一肩挑"选举方式是先选村支委，选完村支委后再选村主任，这种做法老百姓不能够理解。在他们看来，"一个村民，你都当选了支委了，然后你又来选村主任，哪一个位置都被你占了，那我家怎么吃饭？因此矛盾就出来了。"[①]

（3）"一肩挑"可能引发"一言堂"。这点也是各地施行"一肩挑"的村庄普遍面临的问题，"一肩挑"容易导致权力集中到一个村主干手中。为防范出现这种情况，就需要建立配套的制度机制。将乐县采取的做法是：一是提升村副主任的权力，使其在某些方面具有村主任的职责；二是强化村里的重大事务要通过村民代表大会表决机制，以此制约"一肩挑"主干的权力；三是强化乡党委对"一肩挑"主干的管理，对于不合格不称职的村党组织书记，乡党委可以通过相关程序对其罢免，同时通过行政资源对其引导和约束。如规定村里的重要事项要经由乡有关部门签字审核，或者乡镇决定是否优先安排惠农政策项目等，以乡镇的签字审核权和惠农项目的优先安排权对实行"一肩挑"的村庄和村主干等履职进行制衡。

尽管"一肩挑"政策在全国形成推行之势，但该政策在推进过程中，难免会涉及党的领导权与村民自治权的关系问题，甚至质疑"一肩挑"政策的实施会削弱村民自治权的行使。而自古以来，村庄内的家族、地方精英和传统威权力量始终在村级治理中有很深厚的根基，因此掌握在每个村民手中的每张选票也更容易受到这些村庄内生的非正式治理力量的影响，其结果是经过村民选举产生的村主任在管理和治理村庄过程中也更容易受到村庄中的非正式力量的影响。相比之下，村党支部书记对村庄的掌控能力就会受到削弱。特别是在经济相对发达而村庄内宗族家族社会关系比较复杂的村庄中，这种情况就更为多见。

事实上，基层党政部门尤其是县（市、区）和乡（镇）部门在执行"一肩挑"政策时，他们本身也感到矛盾和困惑。不同地方对"一肩挑"相关政策理解和把握上也有明显差异。如我们在调查 2018 年福建省闽西北将乐县、闽西长汀县、闽中沙县和闽南的晋江市等四个县（市）贯彻落实"一肩挑"换届选举过程时，发现这四个县（市）在具体操作上有明显的差异。从根源上，地方党政部门对"一肩挑"政策理解的差异直接影响他们

---

① 2018 年 8 月 5 日访谈安仁乡宣传部委员 J. Y. F. 。

贯彻落实和执行"一肩挑"政策的执行力。有的乡村干部甚至为此"畏首畏尾",不敢大胆地推进和开展"一肩挑"选举工作,担心一不小心就触犯政策底线。这种工作态度反过来给广大村民造成困惑,也强化了他们坚持一些与"一肩挑"政策不吻合的看法和认知。

考察福建省 2018 年换届选举的四个县(市)"一肩挑"选举过程,可以发现,越是经济发达的县(市),其实现"一肩挑"的村庄比例越低。以整体经济发展态势看,经济发达程度由强到弱的依次是晋江市、沙县、长汀县和将乐县,而经过换届选举后,实现"一肩挑"比例最高的则大体上是反过来排序,即将乐县最高,77%左右,其次是长汀县,"一肩挑"比例为44%,最低是晋江市,只有40%。[①] 这说明,大体上越是经济相对发达的地区,推行"一肩挑"的难度就越大,就是因为其中涉及的利益关系更为复杂,因此村庄内的权力斗争和各种力量的利益博弈也更为激烈。

尽管"一肩挑"政策执行过程中始终面临全面从严治党和遵循村民自治制度的张力,但在当前全面从严治党和加强乡村治理能力体系和治理能力现代化建设的新形势下,大力推行村"两委""一肩挑"政策彰显了国家强化基层治理"党政融合"的新要求。乡村换届选举中"一肩挑"政策的落实涉及的最核心问题是,由于村书记和村主任各有不同的选举产生机制,而要实现这两种机制的融合,就要一方面顾及村民选举的合法性,另一方面要保证村党组织书记在合法渠道下通过介入村主任选举而实现"一肩挑"。各级地方政府部门在落实"一肩挑"政策时也仅是动用自己摸索出的非正式手段,充分发挥自身的主动性、能动性,多做选举前的准备和把关工作。如在村委会选举中规定,今后参加村主任选举的候选人必须是党员身份等限定条件,并通过法定程序确保只有党员身份的村民才能参加村"两委"选举。这样可以激励有识之士和各类乡村精英人才积极加入共产党,进而扩大党在乡村的群众基础。同时,根据现阶段乡村"空心化""老龄化"等问题日益严重的新形势,依村情设置利益分享平台,同时大力发展各类新型乡村经济组织和社会组织,这样一方面让不同的乡村人才有不同的参与乡村治理的机会,另一方面也有利于通过相关利益博弈,发挥村

---

① 沙县 2018 年 8 月 17—18 日笔者在该县调查时,选举还没有结束,当地党政部门预计有 50% 左右。

党组织对这些新型乡村组织的引领作用，以更多的村庄利益分享机制提升"一肩挑"政策落实及促进村庄自治能力水平提升。[1]

二、党建与自治结合促进党政融合

在村级实践场域，党组织建设本质上是一个治理问题。党组织如何通过村民自治途径实现党组织建设，进而凸显党建的半自治性，以实现党建与村民自治结合，这是当前乡村面临的一个重要问题。2018年中央一号文件强调"坚持自治为基，加强农村群众性自治组织建设，健全和创新村党组织领导的充满活力的村民自治机制"。面对当前乡村组织建设和乡村治理中出现的村民主体意识弱化而衍生出的村民参与权利虚化或流失的现实窘境，一些本该由村民广泛参与决策的公共事务，往往用"集体决策""代表决策"代替，由此出现了"被集体""被代表"的权利虚化现象，各地围绕"党政融合"的思路，创新乡村自治与基层党建相结合的新举措，让乡村党建与群众利益形成多种关联机制，也让乡村自治和基层党建融为一体。这点主要表现在三个方面：一是搭建乡村党建实体化平台，同时大力推动乡村治理的重心下移到村庄，尽可能把一些管理职能、社会资源和公共服务下放到乡村基层；二是维护村委会、村集体经济组织的特别法人地位和权利，把村党组织建在乡村熟人社会和各类村级社会组织中；三是全面建立健全村务监督委员会，并依托村民代表会议、村民议事会、理事会和监事会等，形成民事民议、民事民办、民事民管的多层次基层协商格局。

1. 浙江省绍兴市道墟街道："大事七步走，要事三层管"

在探索党建与村民自治相结合的创新实践机制中，浙江浙江省绍兴市道墟街道走在前列。以联浦村为例，该村在2006年推进社会主义新农村建设时即开始创新基层党治新模式，提出并坚持"大事七步走、要事三层管"原则，此原则被当地称之为"联浦要诀"。

"大事七步走"是指村里比较重大的事情，必须要经过七个步骤才能实施。第一步，提出议案。对于村里要办理的重大事务，由村两委会之一提出议案，或者经1/10的村民联名提出议案，或由1/5的村民代表联名提出议案；第二步，经村党组织受理了以后，村两委会讨论定下事情的具体实

---

[1]《农村基层党建与"一肩挑"选举实践——福建省4县（市）调查》，第64—69页。

施方案；第三步，村"两委"举行公开的听证会，听取全村老百姓的意见；第四步，村里的党员讨论，形成一个支部意见，代表党员整体的意见，提交给村民代表大会；第五步，村民代表大会讨论实施方案，经2/3村民代表通过；第六步，村两委会牵头实施，具体由村委会组织实施；第七步，事务公开。根据事务实施进展程度，分阶段公开，接受群众监督。

"要事三层管"是指村务监督层面，对村里的一些重大热点和重要的工作要通过三个层面进行监督：一是接受村民代表和党员的监督，二是接受村务财务监督小组的监督，三是接受全体村民的监督。

后来，道墟街道将联浦村的创新经验进行总结提升，为此模式注入"绩效群众评"环节，即村里的事务落实和实施"绩效群众评"。这是指在最后的考评当中，让村民代表填写村民民意测评表，绩效好不好，由村民说了算。最终"大事七步走、要事三层管、绩效群众评"成为当地党建及廉村建设的创新经验。

2. 浙江宁海县："权力清单三十六条"

"权力清单三十六条"是宁海县的一个制度创新，其主要目的是规范农村小微权力运行，将村级权力"关进制度的笼子里"，这项举措最大的特点是扩大村民代表会议的权力，以对村主干的权力进行有效的制约。其产生的原因有两个方面：一是在新农村建设和乡村振兴的背景下，国家大量资源和项目输入村庄，国家希望这些项目能够真正惠农而不是被村庄截留，因而需要对村级权力运行进行有效的约束和规范，以提高项目资源的利用效率；二是当地经济快速发展，村集体资源密集，村庄内部利益诉求多样，群众分化分裂，各路精英进村争夺资源，因而需要对村级权力进行规范，否则将可能出现违规、腐败等现象，引发群众信访甚至群体抗争事件，增加基层社会治理的风险。

宁海县"权力清单三十六条"的具体内容主要包括以下几个部分：一是村级重大事项实施"五议决策法"，即村党组织提议、"两委"联席会议商议、党员大会审议、村民代表大会决议、"两委"会组织实施决议，村监会全程监督；二是村级项目招标管理中对微型工程（5万以下）、中小型工程（5万—200万，绿化工程30万以下）、大型工程（200万元以上，绿化工程30万元以上）等进行细致的工作规范；三是在村级财务收支管理方面对财务开支、出纳现金支取、非村干部工资报酬发放、招待费支出进行详细的规范；四是在村级工作人员任用管理上对团员、妇女组织、民兵组织、村治调计生、文书、出纳、报账、临时用人用工等人员任用进行规范；五是在村级集体资产资源处理方面规范集体资源承包经营流转、财务管理、土地征地款发放工作；六是阳光化村务事项规范，对党务公开、村务公开、财务公开，提高信息的公开和透明度，并设置便民服务事项流程图让村民一清二楚地知晓办事程序，如村民宅基地审批、低保（五保）申请、救灾救济捐款发放、办理被征地农民养老保障、慈善大病救助申请、水电开户申请、计划生育办证、流动人口婚育证明办理、计划生育家庭奖励扶助金发放等流程图，这给村民办事提供了很大的方便。

宁海县探索的乡村治理"权力清单三十六条"制度创新的重点也是从程序上对村级权力进行规范，此举一方面削弱了村党组织书记和村主任的权力，放大了村民代表的权力，避免村级权力的滥用，重塑了村庄政治的公共性，提升农民在村级事务中的参与度和政治效能感，另一方面也会增加制度运行成本。当村庄集体利益密集且出现派系分化时，原本是为了规范村级权力运行的制度反而成为一派反对另一派的工具，从而导致惠农政策因派系斗争而难以落实，最终使得村庄公共效益最大化的目标难以实现。

例如宁海县规定，村内超过 1 万元的支出都要村民代表签字同意，但由于村民代表的知识能力、理解能力有层次差异，因此一项小小的村财支出或许需要经多开几次会或者村干部私下多做几次工作才能获得通过，这样无形中大大增加了行政成本和时间成本。正如当地一位联村干部所说：

实行村民代表决策制是好事，但村民代表的数量不要太多。因为人多嘴杂意见不好统一，很多工作就无法进行下去。如果村民代表被一个顽固的反对派所利用，那么对认真为百姓做事的村干部来说是十分不利的。即使是做对的事也可能会被反对，那还能做什么事呢？"三十六条"总体上是好的，但一旦被坏人利用就不好了，"三十六条"实施三四年就把村民代表的权力放大到了最大状态，削弱了村主任、村书记的权力[1]。

以宁海县屠家村为例，该村共有村民 1247 人，村民代表 51 人，其中有

─────────────

[1] 2016 年 7 月 20 日访谈浙江宁海县屠家村联村干部。

20人是由人民公社时期生产队长直接转化而成。根据规定，村民代表中女代表需占1/3比例，因此，屠家村村民代表选举一方面依据村里的共识，按照一户一票制选出本家族、本自然村的村民代表，另一方面还需选出一定比例的女代表作为家族的代表。本村男村民代表的选举较为激烈，相比之下，女村民代表选举就那么不激烈了。由于妇女本身的政治参与意愿不强，因此女村民代表事实上也无法发挥妇女"半边天"的作用。一般情况下，能否选上村民代表，主要是看家族势力的大小，没有家族支持一般很难被推选为村民代表。而村民代表内部往往分成两派，即村主任一派，村党组织书记一派。若两人关系不合，则村民代表的思想就无法统一。以下几位受访的村民代表发表了自己的感想①。

受访者1：T. X. X.，男，68岁。

"我以前是生产队的队长，1981年当选为村民代表。村民代表就是代表村民，而不能仅仅代表个人。但现在村民代表的权力比过去大了。过去，村庄决议都是村委决议好后再开村民代表大会，决议过程都是形式，肯定通过。虽然村民代表有罢免村主任的权力，但这个权力从未行使过。现在，村民代表的作用比以前大，村里大大小小的事情都要先开村民代表大会，一年至少开七八次。不过，虽然现在村民代表手中权力大了，但还是觉得事情最终应该由村主任拍板，毕竟我年纪大了，对村里事务不感兴趣了，得罪人不好。"

受访者2：H. J. Q.，女，38岁，属于屠家村下属自然村的村民代表。

"我是毛遂自荐当上村民代表的。现在是村里的村委、会计，也是入党积极分子和本自然村的村民代表。之所以想当村民代表，就是想多了解村内的消息，更好地为村民服务。"

受访者3：C. Y.，女，43岁。2008年当上村计生联络员，2010年成为村妇女主任，兼任妇联主席和女村民代表，主要负责村里的计生工作和征收农保费用。

"打麻将是获取村里信息的一个重要途径，但我平时不打麻将，所以村里的很多事情就听不到，而且平时跟村里沟通交流的也不多。村里开村民

---

①2016年7月8日访谈浙江宁海县屠家村村民代表T. X. X.、H. J. Q. 、C. Y. 、C. F. 。

代表大会我经常不参加，参加了也不会提意见，只是签个字。村庄工作最浪费时间的是征收农保费用，公示报要抄写好几天，特别费时间精力。我们这边的农保费用是按人头收费，每人每年250元，其中残疾人及低保会有街道和残联补贴。当村干部的一个好处就是可以优先知道上面的政策，我和丈夫借助全国妇联的平台资源和政策投入10多万元的成本办了一个小厂，负责来料加工……由于家里有生意要做，因此，对村民的事务不是太上心。"

受访者4：C.F.，女，37岁。

"我是外地人嫁到本村的，老公是搞装修的，我自己则在电子灯厂打工，每天工作7个半小时，工资3000多元/月。由于我性格内向，不喜欢跟村里人打交道，虽然嫁到村里13年了，但跟村里的人并不熟悉，只是认识本家族内'亲份'的人和周边三四家邻居。为了让我多认识点村里的人，2013年换届选举时老公就给我报了名，替我'拉关系票'，替我参选，就连当上村民代表这个结果都是别人告诉我的。但是我对村里的事不感兴趣，因此每次去开村民代表大会，我也很少跟其他村民代表交流，要村民代表签字的时候我就签字。"

从上述四个村民代表的"感言"中可以看出，年龄大的村民代表和女村民代表实际上大多不关心村庄事务。尤其是女村民代表，更多的是作为家族势力的代言人参与村庄政治，其自身并没有参与村庄公共事务的热情。而村民代表大会的运行机制的确立，更多的是源于《村委会组织法》颁行后，由于屠家村内部的利益密集且诉求多样，村庄选举激活了村庄派系力量的利益博弈。而村民代表也极容易被派系所利用，成为派系的附属。由此可以看出，尽管规范化的制度进入村庄成为一种必然趋势，但村民代表的权力增大，必须相应地建立一种有效的公共利益决策机制。例如，屠家村的村福利事业基本上所有村民代表都会同意，但对大多数人有利、对少数人利益有损的事情，就会因少数代表不配合而导致事务难以落实。

第四章 "三治"融合：乡村社会组织与乡村治理

推进国家治理体系和治理能力现代化建设，关键要把握好两个环节。一是必须切实转变政府职能，促进政府"单一管理"模式向政府、市场、社会"多元共治"体制转型，这是创新城乡社区治理体系的总原则；当前学术界有一个基本共识，即乡村治理结构正从以政府为主体的管理体制转变为多元主体共治的治理体制。二是促进社会治理的重心下移。提升城乡社区的治理能力和治理效能，是创新城乡社区治理体系建设的总目标，因此可把治理的力量下沉到村庄社区层面，并尽可能调动更多的社会资源参与乡村治理。乡村治理本质上是公共权力对乡村社会进行组织、引导、规范和调控的过程。理想的乡村治理类型是乡村"善治"，这是乡村治理的最高境界。现代乡村治理和"善治"体系建设，必须以实现乡村全面振兴为主要目标，构建以自治为原则目标、法治为基本保障、德治为基本路径的"三治"融合的治理主体和结构，打造共治共建共享的"党建引领、多元共治"的立体治理路径。[①] 2016 年中央全面深化改革领导小组第 31 次会议审议通过的《关于加强和完善城乡社区治理的意见》，2019 年中央全面深化改革委员会第 7 次会议审议通过的《关于加强和改进乡村治理的指导意见》都强调要坚持建设"自治"为基、"法治"为本、"德治"为先的城乡社区"善治"体系。

前面章节中，我们主要对村级"官方"组织——村"两委"的结构及

---

①张新文、陆渊：《城乡社会治理的中国道路探索——对党的十九届四中全会关于社会治理的解读》，《学习论坛》，2020 年第 4 期。

运行机制进行了探讨，尤其是凸显了村党组织在乡村治理中如何发挥引领作用，进而构建"党政融合"的乡村管理和治理体制。在建设乡村"多元共治"的现代治理体系中，除了必须发挥各级党委政府的作用外，还必须充分发挥代表市场、社会力量的各类民间组织在村治过程中的多元参与作用，才能真正形成"自治、法治、德治""三治"融合的共建共治共享的现代乡村治理制度。本章将重点讨论乡村社会组织振兴与乡村振兴的关系。

第一节 乡村社会组织内涵及发展

一、乡村社会组织内涵

学术界对乡村社会组织的研究起始于 20 世纪 90 年代。在官方表述中，"社会组织"这个概念正式使用是在 2006 年党的十六届六中全会上。在官方使用这一概念后，学术界关于社会组织的研究成果迅速增多，主要集中在培育社会组织方面。事实上，培育社会组织是为了促进国家与民间的良性互动，进而实现社会的和谐有序。在乡村场域中，社会组织一般是指政府组织和市场（企业）组织之外的农民自组织，其组织的主体是农民，组织的目的是实现农民之间的相互助益。乡村社会组织主要包括村里的各种协会组织、庙会、家族组织等，但不包括村"两委"、宗教团体等。由此可以看出，一般乡村社会组织的具体含义是指带有"官方"色彩的村"两委"组织、乡村经济组织之外的其他承担社会服务功能的民间组织。

在《导论》中我们提到，乡村社会组织大都是属于农民的自组织形式。农民自组织是乡村中农民自发自由自愿形成的私人团体组织，即在既定的乡村空间范围内，不需要村庄外部力量的介入，利益相关的农民就能够通过内部的协商组织起来以消除彼此间的分歧、取得共识，进而采取合作行为。因此，自组织既是一种组织机制，也是一种组织建立的过程。正如奥斯特罗姆所指出的那样，在"政府失灵""市场失灵"的情况下，公共池塘的使用者会自发组织起来，通过自筹资金制定公共池塘资源使用的规则及合约。这点也是乡村自组织生长的社会基础。

学术界普遍认为，乡村社会组织作为乡村治理中不可或缺的主体之一，其出现和发展源于社会主义市场经济和基层民主的内在要求①。它能够在政府和市场功能不足的地方社会中为农民提供有效的公共品供给和公共服务，促进乡村公共利益最大化的实现。② 郑法认为，"一个万能的政府肯定不是一个高效、能激发民众活力的政府"，因此，乡村改革的下一个步骤是在1949年第一次分权的基础上进行第二次分权，即建立农民自有、自治、自享的组织③。俞可平指出构建社会治理的"善治"体制实际上是国家权力向社会的回归，"善治"的过程就是一个还政于民的过程，它有赖于公民自愿的合作和对权威的自觉认同。④ 他还断言：没有高度发达的社会自治，就难有社会治理的现代化，更难有作为理想政治状态的社会"善治"。⑤

　　乡村自组织成立和运行合作的基础是社会资本。根据社会学家帕特南的理论，培育乡村社会组织，关键是要增加乡村的社会资本，为社会组织成长营造良好的社会和制度环境。因为社会资本是促成社会成员合作的"黏合剂"，这一"黏合剂"由人与人之间的信任、共同的价值观或规范、共同参与组成的社会网络构成，这些成分能够有效降低人们进行合作组织的成本。但是，一旦缺乏社会资本，人与人之间就丧失了最基本的信任，彼此间就可能会陷入背叛、猜疑、逃避和利用状态，不仅会出现的"搭便车"行为，还会使组织成本变得高昂，结果是即便有共同利益人们也无法进行合作，甚至可能会达到永不合作的地步。⑥ 在传统乡村社会中，社会资本是由血缘、姻缘和地缘构成的非正式社会关系网络，是村民互助互惠的基础。不过，传统乡村缺乏现代意义上的正式的社会资本。到了现代社会尤其是改革开放至今，由于工业化和城镇化引起的城乡社会大流动，使得传统乡村社会的社会资本存量快速下降，农民越来越"原子化"而难以开展有效合作，但现代性社会资本并没有及时建构起来，致使村庄社区的整

---

　　①吴新叶：《社会管理下的农村社会组织：问题与应对》，《农村社会组织》，2011年第10期，第32页。

　　②俞可平：《中国农村的民间组织与治理的变迁——以福建省漳浦县长桥镇东升村为例》，《中国社会科学季刊》，2000年夏季号。

　　③郑法：《农村改革与公共权力的划分》，《战略与管理》，2000年第4期，第19—26页。

　　④俞可平：《治理和善治引论》，《马克思主义与现实》，1999年第5期，第40页。

　　⑤俞可平：《社会自治与社会治理现代化》，《社会政策研究》，2016年第1期，第73页。

　　⑥［美］罗伯特·D.帕特南：《使民主运转起来》，王列、赖海榕译，江西人民出版社，2001年，第195页。

体性特质趋于解体。这意味着乡村社会的传统自组织的基础也发生了显著的变化，这就必须引入现代社会的组织机制，重新建构新型的现代乡村社会组织。

重构新型现代乡村社会组织的关键是增加乡村的社会资本。在帕特南看来，构成社会的是一系列横向的和纵向的人际沟通和交换网络，其中横向的人际沟通和交换网络的功能是联系具有相同地位和权力的行为者，纵向的人际沟通和交换网络的功能是将不平等的行为者结合到不对称的等级和依赖关系中。在这两种人际沟通和交换网络中，横向的人际沟通和交换网络越是密集，社会资本就越是丰富，人们就越有可能为了共同的利益而合作。[①] 如何增加社会资本以增强农民的组织合作，这是很多研究者关注的问题。一些学者强调通过社会文化组织建设，增加乡村的社会资本，从而增加乡村治理的有效性，实现乡村"善治"。总体上看，乡村社会组织是为组织内部成员和外部受益群体提供公共物品和公共服务，属于自组织范畴，具有非政府性和非营利性[②]。相联系的横向社会关系网络，还是一种与民主、"善治"、参与式治理、新公共管理等社会政治现象密不可分的公共活动的主体之一。因此，在传统社会资本减少且现代社会资本原本就较为缺乏的村庄，就需要国家或社会力量从外部输入资源，以增加自组织成长的社会资本，最终才能提高农民的组织和统一行动能力。

在乡村治理中，必须在复兴传统非正式组织上推进社会组织建设，特别是探索把传统非正式组织和现代组织互嵌到一起的组织振兴新路径。各类外部的正式组织延伸到村级层面，也必须因地制宜地进行重组和调整，尽可能把传统乡村治理的组织机制和社会资本融入其中。从本质上看，乡村早期的以传统的血缘和地缘为基础建构的社会组织网络更多是属于非正式组织范畴。在乡村治理中，这些非正式组织对正式组织的运行能够起到非常积极的作用，其作用具体有三种。第一，协调村庄内部的人际关系，增强村"两委"等正式组织的凝聚力。村庄的非正式组织由于有共同的归

---

①《使民主运转起来》，第 203 页。

②陈雷、仝志辉：《社会资本与社会组织运转——以甘东用水协会为例》，《公共管理学报》，2008 年第 3 期，第 82—90 页。

属感，能够有效增强组织的凝聚力，弥补村民之间由于职位和能力的差异而导致的隔阂，形成有利于村民协作的关系和氛围。第二，完善村庄内正式组织的沟通渠道，提高信息的传播效率。由于正式组织的意见沟通渠道有限，并且由于层级的限制，往往不能很快地让所有的组织成员都能够得到信息和有沟通的机会，非正式组织由于其交流互动相对较多，且没有层级限制，组织成员都能够快速地得到信息，且可以进行沟通。第三，能够更好地满足不同阶层村民的多样化多层次需要。在一个村庄中，不同村民之间有各种各样的不同层次的需要，而正式组织往往不能够满足所有村民的所有需要。尤其是那些处于村庄社会的底层人员，往往有被组织忽视和边缘化的感觉。村庄的非正式组织的存在则会打破这种层级限制，使得不同阶层村民之间的需要能够更好地被兼顾到。[1]

二、乡村社会组织发展

近代以来，中国乡村社会遭受现代性的全方位冲击，传统社会的宗族自组织也被现代性冲击而碎片化，在乡村治理中的整体影响力趋于弱化。不过，不同区域的传统组织影响力变化有明显差异。如南方一些乡村依然重视宗族的认同，而中部及北方农村的宗族则解体为"户族""小亲族""家庭"等更小的单位。

有研究者从传统视角分析中国乡村场域中国家、基层政权、乡村社会三者间的关系演变，由此讨论乡村社会组织发育的机制，并从提高乡村秩序治理能力和构建和谐社会的角度为培育乡村社会组织提供一个理论依据。该理论认为，在传统的农业文明下，中国的乡村治理自古就存在着国家、基层政权与农民三者之间的博弈：前两者联合应对乡村局势形成"强国家—弱社会"秩序，后两者"合谋"对付国家则会形成"弱国家—强社会"形态，而国家动员农民打击基层政权的违法行为则会形成"弱国家—弱社会"形态。无论是在哪一场博弈中，国家与社会之间始终存在着某种"张力"，为了使国家政权建设和乡村社会之间形成一种均衡的博弈合作机制，就需要在加强国家政权建设的同时增强乡村社会的组织力量，也就是通过国家向乡村社会分权以激发乡村社会本身的活力，从而建构一种"强国家

---

① 朱敬明：《非正式组织研究综述》，《宜春学院学报》，2011 年第 2 期。

—强社会"的关系模式。

在本书的第一章我们提到，我国乡村实行了家庭联产承包责任制以后，乡村社会逐步形成了"原子化"状态。随着城市化加速，乡村人、财、物迅速流向城市，以血缘和地缘关系为基础的村社共同体逐步趋于解体，乡村社会秩序难以再像以往一样主要靠村庄内生的社会资本和结构性力量维持。由于在国家与数量众多且高度分散的农民之间缺乏"中间组织"，自上而下的农民利益的表达和自下而上的国家意志的执行都很容易发生"梗阻"。如何提高农民的组织化水平，并进而重构农民与国家、农民与市场的关系，就成为新时期乡村问题的核心所在。①

以乡村矛盾纠纷为例，传统的乡村社会中伦理关系是主要的，人与人之间讲情感，因此"传统社会的纠纷，很少闹成官司，亲友乡党早给排解了结了。亲友乡党就是伦理，其所折中取决，宜完全本着伦理而不是团体法律观念"②。而到了现代社会，由于亲友乡党关系淡漠，村民的矛盾纠纷难以被及时化解，以至于信访、打官司往往成为村民的无奈之举。这说明，现代乡村治理体系格局已经发生了很大的变化。面对这种新形势，必须培育更多的社会组织，为乡村治理打造更多的组织载体和平台，提高参与村治的自觉性和自主性，使其在乡村"善治"体系构建中发挥更重要的作用。

陈文胜认为，村民"自治"代表现代乡村的"民主秩序"，"法治"代表现代乡村的"法治秩序"，"德治"代表传统乡村的"礼治秩序"。③ 张明皓认为，"三治"融合的具体路径是政府联合社会力量建构制度供给与内生秩序的联通机制，形成振兴乡村的现代化治理体系，进而设计治理民生化为导向的政策体系。④ 从目前国内乡村治理"三治"融合的实践来看，以浙江"桐乡经验"最为典型。桐乡市的实践经验充分发挥"一约两会三团"的协同作用，形成了"大事一起干、好坏大家判、事事有人管"的乡村治理新格局，充分体现了自治、法治、德治综合运用、协同发力所产生的乘

①《当代中国农村社会组织培育及能力建设问题研究》，第 2—5 页。

②《乡村建设理论》，第 299 页。

③陶珊珊、肖凡：《乡村治理现代化：治理机制，关键领域与经验供给——第四届中国县域治理高层论坛会议综述》，《湖北民族大学学报（哲学社会科学版）》，2020 年第 2 期。

④张明皓：《新时代"三治融合"乡村治理体系的理论逻辑与实践机制》，《西北农林科技大学学报（社会科学版）》，2019 年第 5 期。

数效应。① 该市的"三治"融合以解决突出问题为导向，从制度和运行层面探索了基层自治的可行边界和共建共治的路径，既充分尊重自下而上的治理经验和创新，又强化了自上而下的治理制度保障，走出了一条基层治理创新之路，揭示了社会和谐稳定的"三脚架"原理。②

从现代治理理论与实践的角度看，乡村"善治"本质上有赖于政府、市场、社会之间的势力均衡和功能互补。如果乡村民间社会力量不足，会使乡村社会陷入治理困境。因此，推进乡村治理现代化，首先应大力推进乡村基层社会组织建设，全面提升农村治理中的社会力量。改革开放以来，随着"撤社建乡"体制改革的完成以及村民自治制度的逐步实施，乡村形成了"乡政村治"的治理格局。然而，由于在村庄层面除了村"两委"之外不存在其他合法的基层社会组织，"村治"往往有名无实，乡村治理的困境也由此产生。当代中国乡村社会组织存在组织数量少、规模小、组织功能单一且分布不均以及参与社会管理治理的作用有限等问题。基于这一现状，有一些研究者试图通过提高农民组织化方式，实现向农民"赋权"，以带领乡村走出治理困境。

贺雪峰认为，针对当前乡村面临的新形势，以农民为主体将农民组织起来，让农民建设自己的美好生活，是乡村振兴的基本前提与条件。③ 他从组织目标、组织成本、组织收益和组织困境四个维度讨论并概括出五种类型的农村组织，包括基层行政组织（乡村）、经济合作组织、农民维权组织、传统民间组织、社会文化组织等。在他看来，前四类组织都面临一定的现实困境，要么力量被削弱，要么存在组织成本高、收益低、难以克服"搭便车"等问题，但乡村社会文化组织（例如老年人协会、农村妇女文艺表演队）因其组织目标"不在于增加农民的经济收入、维护农民的政治经济权益"，而在于改善人与人之间的关系和人与自己内心世界的关系，在于寻找生活中的价值和意义，在于愉悦身心，在于表现自己和关心他人，不存在"搭便车"问题，

①《党建引领三治融合促进乡村有效治理——浙江省桐乡市探索三治融合实现路径》，《农村经营管理》，2019 年第 8 期。

②王晓莉：《构筑社会善治的"三脚架"——破析桐乡"三治"融合的乡村治理机制》，《中国领导科学》，2019 年第 3 期。

③贺雪峰：《大国之基：中国乡村振兴诸问题》，东方出版社，2019 年，第 310 页。

因此容易组织起来①。所以，当前乡村建设的重点是促进社会文化组织建设，其突破口是发展组织各类社会群体协会，主要包括老年人协会、妇女协会和青年协会等，这样有助于提高农民的福利，使农民生活充满价值和意义，而且能够增进社会资本，提升乡村治理能力。② 如组织老年人协会，可以使老年人从村庄的社会边缘走向中心，组织老年人自娱自乐和互相帮助；同时介入村庄矛盾纠纷的调解、对村干部工作提出意见及对村庄不良行为提出看法，实现"老有所乐、老有所为"。③

表 5-1　当前乡村农民组织形式④

组织形式	组织目标	组织成本	组织收益	组织困境
基层行政组织	管理和治理乡村，为乡村生产生活提供公共物品和公共服务，包括社会治安、纠纷调解、计划生育等	低	高	取消农业税及乡镇体制改革后，基层行政组织退出农民生产事务领域
经济合作组织	应对市场和生产中的各种风险，改善个体小农在市场和自然面前的不利处境，增加农民经济收入	高	低	高合作成本、低合作收益使农民自发的经济合作很难持续，容易失败
农民维权组织	维护农民自身权利，保护农民基本的合法利益，维护农民政治经济权益	低	高	无法克服"搭便车"行为或为克服"搭便车"行为而强制控制"搭便车"者，使组织黑社会化
传统民间组织	生产农民价值，增加农村社会资本	低	高	能克服"搭便车"行为，但力量不被削弱
社会文化组织	改善人与人之间的关系和人与自己内心世界的关系，寻找生活中的价值和意义，愉悦身心，表现自己和关心他人	低	高	不存在"搭便车"行为，也能克服宗族组织可能存在的负面后果，可以增加农村社会资本

①《乡村的前途——新农村建设与中国道路》，第134—137页。
②《乡村的前途——新农村建设与中国道路》，第137页。
③《乡村的前途——新农村建设与中国道路》，第58页。
④《乡村的前途——新农村建设与中国道路》，第134—137页。

从社会组织发育或培育看来，当前比较成功地将农民组织起来的方式有两种：一种是从传统民间宗族组织资源发达的地区内生出来的民间社会组织，典型如温州、晋江、广东的老年人协会组织，贵州凯佐村大补羊的妇女会、合心会，广东红白理事会等；一种是外部输资源再造的社会文化组织，如贺雪峰自 2003 年开始先后在湖北荆门和湖北洪湖的四个村进行建设老年人协会的实验。无论以上由哪种方式组织起来的老年人协会，最后都会积极参与乡村治理，发挥了诸如调解矛盾纠纷、执行村规民约、丰富村民精神文化生活等为村庄提供公共品的功能[1]。

第二节　"法治"与"德治"：乡村社会的内外控制

杜赞奇曾经对中国近代华北乡村地区的治理问题进行深刻的探讨。他指出，乡村治理中的非正式治理主体是中国乡村能够有效治理的主要力量，为此他提出了"文化的权力网络"这一著名的分析概念[2]。在杜赞奇看来，士绅是掌握中国乡村治理资源的主要群体，而国家意识形态通过与乡村的自有治理力量融合，达到控制乡村的作用，这种非正式治理力量在国家和农民之间起到沟通与协调的作用，体现了中国乡村中"德治"与"自治"，"德治"与"法治"相融合的传统治理实践路径。姜晓萍等认为，当代乡村治理中提出"三治融合"，其实践路径是以"自治"为主体维度，围绕"自治活力"主线，激发乡村治理主体的内源动力；以"法治"为乡村治理的功能维度，坚守"法治秩序"底线，确保公共权力规范运行；以"德治"为乡村治理的价值维度，明确"德治精神"的红线，不断唤醒村民的共同体、公共理性和公共责任意识，实现"自治""法治"和"德治"融合的现代乡村治理新体系。[3]

---

①乡村公共品指构成农民生产生活必不可少的基础物品，诸如水、电、路、调解、民风、村容、村干部等等。

②《文化、权力与国家：1900—1942 年的华北农村》，第 5 页。

③姜晓萍、许丹：《新时代乡村治理的维度透视与融合路径》，《四川大学学报（哲学社会科学版）》，2019 年第 4 期。

一、"法治"乡村建设：外在的乡村社会秩序控制

从乡村社会治理的历史变迁角度看，乡村秩序的维系主要依靠传统的"德治"和现代的"法治"两条途径。从两者之间的生成机理来看，"德治"代表的是传统村庄社区内生的治理力量对乡村秩序维护的作用，而"法治"更多是属于外生的现代性治理力量。"德治"是建立在熟人社会基础上的社会规范体系，而"法治"则是以外在的国家法律法规来对村民的行为进行约束。两种乡村治理体系发挥的治理功能有很大的区别。

梁漱溟在《乡村建设理论》一书中指出，中国传统社会可以说是只有命令而无法律。现代法治社会建设中，"法"是团体的一个公共决定，是高于一切的。也就是说在一个有组织的团体中，任何人都不能大过团体，个人都在"法"下边，谁也不能高于"法"。① 当前，中国乡村社会中事实上并行着两类规范体系，一是正式的法律规范，二是传统价值规范，但这两类规制体系目前正处于困境中。绝大多数乡村面临这样的困境：乡村既有习俗日渐式微，而新的"乡土"法治体系还未建立。在现代性的冲击下，乡村的既有传统价值规范正在解体，乡村面临失范失序危机。换言之，乡村社会亟须援引国家法律弥补传统规范弱化的地带，法治乡村建设总体上还是"法治中国"建设的薄弱环节。

苏力指出，我国应当实行"法治"也正在走向"法治"，"法治"已经变成了一种公众的信仰。不过，由于种种自然、人文、历史的原因，国家权力至少对某些乡村社会的控制是较为薄弱的。② 因此，各地在推进法治乡村建设过程中采取"送法上门""送法下乡"举措，这是司法权力在乡村边缘地带试图建立自己的权威，使国家意求的秩序得以贯彻的一种努力。然而，从乡村层面来看，"法治"的理想必须落到具体的制度和技术层面，才能产生组织力和执行力。

乡村"法治"建设是国家"法治"建设的重要组成部分。当前，党和国家高度重视乡村"法治"建设，并把其作为乡村治理的重要组成部分纳入乡村振兴的总体战略规划。习近平指出，"推进平安乡镇、平安村庄建

---

① 《乡村建设理论》，第 156 页。
② 苏力：《为什么研究中国基层司法制度》，《法商研究》，2000 年第 3 期。

设，开展突出治安问题专项整治，引导广大农民自觉守法用法"①，为当前"法治乡村"建设指明了方向。党的十九大明确了全面推进依法治国的总目标，全面推进依法治国的基地、重点和难点都在乡村。依法治村，构建"法治乡村"是实现乡村振兴的基本要求，也是推进乡村治理体系和治理能力现代化建设的必然要求。2018 年中央一号文件明确强调要"建设法治乡村"。2018 年 9 月 26 日中共中央、国务院发布的《乡村振兴战略规划（2018—2022 年)》再次强调要"推进乡村法治建设"，"强化法治保障"。2019 年中央一号文件《中共中央　国务院关于坚持农业农村优先发展做好"三农"工作的若干意见》进一步明确提出"推进农村基层依法治理，建立健全公共法律服务体系。加强农业综合执法"。

从具体操作和实践层面来看，乡村"法治"建设主要包括两个部分的内容。

（1）在思想意识认知层面，深入开展"法律进乡村"农村法治宣传教育活动，提高农民"法治"素养，引导干部群众尊法学法守法用法。坚持"法治"为本，树立依法治理理念，强化法律在维护农民权益、规范市场运行、农业支持保护、生态环境治理、化解乡村社会矛盾等方面的权威地位。增强基层干部法治观念、法治为民意识，把政府各项涉农工作纳入法治化轨道。维护村民委员会、农村集体经济组织、农村合作经济组织的特别法人地位和权利。

（2）在实践机制层面，深入推进综合行政执法改革向基层延伸，创新监管方式，推动执法队伍整合、执法力量下沉，提高执法能力和水平。加强乡村人民调解组织建设，建立健全乡村调解、县市仲裁、司法保障的农村土地承包经营纠纷调处机制。健全农村公共法律服务体系，加强对农民的法律援助、司法救助和公益法律服务。深入开展法治县（市、区）、民主法治示范村等法治创建活动，深化农村基层组织依法治理。规范农村基层行政执法程序，加强乡镇行政执法人员业务培训，严格按照法定职责和权限执法，将政府涉农事项纳入法治化轨道。

以晋江市为例，2016 年至今，该市全面推进"法治乡村"建设：一是

---

① 《习近平在下岗村主持农村改革座谈会》，《人民日报（海外版)》，2016 年 4 月 29 日第 1 版。

实施"一村一法律顾问"，全市所有行政村均选派了法律顾问。村（社区）法律顾问深度对接基层民主法治建设进程，为全市基层组织提供专业化、精准化的法律服务，大力提升基层依法决策、依法治理能力。二是大力推进民间矛盾调解工作。据晋江市有关部门提供的信息显示，2016 年至 2019 年 6 月，全市各级人民调解组织累计调解矛盾纠纷 2735 起，调解成功 2685 起，调解成功率达 98.2％；全市新成立各类专业性行业性调委会 17 个，成立个人调解品牌工作室 6 个。2017 年，池店镇商会商务调解委员会被司法部评为全国模范人民调解委员会。截至 2019 年，全市 395 个村（社区）全部开展"民主法治示范村"创建活动，创建率达 100％。

与此同时，晋江市还深入开展"法治文化"阵地"一地一品"建设活动，加快提升全市"法治文化"阵地覆盖面，探索新建一个市级"法治文化"精品工程；推进镇、村"法治文化"阵地建设，充分发挥新媒体普法优势，加快培育媒体普法矩阵，运用大众媒体广泛开辟法治文化专栏，加强"法治晋江"政务微信公众号运行管理；利用"1＋N"微媒体联盟、楼宇梯视广告、公交车车载媒体等广大群众喜闻乐见的新媒体普法载体和形式，在潜移默化中提升广大村民的法律素质和"法治"意识。

二、"德治"乡村建设：内在的社区约束

和现代社会更多是依靠外在的"法治"社会秩序控制手段相比，传统乡村社会更多是依靠内在的"德"的约束来达到"德治"的状态。法律更多是通过外在的强制力迫使人们遵守社会行为规范，而道德更多是通过内化于心的方式转变为人们的自觉行为。"德"是一种好的习惯、素养、品行和品质。道德是人们判断是非善恶的内在尺度，是一种社会正向的价值观，也是一种社会意识形态，是人们共同生活及其行为的准则和规范。道德主要是通过社会舆论、内心信念和传统习惯评价机制来产生内在的约束力，调整人与人之间以及个人与社会之间的关系。因此，道德具有调节、认识、教育、导向等功能，其作用是为人们的社会行为提供价值判断。

"德治"的本质是通过控制和引导人心来营造良好的社会秩序，其背后的支撑是传统乡村社会的伦理价值规范。乡村内生的"德"是属于民间习惯法范畴，被特定村庄社区的人认可而沿袭至今。传统社会中，维系社会秩序的手段主要有两种：一是依靠村庄社区外在的武力或行政强制力，二是依靠法制、伦理习俗或文化。而乡村"德治"主要是通过第二种即社区内生的伦理习俗来维持乡村社会基本秩序，其实现途径主要通过社区道义价值传承、社会舆论引导，以及村规民约、家风家教等非正式约束力量发挥作用。在当代乡村"德治"实践中，道德是法律的缓冲地带。如果乡村的道德舆论解体，法律的缓冲地带就消失了。

在传统乡村社会社区中，"德治"目标实现的主要依托是两项"软"制度：一是宗族组织制度，二是村庄公共舆论。一方面，宗族组织是农民的自组织，具有一定的公共性，拥有一定的公共资源如祖业、族田等，这些公共资源在封闭性、稳定性强的村庄中可以转化为治理资源，为农民提供有效公共品的同时抑制"搭便车"行为或惩罚少数不合作者。自古以来，国家都面临着难以对接千家万户小农的问题。秦统一天下并实行郡县制后，由于国家权力难以直接渗透乡村，即"皇权不下县"，因而在县以下实行自治，这个自治的主体便是宗族组织。在宋儒重建宗族制后，宗族在维持乡村生产生活基本秩序等乡村自治中发挥的作用更为显现。另一方面，村庄公共舆论也是传统乡村社会的一种无形的治理资源。因为传统乡村社会是一个农民"安土重迁"的低度流动甚至是不流动的社会，人与人之间十分熟悉，是一个熟人社会。在熟人社会中，人们会自觉遵守村庄内部的人情、面子、关系等社会规则，并会用负面公共舆论惩罚违规者，从而抑制村庄中的少数不合作者，减少其他人效仿的空间。正是这两项"软"制度，形塑传统乡村社会内生的治理秩序。

从组织建设的角度来看，承载乡村"德治"功能的组织主要包括老人会、慈善会、宗教组织、"乡贤"理事会等民间社会组织。在市场经济和城市化背景下，由于现代性价值观中彰显的个人主义、消费主义、享乐主义等"歪风邪气"正在不断侵蚀乡村传统的伦理道德价值观，甚至将传统的价值观误理解为愚昧错误的价值理念，因此农民的价值观念正在发生前所未有的变化。面对这种情况，必须重建现代乡村"德治"治理体系。2018年国家发布的《乡村振兴战略规划（2018—2022年）》结合当前乡村发展新形势，对现代乡村"德治"提出了新的具体要求，强调要深入挖掘和传承乡村熟人社会蕴含的道德规范，结合时代要求进行创新，强化乡村道德教化在乡村"善治"秩序构建中的作用，引导农民向上向善、孝老爱亲、重义守信、勤俭持家，实现家庭和睦、邻里和谐、干群融洽。为此，各地要深入宣传道德模范、身边好人的典型事迹，弘扬真善美，传播正能量，并广泛开展好媳妇、好儿女、好公婆等评选表彰活动，开展寻找最美乡村教师、医生、村干部、家庭等活动。《乡村振兴战略规划（2018—2022年）》特别强调要积极发挥"新乡贤"在道德行为方面的引领示范作用，同时深入推进移风易俗，开展专项文明行动，遏制大操大办、相互攀比、"天价彩礼"、厚葬薄养等陈规陋习等。2019年6月24日中共中央办公厅、国务院办公厅印发的《关于加强和改进乡村治理的指导意见》也从乡风文明和淳朴民风培育，崇德向善、扶危济困、扶弱助残等传统美德弘扬，优良家训传承传播，以及新"村规民约"修订等方面提出了乡村"德治"的具体要求。

"村规民约"是村民自治的非正式的规范，是乡村"德治"的主要载体，也是以地方性知识为基础的良性秩序构建的基础，是乡村基层治理的"草根宪法"。我们研究团队近年来在各地乡村进行田野调查时发现，很多村庄都相继出台了一系列的新"村规民约"，试图以此来实现移风易俗，重新规范乡风民俗。尤其是在党的"八项规定、六项禁令"实施后，各地试图通过对基层干部、村干部和党员群众采取带有明显强制性的举措，让他们在移风易俗方面发挥带头示范作用，包括禁止在"红白喜事"、子女婚配宴席、逢年过节中大操大办、倡导勤俭节约的新风气等。实践证明，这种操作手段收到了明显的效果。

1. 福建晋江市的"村规民约"

2019年中央一号文件把"引导和鼓励农村基层群众性自治组织采取约束性强的措施，对婚丧陋习、天价彩礼、孝道式微、老无所养等不良社会风气进行治理"作为"完善乡村治理机制"的一个重要内容；2019年5月29日，中央全面深化改革委员会通过《关于进一步推进移风易俗建设文明乡风的指导意见》。可见，移风易俗不仅是农村精神文明建设的主要抓手，也是完善乡村治理、推行基层协商的重要内容。为了让"村规民约"能够更好地发挥作用，晋江市有关部门规定，各乡（镇）、村必须落实执行好"村规民约"。修订《殡葬管理规定》，明确"殡事不过五"，发挥"派冰棺"和"出灵车"两支杠杆的作用，做到喜事新办、丧事简办、神事省办，引导社风民风向上向善。

在移风易俗具体执行过程中，晋江市规定，村党组织要牵头组织协商，老年人协会为主配合，红白理事会具体执行，修订好、落实好"村规民约"，重点解决"抓小放大、以捐代管、执行不力"等问题，做到喜事新办、丧事简办、神事省办。每家每户都要通过适当方式参与协商，回应企业、华侨等特殊群体诉求，通过口头教育、公示栏通报、记录征信档案、不享受集体收益等形式，加大"违约"处置力度，形成文明乡风。

根据晋江市的要求，各镇、村在 2018 年都制定了严格的"村规民约"以倡导移风易俗活动。"村规民约"是一种地方共识，是村民对规则的内部认同。一旦形成"村规民约"后，就要全村人共同遵守，并形成一定的硬约束力。为了让"村规民约"更好地发挥作用，晋江市各村均成立了由村"两委"主干、人大代表，政协委员，民主党派，村民小组长，妇女组织成员，老年人协会、宫庙或其他村社公益组织管理人员，离退休公职人员，企业经营者，教师，乡村知识分子，宗族长老等在村庄社区"有头面"的组成的红白理事会组织机构等新型组织，以负责引导和监督"村规民约"的落实。

如晋江市安海镇水头村的红白理事会组织机构的办公地点设在村委会，由村党支部书记 C.S.J. 担任会长/理事长、村主任 C.C.Z. 任副会长/副理事长，其他"两委"成员和村老年人协会会长和副会长担任理事。本村红白事理事会自觉接受乡镇红白事理事会的领导。水头村红白理事会制定了章程，规定理事会要"引导群众开展移风易俗活动，认真贯彻执行各级政府在婚丧嫁娶中的政策、法令和规定，耐心做好群众的思想疏导工作"，同时"要主动热情地为婚丧事做好服务"。根据这一精神，水头村 2018 年 11 月制定了新的"村规民约"，其具体工作内容如下。

安海镇水头村村规民约

长期以来，农村婚丧喜庆奢办和铺张浪费的陋习屡禁不止，大操大办、互相攀比之风愈演愈热，造成村民严重的精神和物质负担，致使一些经济水平处于中下层的家庭的家庭压力巨大。根据上级有关移风易俗精神，结合我村实际，摒弃陈规陋俗，深化移风易俗改革，弘扬科学文明社会新风，减轻村民经济负担。经村支部、村委会、老年人协会共同研究，并征得各

"房头"和一些贤达人士对我村婚丧喜庆村规民约的提议，经村"两委"会、村民代表、老年人协会于 2018 年 11 月 10 日研究表决通过，制定如下规定：

一、喜事新办

1. 大力提倡"婚事新办、一切从简"的原则。

（1）嫁女儿、娶媳妇，严禁按户分送"口灶份"物品，严禁分发女婿烟或其他物品，娶媳妇七日内闹新婚时，严禁设酒宴接待。

（2）本村村民一律不能摆设祝贺拱门或花篮。

2. 小孩 14 天、满月、周岁、16 岁一律禁止按户分送"口灶份"物品，并且大力提倡不办宴席或是简办宴席，如果确需办宴席者仅限于宴请五服内兄弟。

如有违反上述规定的主事人应捐资 3000 元给老年人协会。

二、丧事简办

1. 治丧期间，送殡、出殡、安骸悼祭之日，送葬人员就餐饭菜限一饭一汤。

2. 出殡当日，葬礼阵头不超过三阵（对于热心捐献人士，学校腰鼓队等不在其限），挽轴不超过 8 块，花圈不得超过 10 个，影雕牌不得超过 3 块，本村村民一律禁止拜挽轴、花圈、影雕牌等。

3. 倡议本村村民可包冥资代替金银、挽轴、花圈、影雕牌之类，减少不必要的浪费。

4. 出殡当天一律不能分香烟、雨伞，不得放鞭炮等。

5. 三载除服，除子孙以外，严禁宴请其他人员。

如有违反上述规定者应捐资 2000 元给老年人协会。

三、其他规定

1. 个别户因特殊情况，确需超越以上规定的必须提前三天与老年人协会协商，报经村两委核准后，交纳捐资款后方可进行。

2. 有特殊贡献的华侨，如需超越以上规定的必须提前三天与老年人协会协商，报经村"两委"核准后，方可进行。

3. 以上各项捐资款一律上交给老年人协会，作为我村老年人协会福利基金。

4. 本村规民约解释权归村"两委"会及老年人协会，并且由老年人协会配合村"两委"负责监督执行，如违反上述规定或捐款不交者，村"两委"会有权停止一切服务及以行政干预。

本规定从 2018 年 11 月 10 日正式实施，望各位村民互相监督，共同遵守。

晋江市磁灶镇东山村 2018 年也经过群众多方协商，自主形成合约，由村老年人协会负责落实。和晋江市其他村庄的做法一致，东山村也是对违约村民进行"捐款"式惩罚。主要是"捐款"给老年协会，既不损害村民的"面子"又进行了"惩罚"，同时支持了村庄养老公益事业。和其他村庄一样，东山村老年人协会在乡村治理也拥有较高的地位，并掌握一定的经济收入渠道。该村共有 300 多户 1200 多人，属于宗族性村庄，宗族下设房支——"房头"，本村人称之为"角落"①。全村共有 8 个"房头"，每个"房头"都有在村里"能说得上话"的老年人。

按照东山村传统民俗，村民在人的生命周期节点，如小孩出生 14 天和满月、子女 16 周岁、儿子结婚、女儿出嫁、丧事等大事上需要举办社会仪式性活动——办酒席，即请全（自然）村或至少是本家本宗族内的人一起庆贺或者致哀。过去，办酒席的方式是请"一条龙"服务或在家庭里办，规模至少 40 桌以上（本家本宗族一般有 30 桌），一般是 50—60 桌，最高有 100—200 桌，每桌的消费标准平均是 2000 多元，耗费惊人。而且按照本村的传统民俗，村民在本村办酒席，不仅不收礼金②，而且办酒席的家庭要赠送油、大米、饼干、糖果等礼品。为了改变这种习俗，减少铺张浪费，2016 年东山村出台新的"村规民约"，规定以下三点：一是对村民家庭办酒席的规模进行限定，违规者家庭面临的"惩罚"是捐款给老年人协会，凡是超出规定 1 桌，主家要"捐"1 万元给老年人协会，二是取消酒席赠送礼品环节，三是婚事"拱门"规定不能超过 10 个（100 元/个）。

实际上，东山村村民家庭办酒席是纯"亏"的，由于在熟人社会中存在"人跟人、人看人，都要面子"的风气，因此，村民若大操大办一次酒

---

① 角落指"房头"、家族。

② 东山村"白事"收礼金，送礼金是表示对逝者的尊重。一般收取 100—200 元，但"白事"仪式较为简单。全自然村的人不请自来，送别逝者。

席就要花去 20 万元，对于经济条件不太好的家庭是"大办"不起的。新的"村规民约"大为减少了铺张浪费，受到村民群众的普遍欢迎，减少了村庄社区内的人情和"攀比"不正之风。东山村的新"村规民约"之所以能够顺利推行，有多方面的原因，一是当地村民确实饱受人情"攀比"之苦，村民打心眼里支持改变此风气，二是党员干部带头示范，起到了很好的引领作用，三是该村属于宗族性村庄，村民比较团结，且村里负责执行的老年人协会有很大权威。一旦谁不遵守"村规民约"，则将面临"捐款"的惩戒。东山村老年人协会会长谈到了在移风易俗中如何履行自己的监督和劝说职能：

> 我们老年人协会组织作为我们村"村规民约"的主要执行单位，负责宣传解释"村规民约"内容条款。在移风易俗中，东山村的"村规民约"是由 85% 以上的村民（户代表）[1] 签字同意的。我们的做法首先是在村民中宣传"村规民约"。因为村小，所以村里面办任何事情，每个人都很清楚，而且村民办事前也会提前去邀请村"两委"、老年人协会成员，所以，老年人协会也会提前知道。因此，老年人协会会长就可以趁在村民办理红白事之前就下去宣传，提前告知事主。会长主要是告知事主一些规矩规则，比如，白事不能吃酒，其他人生大事上酒席的规模一般不超过 70 桌，女儿出嫁酒席不超过 30 桌，村"两委"干部、党员喜事酒席不超过 15 桌，小孩 16 周岁办酒不超过 15 桌。村"两委"干部因任何事情酒席都不能超过 15 桌，否则党内警告。丧事吹拉队不超过三队，除非是自己鼓的。花圈不超过 10 个，毛巾一人只能分一条，取消烟酒（过去丧事桌上直接放烟酒）等。[2]

一些地区"村规民约"是挂在墙上的空文，难以落地实施，但东山村的"村规民约"却十分有效，这里有两个原因。一是"村规民约"是由 85% 村民同意签订的约定，因此建立在共识基础之上的"村规民约"实际上是反映了村民的内在需求，他们共同参与、共同遵守、共同行动。况且，由于村庄依旧是个熟人社会，所以村庄内部的舆论是有压力的，违反"村

---

① 在此意指作为户代表的村民，即每户派出一个代表。
② 2019 年 12 月 16 日访谈福建省晋江市磁灶镇老年人协会会长 Z. M. S.。

规民约"是要受到处罚的,因此村民对违背"村规民约"的后果是有预期的,所以也会去自觉遵守。二是老年人协会是"村规民约"的宣传执行监督机构,不仅有相应的经济和社会资源保障,还是"村规民约"的守护者,也是各个"房头"的执行者和监督者。相比之下,其他一些地区虽然制定了"村规民约",但因为村庄"空心化"且缺乏相应的资源投入为支撑,既没有人宣传监督执行,也没有人遵守。

分析晋江市的"村规民约"和移风易俗,必然要关注各村老年人协会在其中扮演的角色。和北方宗族力量已经基本式微不同,晋江市的老年人协会在乡村治理中发挥的作用趋于扩大,移风易俗在很大程度上使得老年人协会的组织能力进一步强化。由于晋江民营经济发达,较为富裕,而当地各类宗教和民间信仰极为发达,各类宗族祠堂、宗教神灵庙堂繁多且信众极广,加之闽南人素有乐善好施、回报乡梓的传统,民众乐于向宗教组织、家族组织、老年人协会捐款捐物,因此这些组织有稳定且丰厚的收入,自然在乡村治理中能够发挥很大的作用。

以东山村老年人协会组织为例,该组织是经过民政部门登记注册的合法社会组织,其经费来源有三:一是市镇部门补贴,经市镇检查,若村老年人协会负责经营的村老年人公寓被评为超过五星标准,则依据老年人公寓入住人口,每人补贴5000元[①],二是村委会补贴,三是村民捐款。东山村每年可获得本村居民捐款20多万元。捐款主要有三种类型,一类是村民个人或企业捐款,一类是家里有入住公寓的老年人的村民捐款(一般20%的村民都会捐款,最少5000元),一类是移风易俗违反"村规民约"的"罚款"所转化的"捐赠"。按照当地民俗规定,村民办喜事请老年人,普遍是按照一桌1000元的标准请10桌,合计要花费1万元,但因为老年人饮食清

---

①东山村老年人公寓是2013年由村民集体捐款建造的,共35间,基础设施完备,有电梯、淋浴设施、洗衣机等。村集体建设老年人公寓,同时每年为每位老人出1800元。老年人公寓由老年人协会负责管理运营,每个老人(有自理能力的)每天只需要出3元钱,就可以在老人公寓吃住。入住老年人公寓的条件有三个。一是年满68岁,身体健康(入住前必须体检),有生活自理能力老人,经家属签字同意,可以入住老年人公寓,生病者不能入住。如果入住老年人公寓后生病,就请其家人过来护理。若没子女过来,就让老人回去。二是每年交1800元。三是子女签订协议,出了事情自己负责。但并不是所有符合条件的老年人都会入住,村里有18个符合条件但没入住进来的70多岁的老人,原因一是照顾小孩,二是在做生意,帮家里挣钱。目前,有57个老人入住老年人公寓,其中80岁以上8人,大部分是70多岁。老年人公寓由老年人协会管理,实现了"低成本、高福利"的社区养老。

淡，所以节省的酒席花费就折算成 1 万元的捐款捐给村老年人协会。由于以前酒席铺张浪费严重，受移风易俗的新规定，限制酒席规模，故按照本村"村规民约"规定，若村民办喜事酒席规模超过 70 桌，就要向老年人协会捐款 1 万元。不过，即便如此，东山村的老年人协会组织经费仍没有村里的庙会组织收入多，后者每年收入能有 300 多万元。

虽然东山村老年人协会组织不是外生力量推动而是村庄内生的，但是得到地方党政部门的许可，具有广泛的社会基础和乡村治理参与权、村民代表权及老年人协会组织代表权。该村的老年人协会组织经由民政部门正式注册成立，其主要领导人需要经过村庄党支部、乡镇党委的政治审查，接受乡村两级党政领导，同时老年人协会组织也承担了村里的部分行政职能。除了监督"村规民约"执行之外，老年人协会还承担了宣传国家的政策法律、调解矛盾纠纷等责任，实现了正式权威与非正式权威的融合，也实现了乡村治理的简约高效。[①] 事实上，在东山村，村里大小事务都需要85％以上村民代表同意才能执行。然而，老年人协会组织的政治身份相当于一个独立的可参与投票的"村民代表"，它作为一个老人组织单位参与村庄选举、村"两委"的决议制定，对村庄的大小公共事务也有投票表决权。在村庄其他事务中具有知情权、参与权。因此，东山村老年人组织是有一定政治能量的，能够影响村庄政治，包括干预村庄选举。这一政治能量可从东山村老年人协会会民的话语中得知：

"由于宗族性村庄中的家族制文化以老人为尊，因此村民有矛盾纠纷，会主动来找老年人协会调解。老年人协会一般会由一个会长和两个副会长三个人一起下去调解，以更好地保证客观公正地对纠纷作出判定。老年人调解矛盾纠纷，效果很好。老年人协会会长说：'老人比较有权威，我说话他会听。因为我是老人，要尊重老人。'例如，有人旧房翻建多占地，老年人协会介入调解，动员他拆掉，因为'这是为大家好'。'老年人协会就像

---

① 东山村书记反映："有时候，做群众工作，老年人去比我们去还管用。村民可能不给村干部面子、不听村干部的话，但是要给老人面子、听老人的话。"可见，老年人具有做群众工作的优势。因此，村庄大小公共事务，村书记基本都是先咨询老年人协会的意见，注重抓好老年人队伍建设。在村庄工作中，"老人是走在一线冲锋陷阵的"，其好处是：老年人率先跟村民接触，讲清楚利害，能够化解村民的抵触情绪。若老人做不通村民工作，村干部再去做工作，就比村干部直接去做工作面临的阻力更小。在这个意义上，老年人协会组织提升了乡村治理的能力和水平。

楼梯一样，在村委会调解之前介入，让村民可以有退路。若老年人协会调解不成，村委会再去调解，这是一种策略.'再比如，村里需要平整一块600多平方米的地，用于停放那些在村外发生意外或因疾病而在村外之人的尸体①，但由于这块地是村民的，村里平地时，村民会大吵大闹加以阻止，随后，老年人协会介入调解，并提出一个这种方案：600多平方米中的一半留给村民，一半平整出去。同时，老年人协会会动员村民，最后成功化解了这次矛盾。"②

不过，尽管近年来晋江市在大力倡导移风易俗方面取得了很大的成效，但很多婚丧习俗陋习积习已久，短期内想通过"村规民约"或者自治章程彻底根除并非易事。由于各种礼俗和宗教活动的简化，势必削弱传统"德治"力量对村庄的控制力，因此有的村庄包括老年人协会等在推动移风易俗落实方面可能抱有消极态度。虽然现在晋江市每个村都有"村规民约"和红白理事会，乡村喜事简办的概念也已经初步形成，但是由于晋江市移风易俗的操作方式更多是通过"捐钱捐物"的形式进行引导，因此有一些人把移风易俗等同于捐助公益，认为只要通过婚丧喜庆活动捐钱，不管事办得再大，酒请得再多，场面撑得再豪华，都叫"简办"，让普通百姓感到"一碗水"没有端平。这样操作，事实上并不能完全达成移风易俗的目标。

另外，作为一种客观存在的民间治理力量的博弈手段和方式，各村制定的"村规民约"缺乏对"拳头""佛头"等其他非正式治理力量的规范与约束，因此有关部门必须加大对这类力量的引导、抑制和打击力度，包括在"乡规民约"中强化对"拳头"力量的约束抑制力，使广大居民回归到以和解、调解等方式来解决矛盾和纠纷，这样才能更好地彰显"村规民约"的约束力、执行力和公信力。

2. 福建长汀县的"村规民约"

地处闽西经济相对落后地区的长汀县近年来也大力开展移风易俗行动。为规范本县民风民俗工作，2017年1月长汀县委办公室县人民政府办公室

---

① 当地习俗是若村民亡在村外，则尸体不能直接进村，要停在外面，进村则不吉利。由于此风俗习惯，所以白事也只能在外面办，停尸地、厕所、做饭地等都需要一块地。火化完，骨灰才可以拿进村。过去可以停在马路边，但现在国家不允许停马路边，所以需要在村子里专门平整出一块地来推动。

② 2019年12月16日访谈福建省晋江市磁灶镇老年人协会会长Z.M.S.。

印发《关于进一步加强全县移风易俗工作的实施意见》，就进一步推动本县移风易俗活动深入开展，遏制婚丧陋习和不良社会风气，推动全县社会风气向善向上向好转变提出了实施意见。另外长汀县有关部门印发《关于移风易俗革除殡葬陈规陋习　倡导文明新风的意见》《关于开展移风易俗专项整治的工作方案》《关于清明节期间开展文明祭扫活动的通知》《关于在党员、干部、公职人员中深化开展殡葬陋习专项治理的通知》等一系列文件规定，就贯彻落实移风易俗工作提出了明确的具体要求。

按照这些文件规定，长汀县坚持党员干部带头、率先垂范。机关企事业单位工作人员、共产党员、"两代表一委员"、村组干部发挥模范作用，率先垂范，带头移风易俗，创建文明乡风，以下是规范的具体内容。

一是民风习俗类，包括农村婚丧嫁娶、小孩满月、子女升学、乔迁新居等，以下是具体要求。

（1）倡导婚事新办，树立新型婚俗观。提倡礼轻情重，反对高额礼金，倡导彩礼不突破 5 万元、随礼不突破 300 元。提倡以集体婚礼、旅游结婚等方式办理婚事，力求婚礼仪式简朴、氛围温馨。破除婚事活动中各类低俗陋习，杜绝讲奢华、互攀比、爱招摇的婚事，自觉抵制婚车成串影响交通、鞭炮齐鸣污染环境、滥发请柬增加负担、大办宴席铺张浪费、酗酒猜拳滋事扰乱等不良现象。婚宴原则上男女双方各限设 1 餐，每餐不超过 10 桌。

（2）倡导丧事简办，树立新型丧葬观。倡导厚养薄葬、文明节俭办丧事，引导丧户简化治丧仪式、缩短治丧时间、缩小治丧规模，在居民区，提倡遗体 24 小时内火化，停放时间不超过 72 小时。原则上殡仪馆出租殡棺不得超过 3 天，提倡办丧时间不超过 3 天，最长不超过 5 天。严禁热衷风水迷信、修建大墓豪华墓。严禁办丧扰民，不大讲排场，吹吹打打，鸣放鞭炮、烟花、高噪音的车载礼炮，散发纸钱，占道治丧等不良行为，减少扰民现象。维护公共秩序，严格依法依规殡葬，在全社会树立起文明、节俭、平安、依法的新型丧葬观。

（3）倡导其他喜庆事宜小办不办，树立新型消费观。提倡生育、生日、升学、入伍、乔迁、晋级等喜事小办不办，自觉抵制互相攀比、大操大办和借机敛财现象，狠刹挥霍浪费之风，倡导健康文明的交往方式和科学合理的消费观念。

二是祭祀祭奠类，包括姓氏祭祖、清明节和中元节祭祀等，重申"四严禁"有关要求。

（1）严禁清明扫墓期间搞大规模宗族串联。凡以族姓集体扫墓活动超过100人的，必须向所在乡镇党委、政府报告，并取得活动所在地公安派出所的安全许可；达到大型群众性活动规模的，必须经县以上公安机关许可。

（2）严禁在城区街道、农村集镇及公共场所悬挂宣传有关宗族派性的姓氏彩旗、横幅标语和组织游街游乡；禁止五台以上"祭扫"机动车辆集队驶入城区街道和农村集镇，违者由公安机关和城市管理部门按照《中华人民共和国集会游行示威法》等法律法规追究相应责任。

（3）严禁任何组织或个人以吃清明酒的名义向群众摊粮派款，搞还愿、联宗祭祖告示活动，增加居民群众负担。

（4）严禁在扫墓烧纸钱、点蜡烛、放鞭炮时留下火星就离人，提高防火安全意识。同时，倡导公祭悼念、集体扫墓等文明祭祀活动，用鞠躬、默哀代替磕头跪拜，推崇科学祭祀、文明祭祀。各祭祀祭奠活动期间严禁大操大办、铺张浪费、聚众赌博、酗酒滋事，严禁以任何理由阻碍行人出行和车辆通行；不得干扰、阻碍、影响群众和企业的正常生产生活秩序。

三是民俗文化类，包括百壶宴、闹春田、走古事、抬花灯、花朝节及二月初五、三月三的迎玲瑚侯王、闹元宵、庙会等，以下是具体要求。

（1）倡导文明节俭办民俗文化活动。举办民俗文化节庆活动时，反对讲排场、比阔气，严禁大操大办、发请柬、铺张浪费和聚众赌博、酗酒滋事等行为；原则上头家只能请1支鼓乐队、1个戏团，不请低俗歌舞团；除了5代以内直系血亲，其他客人控制在5桌以内；送茶礼在200元以内，不鸣放高噪音的车载礼炮，少放或不放鞭炮，蜡烛在50斤以内。倡导精简民俗文化节庆活动，举办同类型或题材相同的活动原则上每年不超过1次，活动时间原则上不超过4天。

（2）举办民俗文化节庆活动，应具有与所承办活动规模相适应的资金、场地和设施，具有相应的组织管理机构和人员、安全保卫措施和制度。举办500人以上的民俗文化节日活动，在年初将计划上报所在乡（镇）党委、政府，由乡（镇）统一上报县级有关部门备案审批，下发通知后方可举办；

举办500人以下的民族文化节日活动，在举办之前3个月必须书面上报所在乡镇（场）备案审批，下发通知后方可举行。

（3）申请举办民俗文化节庆活动的村（社区）、村小组和组织，申报时提供以下材料：举办活动申请书、组织策划方案（含活动主题、时间、地点、规模、组织形式、安保措施等内容）。需变更活动内容、形式的，活动举办单位、组织应当向原备案机关申请办理变更活动内容的手续。

（4）举办民俗文化节庆活动，需向公安、安监、消防等部门提供活动安保方案和突发公共安全事故应急预案等相关材料。如涉及广告发布或商业性内容的，主办单位需到工商部门办理相关手续；涉及使用市政设施的，需到住建部门办理相关手续；涉及占用道路或者影响交通的，需到公安机关交通管理部门办理相关手续；涉及使用公共广场的，需到城市管理执法局办理使用场地的相关手续，并在取得以上有关管理部门的同意后才能开展活动。

（5）确需跨国、省、市、县举办或参加民俗文化节日活动的，必须逐级向乡镇、县、市、省、国家有关行政主管部门报批，获得批准后方可举办或参加。

根据长汀县印发的移风易俗的相关规定，各乡（镇）也出台了具体的实施细则，其内容和县里的文件规定大同小异，但略有差异。如三洲镇2016年12月18日通过的《"移风易俗、树立文明新风"镇规民约》倡导转变殡葬观念，提倡骨灰壁葬、树葬、花葬、草坪葬等多种生态安葬形式，不在"两沿四区"（沿公路、河流两侧第一重山及风景旅游区、文物保护区、水源保护区、住宅区附近）内建坟。杜绝大讲排场，吹吹打打，大量鸣放鞭炮、烟花，散发纸钱，占道治丧等不良行为。为守灵陪夜亲友只提供茶点、水果和香烟，下半夜的值班人员可提供点心，取消出殡前的祭饭，送葬后的谢客宴席在11个菜以内。文明祭奠、低碳祭扫，采用敬献鲜花、植树绿化、踏青遥祭、网络祭扫等方式缅怀故人等。同时提倡喜事小办，树立理性生活观。遇到孩子满月、升学、入伍、寿辰、生病康复等事宜，通过一束鲜花、一条短信、一杯清茶、一句问候等文明方式，表达贺意，增进感情。倡导不办酒、不请客、不受请、不送礼，不要让人情成为一种债务，让请客成为一种负担。

在广大乡村，其道德和社会契约还能发挥作用，与其宗族文化意识强大有密切关系。我们在晋江市、长汀县、将乐县等地实地调查发现，各村保留的传统伦理道德和民俗信俗仍然对当地村民的行为有强大的约束力。凡是老年人协会作用发挥较好的村庄，大都是宗族聚居村落，这就意味着传统的血缘地缘式的治理力量已经嵌入到现代乡村治理体系中，并发挥"自治"和"德治"的功能。

第三节　"协商共治"：福建晋江市"三治"融合实践

晋江市地处闽南沿海经济发达地区，2019年，全市共有395个行政村和社区，其中城市社区有102个，农村社区293个，全市户籍人口116万人，外来人口114万人，海外侨胞300万人。作为福建省唯一进入全国十强县（市）的经济发达市和著名侨乡，2018年晋江市实现国内生产总值（GDP）2229亿元，财政总收入达230亿元，县域经济基本竞争力保持全国前五的位置。

晋江市民营经济发达，在改革开放大潮中，不仅催生了大量的市场经济组织，而且也催生了大量的民间社会组织。这些市场和社会力量都有参与城乡社区治理的意愿、要求和能力。事实上，晋江人素有"敢拼会赢"的精气神，且乐善好施，因此新时期晋江逐步探索形成独特的"自治、法治、德治""三治"融合的城乡社区治理体制机制。在实践中，晋江市的各类市场经济组织和社会组织也都非常热衷于参与城乡村社的各项经济文化建设，在村社治理中发挥了良好的作用，形成了老年人协会、宗族力量、民营经济实体、海外侨胞及其他民间力量共同参与城乡村社治理的多元共治的体制机制。

一、晋江市经济和社会组织发展

晋江市的社会组织发展与该市拥有较强的经济基础尤其是民营经济的发达有很大关系。截至2018年年底，晋江市共有市场主体17.5万户、民营企业5.35万家。这些经济组织可以为其他村级经济和社会组织的培育和成长提供源源不断的经济支持。晋江市有关部门近年来大力实行"村经分开"（指村"两委"组织和村集体经济组织分开）改革，同时采取多项措施扶持和激励社区增加集体经济收入，要求到 2020 年年底，全市村社集体经营收入全面达到 10 万元以上，其中 20 万元以上的村社要达到 60%，以进一步加强城乡社区治理的经济基础。在我们调查的 327 个村（居）中，已经成立经济联合社的村有 175 个，占比 53.52%。2018 年，有关部门制定出台《晋江市发展壮大薄弱村集体经济三年行动方案》，由市财政安排每年 1000 万元扶持资金扶持村集体经济发展。同时，有关部门还印发《晋江市精准帮扶发展壮大村级集体经济九项措施》，鼓励村集体经济组织从农业综合开发、经营性用地入市、回拨地和闲置未利用地开发、购置集体物业、理财投资、有偿物业、乡村旅游等七个方面制定项目引导目录。截至 2019 年，晋江市共创办村级投资公司 72 家，注册资金 2.6 亿元，其中集体占股 57.2%，运作最早也最成功的是青阳街道阳光社区的福建省晋江市阳光工贸总公司，自营四家集体公司、入股五家合资企业，年纯收入近 3000 万元。该社区以此为基础，建立了完善的社区福利和公共服务制度。

2017 年以来，晋江市还以开展全国农村集体产权制度改革试点为契机推进农村集体产权制度改革，建立和完善村集体经济产权制度，强化村经济联合社的市场法人主体地位。截至 2019 年 6 月，全市共完成集体产权制度改革的村有 250 个左右，其中有经营性资产的 197 个村社全部完成成员界定、机构成立，确定集体经济组织成员 53 万人，完成股权设置 412.51 万股，量化资产 30.58 亿元。产权制度改革后，已全部成立村经济联合社（简称"经联社"），享有特别市场法人身份，老年人协会、校董会使用和经营的集体资产也都收归经联社统一经营。晋江市龙湖镇埔锦村倒石埔自然村还成立了全省首个以自然村为单位的经联社。

另外，晋江市还探索实施集体经济组织的股权质押，在福建省率先开展农村集体经济组织股权质押融资业务。首批已由当地农商银行向青阳街道阳光社区、金井镇围头村等地方分别集体授信 2 亿元，明确贷款只针对生产经营性用途，不得用于消费、购房等非生产经营性用途。特别值得一提的是，近年来，晋江市先后与国仁城乡科技发展中心合作设立温铁军工作室，引进福建农林大学五个博导团队指导乡村振兴项目实施。同时与农商银行建立乡村振兴金融联络员制度，首批聘任 19 名，首批已为下属东石镇提供 4 亿元资金，用于集体经济、人居环境等乡村振兴项目。所有这些，都为发展增强村集体经济营造了更好的外部环境。

民间社会组织是构建乡村"三治"协商共治的重要平台依托，在社会治理和公共服务中发挥了积极作用。长期以来，晋江市成功的商业人士素有慈善和"反哺"社会的传统。改革开放后，依靠侨亲和民企的捐赠大力发展民营经济，所涉及的领域广、数额大，为此群众有着极强的认同感与信任感。当地华侨、企业家长期乐善好施，每年在协助和发展城乡社区治理等方面的捐赠多达数亿元。截至2019年，晋江市共有慈善类社会组织61家，备案354家，基本建成了体系健全、功能完备以及上下联动的市、镇、村三级立体慈善组织网络。晋江市慈善总会成立15年来共募集善款近29亿元，下属的安海镇慈善协会用不到30天的时间筹集1.88亿元善款，设立42个冠名基金，是镇级慈善协会的一个典范。2019年5—6月，我们的研究团队在晋江市获取的327个村社调查样本中，发现其中有54个村社已经成立了各类登记在册的基金会，共募集资金13994万元，平均每个村（居）募集资金259.15万元。这些基金会的公益资金支出主要用于教育、助学、助老，其中以助学最为普遍，占比93%左右。这也是晋江市城乡村社开展"三治"融合协商共治的重要经济基础之一。

各类基金会的支持，也为晋江市民间社会组织的培育和成长创造了良好的条件。近年来，晋江市通过政策引领、简化登记流程，大力推动社区社会组织发展，同时培育社区社会组织，形成社区社会组织登记备案倍增效应。截至2019年6月，全市登记备案的社区社会组织有1745个，涵盖文化体育、闽南传统、精神文明等各个领域。晋江市较为发达的民间社会组织包括老年人协会、宗族会等，全市绝大部分村社都成立了老年人协会。晋江市被调查的327个村社中，据不完全统计，有313个村社成立了老年人协会，占调查样本村社总数的95.72%，共有老年人协会成员数117250人，募集到的资金7032.45万元，平均每个老年人协会约22.5万元。

为了承接专业社会工作服务项目，晋江市大力鼓励专业社会工作组织机构发展。2011年，晋江市第一家民办社工服务机构正式成立。经过近八年的发展，截至2019年2月，全市培育、扶持、引进社工机构达20家，社工机构从业人员300余人。与此同时，为了给社工机构营造更好的成长环境，晋江市民政局、妇联、工会、政法委等党政部门每年投入大量资金，以政府购买服务的形式，由社工机构承接这些服务，有力地促进了晋江市社工机构的快速发展。

不仅如此，晋江市的一些经济实力较为雄厚的村社也大力培育各类社会民间组织。如晋江市梅岭街道梅庭社区探索建立社区社会组织孵化基地平台，调动链接辖区 15 个社区社会组织或团队共同参与社区服务，涉及社会工作、文化、体育、兴趣爱好培养、老年人工作、音乐培训等领域。该社区按照"成熟一家、发展一家"的原则，对新成立的社区社会组织，梅庭社区居委会给予 3 万元开办经费支持。在调查的 327 个村社中，有 185 个村社还成立了各类志愿者队伍，占被调查村社总数的 56.57%，共有志愿者总人数 25695 人，平均每个村社约 139 人。

二、晋江市"协商共治"实践路径

在构建"协商共治"的乡村治理格局时，晋江市围绕自治、法治、德治，推行民主协商，通过民间社会组织整合社会资源，改变过去在社会治理中政府唱"独角戏"的现象，促进社会力量参与乡村治理，实现了基层乡村社区治理主体的多元化。晋江市民间力量参与城乡村社治理大都是依托村里的老年人协会、慈善会、基金会等社会组织发挥作用，形成以生产互助、养老互助、救济互助等为主要形式的农村互助活动，降低了社区服务门槛，同时支持和鼓励市场主体开办社区便民利民服务。尤其是村老年人协会在调解村社矛盾纠纷、协助村社工作、关爱和服务老人、参与移风易俗和乡风文明建设等方面均发挥了重要作用，甚至有部分村通过村民代表会议表决，将部分闲置的村级资产交由村老年人协会使用或经营。由此可见，老年人协会在晋江市乡村治理中有很强的影响力。

总体来看，晋江市推进的"协商共治"具体实践做法主要包括以下两个方面。

1. 大力推进乡村基层民主协商制度建设

"三治"融合的有效形式是实现基层民主协商，提升城乡自治能力，以法律法规、政策制度、自治章程等为主要内容的自治制度体系不断健全，结合推行民主协商，促进政府或基层组织的"单边行动"向"多边互动"转变，"政府独唱"向"群众合唱"转变，推动城乡社区进一步从"管理"向"治理"转变。晋江市近年来把基层民主协商作为实现乡村自治、法治和德治"三治"融合的基本载体和有效抓手。2018年晋江市印发《关于进一步加强和改进村级组织运行机制的意见》，要求乡村基层民主协商的议题选择、议程控制以及议案落实，都必须在基层党组织领导下及现有的村民自治制度框架下进行，这是对现有乡村自治制度的一种有效补充。同时，有关部门还要求，全面推行村党组织书记担任村级集体经济组织、合作经济组织负责人，强化党组织对服务群众资源的整合利用，强化村社治理中的党建引领作用。开展"三治"融合协商共治，最重要的一个环节是保障利益相关人在民主协商中能够发挥主体作用。只有坚持利益相关人参与多数的原则，才能更合法合理地扩展认识公约数，做到让基层民主协商成为促众议、集众智、聚合力的过程，真正实现基层群众的"自己的事情自己做主"。为此，晋江市有关部门创新运行机制，在坚持党的领导和法治的框架下，建立"三治"融合共治的平台。各村针对不同群体、不同事项，有针对性地组建村民议事会、红白理事会、道德评议会、禁毒禁赌会，通过不同的"会"，让需要参与、想要参与的相关利益人都能够参与进来。

自2017年起，晋江市在新塘街道、英林镇、东石镇的九个村庄（社区）先行试点基层协商民主，探索以"正在做的事"为中心，以制定村（居）民自治章程为抓手，构建符合各自实际的民主协商机制，找到群众意愿和工作要求的最大公约数，逐渐形成民情恳谈会、事务协调会、工作听证会等"一村一特色"的协商民主方案。晋江市开展基层民主协商的大都是与村民群众切身利益相关的公共决策议题，包括乡村人居环境整治、村集体经济发展、征地拆迁、土地整治等大事要事。2019年5月至今，晋江市委组织部、文明办、民政局、司法局、农业农村局联合深入各镇（街道）调研，提出《关于开展乡村善治试验推行基层协商机制的意见》，并将该文件作为推进基层协商民主实施方案的指导政策文件。

英林镇开展的基层民主协商实践是晋江市比较有代表性的案例。截至2019年6月，该镇共实施了6类25个具体协商案例，取得了显著的成效。针对以往乡村公共治理中并没有给多元诉求主体太多有效参与，由此造成信息公开不全面、不及时、不对称，使得一些原本公正利民的决策也引发了群众的怀疑甚至不信任的现状，英林镇在基层民主协商时坚持党建引领、政府主导为前提，先成立基层协商民主议事会，并采取"3＋X"模式实施基层协商民主。其中"3"是指镇领导或驻村干部、村"两委"成员、利益相关人三个方面的代表，"X"则指根据各村的具体协商事项选择，邀请包括所在村两代表一委员、老人代表、"乡贤"能人、专家学者或法律工作者等力量。其中利益相关方代表不少于议事会代表的2/3，"X"的数量不超过议事会总人数的1/4。

英林镇在开展基层民主协商过程中，本着党政主导、群众主体、依法依规的原则，主要围绕五个方面的议题进行协商：一是各级党委政府要求完成的涉及面较广且较为复杂的事务，二是经由民意调查搜集到的群众意见比较集中的事务，三是经由村民民主自治机制确定的事务，四是由利益相关方群众提议并得到利益相关人30％签名支持的事务，五是村党组织认为应该协商解决的其他事务。在确定协商议题时，村党组织要切实发挥领导职责，并细致做好会前工作，提前入户听取群众意见建议，拟定议事方案，召开好协商民主议事会；协商过程中，村党组织要主持公道、发扬民主、把控秩序、引导各方坦诚讨论，同时应善于沟通，使各方达成协商共识，做好共识执行落地等事项，才能确保议而能成、成而能行之初衷，更好地达到协商于民、协商为民效果。如英林镇西埔村通过协商民主议事会，广泛协商，求同存异，解决了埔顶寮革命会址的保护产权问题，让该村传承和发扬爱国革命主义教育有一个更贴近史实的载体原貌。池店镇商会成立了福建商务领域的首个调解委员会，帮助企业化解劳动用工、生产经营、市场销售等问题，成立以来共处理经济纠纷23起，涉及金额6000多万元，有效地化解了矛盾纠纷，维护了和谐的市场环境。

与此同时，晋江市针对乡村治理力量和治理人才不足的问题，鼓励各村借助乡村外部的专业资源和力量，通过探索组建参事会，进一步打开和拓展协商共治的渠道。有关部门注重整合法官、民警、律师工作室，引进资产评估师、乡村规划师、心理咨询师、银行理财师等专业力量，共同就乡村中的一些关键议题进行专业化协商。如邀请法律工作者和专家列席会议，现场提供政策指导或者专业咨询参考，确保协商的合法性与专业化质量，这一点可以说是晋江市比较具有特色的创新。由于晋江市民营经济较为发达，包括老年人协会、慈善会等各类社会组织较为活跃，因此有关部门也重视发挥第三方人士参与协商的公信力，强调"三治"协商中要重视吸纳威望高、办事公道的老党员、群众代表、人大代表、政协委员等乡村精英参与，形成共商共治合力。这样能够更好地体现协商事理的客观公道性，提高协商的成功率，让合乎情理的说服力、社会道德的约束力、乡村习俗的影响力和法律的刚性力能在民主协商治理中发挥出合力作用。

和浙江宁海县相似，在开展基层民主协商时，晋江市非常注重规范村级权力的运行机制建设，其主要做法是把城乡村社自治制度与"四议两公开"搞好衔接，抓好协商共治成果的转化与落实，探索出"四议两公开"制度。所谓"四议两公开"，指的是党组织提议、"两委"会商议、党员大会审议、村民会议或村民代表会议决议，要求决议公开、实施结果公开。村（社区）议事决策方面的制度，整合纳入"四议两公开"，这项制度已经写入《中国共产党农村基层组织工作条例》，协商要作为党员大会审议的前置程序，切实发扬民主，形成最大公约数。

如英林镇规定，村党组织在达成协商共识的两天内必须公开向村民通报协商结果，同时安排协商共识的落实工作，并按照"谁组织，谁落实""谁受益，谁监督"原则，公开接受落实监督，确保协商成果落实立信作用。在2018年的村（居）换届选举中，晋江市把协商民主制度广泛运用到基层组织选举中，集中体现在代表、委员的名额分配和人选产生过程中。全市前后开展六轮协商，形成"没有协商不选举、没有共识不投票"的工作机制，实现组织意图、个人意向和群众意愿相统一，开创了村社换届选举"三治"融合协商的新机制。

晋江市有关部门规定，村党组织每季度至少召集一次联席会，听取本村（社区）各类组织工作汇报，协商解决相关问题。监委会、老协会、共青团负责人列席村"两委"会。村党组织要探索组建参事会，打开通道，让企业、华侨、干部和各方面乡村能人、社会贤达参与进来，广泛就社区的各项治理事务开展基层民主协商。另外，2018年之后，为了强化村党组织对村老年人协会等民间组织的领导，2018村"两委"换届，有关部门要求由村党员或者离退休的村主干担任老年人协会会长，同时要求村党组织书记每个季度要召集本村的神委会、佛委会、公庙、寺庙等民间组织参与的联席会，共同商讨推进相关工作。

2. 大力促进社会组织承接乡村社区公共服务

近年来，晋江市还大力推进社区治理的智能化、网格化，为打造"多元共治"的乡村"善治"体系，营造更好的外部环境。截至 2019 年，全市已有 314 个村（社区）推行网格化管理，有 12 个城乡社区推行基层服务社会化试点工作，将试点社区部分公益岗位和部分不涉及行政主体的社区事务外包给有资质的社工机构运营，更加快捷和有效地调动及运用社区内外资源为居民服务。晋江市以促进政府职能转变为契机，大力实施政府购买社区服务，如民政部门实施"社区社会工作服务站""居家养老"，妇联支持开展"白兰花家庭驿站"，团委开展"青少年基层工作站"等社会工作服务项目，为社区居民提供了多样化、个性化的服务。

据不完全统计，2018 年晋江市购买社会工作服务资金 6900 多万元，购买资金比上年增加 710 万元，专业社会工作服务已覆盖全市 19 个镇街、近 200 个城乡社区，形成社区服务供给的新格局。在我们调查的 327 个村（社区）中，有 29 个村（社区）有社工机构派驻社工进驻，进驻社工总人数为 132 人，主要形式为政府购买社工服务，购买总金额为 641.23 万元，平均每个村（社区）购买社工服务金额为 22.11 万元。如今，专业社工机构承接的服务涵盖了养老服务、心理辅导、村级服务外包项目乃至乡村党务、团务工作等。

特别值得一提的是，2016 年起，晋江市大力重点推进实施市委市政府为民办实事项目——"党群心连心·民生微实事"，让群众"下单"。截至 2019 年，全市已经征集民生"微实事"项目 13 次 609 项，通过改变传统，以自下而上的方式征集，充分调动城乡居民参与民生项目建设的热情，让居民点单，与百姓共谋，真正选好居民关注度高、受益面广的"微实事"。

三、晋江市乡村协商共治中存在的主要问题

晋江市民间社会组织力量在参与乡村治理过程中也存在一些弊端，形成了民间所说的"老头""族头""拳头""财头""侨头""佛头"等"六头"治理体系。华侨力量、宗族力量、宗教力量这些非正式治理力量与村"两委"的正式治理力量之间既是一种"多元共治"的合力，彼此间也存在着博弈和矛盾，尤其是代表传统民间信俗力量的"佛头"和带有暴力性质的"拳头"更是为人们所诟病。事实上，如果善加规范和引导，类似"佛

头"这样的传统民间信俗力量对城乡社区的文化建设仍然能够发挥相当的正面作用，宗教和传统民间信俗属于传统优秀文化的重要组成部分。因此，如果通过相关的制度建设，使得各种民间组织和治理力量更好地融入乡村"法治"的框架内，进而更好地实现"德治"目标，这是当前晋江市乡村"三治"融合治理体系建设中首先必须面临的一项关键问题。

以华侨参与乡村治理为例，由于历史的原因，华侨对晋江市的乡村治理影响一直很大。晋江市现有 300 万侨台港澳同胞，这是该市社会经济发展和乡村治理的一大优势。广大海外乡亲一直积极回馈家乡，参与家乡各项事业发展。改革开放以后，晋江市依靠侨乡优势发展民营经济，侨亲和民企捐赠领域广、数额大，群众认同感信任感强。他们引进海外的资金和技术，大力发展本地经济，对晋江市工业化和城镇化作出了不可磨灭的贡献。不过，由于引导不到位、利益分配和实现不平衡，侨亲及其宗族也会干涉家乡治理，包括干扰乡村换届选举、操纵基层政权。在某些场域，华侨会跟老年人协会、企业联合起来，这三股力量组成一股力量，谋求个人或者家族的利益。华侨主要是通过血缘纽带与晋江乡村治理发生关联，而宗族力量一直在晋江市的乡村治理中扮演非常重要的角色。海外侨胞如果通过家乡的宗亲家族力量介入乡村治理事务，会使得原本就已经非常复杂的乡村宗族治理变得更加复杂。

再以老年人协会等民间治理力量来看，也存在一些需要进一步规范和引导的问题。晋江市每个村都有老年人协会，有的村甚至有两个老年人协会，按"房头"或者按照自然村建立。这些老年人协会往往和宗族长老会联合在一起，接受村民和企业的捐赠。尽管大多数村老年人协会在乡村治理中发挥了正向作用，但由于老年人协会也可能被某些人利用而操纵选举。因为老年人协会主要经济来源是富人捐款，往往捐款最多者会被选为老年人协会会长或老年人协会会长，他们是富人的"代理人"。这样，老年人协会组织就被富人所操纵，就有可能被富人所利用。一旦老年人协会组织被富人所利用并干预村庄政治，就可能导致村庄政治失序。也有少部分村庄的老年人协会为了一己私利，暗地里会鼓动村民和村"两委"对抗。尤其是在征地拆迁、换届选举和发展村集体经济中，老年人协会都可能介入其中。针对这种情况，2018 年村"两委"换届时有关部门要求今后必须由党员或者离退休的村主干担任老年人协会会长。

除此之外，和全国大多数地方相同，乡村治理人才短缺，人才流失现象普遍也是晋江市乡村治理面临的共性问题，主要表现为村"两委"成员中年龄老化严重。2018 年晋江市新一届换届选举后，全市村（社区）"两委"成员共有 3039 人，其中 35 周岁以下的有 522 人，仅占 17.2％，大专以上学历的有 616 人，仅占 20.3％；部分发挥明显作用的主干已超龄难以留任，后备干部缺乏合适人选或无人能胜任，班子出现"青黄不接"的问题。据有关部门估计，晋江市大概 10 万—20 万人在外面经商办厂，主要集中在南京、上海、北京等大城市，外出求学的大学生回乡发展的更是少之又少。

另外，晋江市乡村党员总体素质不高，党员发展呈现结构性矛盾。目前，留在村里的一般都是素质不高的人，自然从中发展的党员受制于这种结构的问题。他们更多注重经济生产，对政治生活并不在意也不感兴趣，其选民意识、法律意识、政策意识和监督意识等严重不足，缺乏参与乡村公共事务的热情和能力。另外一部分的私营的小企业主可能将工厂开办在村里，但也长期不住村里。留在村里的中青年主体的学历一般以高中和中专为主，且个人私利心比较重。而在较大规模的企业工作的年轻人，因长期在外求学就业，缺乏作为纽带的"家"的意识，自然对村庄的感情也淡漠了。总之，晋江市农村党员无法从优秀的和具有大公无私精神的人才中发展起来，党员的发展不可避免地呈现一种单一化和家族化倾向。

第四节　"乡贤"村治参与：浙江绍兴市上虞区实践

如果说晋江市乡村"德治"中更多是老年人协会发挥了重要作用的话，那么现代的"乡贤"组织则更多是年轻一代的新型经济精英发挥了关键性作用。"乡贤"是指在乡村中具有更强的能力和更高的人品，并在村庄社区中享有较高的社会声望的精英群体，包括经济精英、政治精英、文化精英及混合型精英等，他们往往占有优越的政治、经济、社会和文化资源，属于村庄社区的上流阶层。尽管各地"乡贤"组织中也包括部分老年精英，但更多是以事业有成的年轻一代的精英为主。一个精英要成功转化为"乡贤"，必须为人处世有公心，要有号召力，做事公正且热心村庄的公共事业。他们愿意为村庄建设发展出钱出力、尽心尽力，彰显乡村"德治"的示范带头作用。即使他们自身没有太多的资源，也能够联系到较多的外部资源。反观乡村精英自身，他们转化为"乡贤"之后，就作为一种道德性的存在，在家乡起到再造村庄社会价值评价体系和舆论、再生产村庄社会性价值的作用。

在市场经济大潮的冲击下，乡村中很多传统的风俗习惯、规约日渐式微，而新的规范尚未建立，所以如何引导"乡贤"在乡村振兴中发挥关键的引领作用，是重新建构乡村"自治"和"德治"秩序的关键。现代社会，"乡贤"往往指自改革开放起走出家乡闯荡多年，在外事业有成而被当地政府或者家乡吸引返乡投资兴业并参与乡村治理的返乡精英。和一般村民相比，大多数"乡贤"拥有资金、技术、人力资本和市场信息等多方面的优势，是乡村振兴和乡村治理可兹利用的积极力量。2018年中央一号文件强调乡村振兴中要"积极发挥乡贤作用"。近年来，各地都把吸引返乡精英携带优势工商资本返乡投资兴业作为促进乡村振兴的最重要力量，希望他们在家乡建设发展中发挥"反哺"作用。[①]

在我们研究团队调查的样本中，浙江省绍兴市上虞区可谓是注重"乡贤"组织建设的典型。经过多年的努力和倡导，上虞区已经形成了制度化规范化的"乡贤"组织建设体系，形成独具地方特色的"乡贤""德治"实践模式。该区的称海村更是积极设立"乡贤"理事会组织，并把"乡贤"队伍建设列为与村干部队伍、党员和村民代表队伍同等重要的三支社区治理力量。

称海村位于上虞区道墟街道，地处城乡接合部，全村地域面积1.6平方公里。截至2017年年底，全村共962户，2911人，其中党员91人，预备党员1人，设党总支部1个，村集体经济可支配收入达154万元。村内有各类农民个体私营企业28家，全村实现工业总产值21500万元，全村建立蔬菜大棚200多个、火龙果基地200余亩、花木基地100亩、淡水养殖100

---

① 朱冬亮、洪利华：《"寡头"还是"乡贤"：返乡精英村治参与反思》，《厦门大学学报（哲学社会科学版）》，2020年第3期。

亩，农贸市场 1 个。由于经济较为发达，多次被评为绍兴市级和上虞区级先进基层党组织，已连续多年跻身上虞区"廿强村"。和全国大多数村庄相似，由于大量青壮年常年外出，称海村留守村庄的 60 岁以上的老年人达 802 人，占总人口的 27.6％左右。因此，如何动员外出"乡贤"参与家乡的建设始终是称海村"两委"干部考虑的重点议题，而建立"乡贤"组织无疑是首要前提。

2015 年，称海村正式成立"乡贤"理事会。截至 2017 年年底，理事会共有成员 50 人，主要由本村的企业家、老干部、老党员和普通村民构成。在时任称海村党组织书记看来，"乡贤"有"大乡贤"和"小乡贤"，凡是能为本村发展提供人力、物力、财力、智力等任何方面帮助的"同乡"，包括外出能人和本地能人，都是本村争取的"乡贤"对象。包括在政府机关工作的公务人员、退休的老干部、村里的老党员和老干部、企业家或在村庄内有一定号召力和能量的普通村民，都可申请加入"乡贤"理事会。

从称海村"乡贤"理事会具体运作情况看，其"乡贤"在乡村治理中主要发挥四个方面的作用。

第一，政治层面，激活村庄公共性，提供公共品。"人心即政治"，称海村的"乡贤"大都是有公心、办事公正、在村民心中有威望的人。他们以实际行动赢得村民的心和尊重，包括协助村干部调解矛盾纠纷，为村"两委"组织提供决策咨询，了解村情民意，反馈群众意见建议，参与制定和推动实施"村规民约"，维护村庄的公序良俗等。如称海村书记谈道：

我们村大部分"乡贤"热心参与村庄公共事业，也有一定的能力和水平，特别会做群众工作。譬如村里有条马路要修，需要征村民的地，如果是村干部去做思想工作，往往无法一次性做通。但如果"乡贤"参与进来，由他们去村民家做思想工作，就可能做通。有些时候，"乡贤"甚至会私人资源公用，化"私"为"公"，例如，2017 年由我们村"乡贤"个人全额出资人民币 120 万元，翻建了称海桥。[1]

第二，经济层面，为村庄经济建设提供大力经济支持。称海村"乡贤"多是村里的致富带头人，能够带领村民发展经济。一方面，村里"乡贤"

---

[1] 2018 年 9 月 3 日访谈浙江省绍兴市上虞区道墟街道称海村 X 书记。

投资兴办的民营企业解决了一部分村民的就业问题，另一方面，该村依托"乡贤"等能人资源，为有创业意向的村民提供致富导向服务。如向村民群众及时发布企业用工、农民培训信息，为村民就业提供服务，同时利用区、街道农技专家和本村种养殖能手力量，组建农技指导队伍，为种养殖农户提供新品种、引进和技术指导服务等，有力地促进了传统小农经济向现代农业转型。

第三，文化层面，助力村庄公共文化建设。称海村利用"乡贤"资源等社会力量创建再造文化空间，为村民生活提供文化公共产品供给，促进乡村文化振兴。如 2013 年筹资 80 万元建造称海村"农村文化礼堂"及 2014 年投入 200 万元建乡村大舞台和信义广场，2015 年投入 30 万元改建村文化中心，建立农民图书馆、老年人活动中心、青少年活动中心，这些基础设施大多数是乡贤捐资建设。另外，称海村"乡贤"理事会还设立 150 万元公益基金，规定每年可提取 5 万用于村文化礼堂的维护及在文化礼堂内开展各项文化娱乐活动（三八妇女节文艺汇演）的支出费用，促进乡风文明建设。所有这些项目建设，为丰富本村村民的闲暇生活，满足村民日益增长的精神文化需求，提升村民文化素质，宣扬乡村的美德风尚提供了重要推动力。

第四，社会层面，增加村庄社会资本和社会福利。称海村"乡贤"积极投身村庄社会公益事业，是村庄社会保障的重要补充力量。由称海村"乡贤"理事会 16 个理事共捐资 2690 万设立"乡贤"投资基金会，其中最多的"乡贤"捐赠了 800 万元，最低捐赠 30 万元。这些捐赠基金并没有直接拨付到村里，而是根据捐赠款额，按每年 3％ 的收益形成可使用基金。这样估算，称海村每年大约可获得 80 万元资金，用于村庄公共开支和公益事业的建设与发展。这部分收入大部分用于村庄的养老、大病救助、残疾人救助、村庄环境卫生整治等。在养老方面，由于本村老龄化问题严重，"空巢"老人占 10％ 以上，"乡贤"基金很大一部分是用于老年人福利开支。据统计，仅 2003 年至 2017 年，该村累计投入老年人福利开支的资金达 1295 万元。从 2003 年 1 月 1 日起，称海村给 60 岁以上的老人每人每月发放 30 元生活费，逐年增加至每人每月 140 元，其中 90 岁以上老人每人每月 160 元，重阳节还另外给 60 岁以上的老人发大米等。此外，基金还给老人提供大病救助 3000—4000 元，包括向残疾人献爱心、村庄环境卫生等公共基础设施的建设与维护也投入了不少资金。

从称海村"乡贤"组织参与家乡建设发展场景可以发现，该村的"乡贤"理事会成为吸纳社会多元力量共同参与乡村治理的重要组织平台，其作用主要表现在以下两个方面。

一是将村庄中有能力且有意愿的能人组织起来，提升村庄内部的凝聚力和资源整合能力，实现"1＋1＞2"的效果。虽然称海村每个"乡贤"拥有的资源不均衡也不一样，但"乡贤"理事会可以将占据不同资源优势的能人聚合到一起，通过这个平台促进"乡贤"间掌握的资源的内部交换，同时还可以整合理事会成员的资源，与村庄外部资源包括政府提供的资源进行对接和交换，以提升村庄内外部资源的整合和利用效率。如称海村书记提道：

我们这里有个"乡贤"，我曾去北京拜访过他。因为与家乡的情感，他将出版一本新书，首发仪式就在我们村举行。他来这里又是演讲，又是表演，但不需要演讲费。不仅如此，他还要给我们村捐钱捐东西。[1]

二是激发村庄建设的主体性，增强"乡贤"参与家乡建设和治理的主体性体验。自古以来，"衣锦还乡""荣归故里"就是人们的价值追求。虽然其中包含个人"光宗耀祖"的"炫耀"心理，却是乡村振兴中可以善加引导和利用的因素。只要把乡村能人的内在自我价值追求与家乡村庄的内在价值实现相结合，就能引导乡村能人转化为"乡贤"并彰显出"乡贤"的品格和行为。中国传统社会是伦理关系型社会，伦是关系，理是情谊、情义，即人与人之间的关系是一种义务关系，从对他人的义务中确认自我的存在感。一个人能力越大，则对与之相关联的人所担负的责任和义务也就越大。"乡贤"是乡村中德高望重的贤能之士，对其所关联的乡村主动担负一定的道义责任，这是对传统美德的一种传承与阐扬。

称海村的能人只有通过参与"乡贤"理事会，并投入人力物力资源助力家乡发展和建设，才能真正转化为"乡贤"。也只有转化为"乡贤"，他们在家乡才能真正获得预期的社会性"面子"及社区正向评价等社会资本

---

① 2018 年 9 月 3 日访谈浙江省绍兴市上虞区道墟街道称海村 X 书记。

回报。"乡贤"参与村庄建设的主体性体验使其感受到从村庄边缘逐渐走向了村庄中心，由此获得"乡贤"看重的地位、声望，甚至实现人生另一种价值和意义。如称海村的一个企业家老板，其父亲 74 岁，一直在村庄内生活。为孝敬父亲，让父亲开心，他以父亲的名义捐出 100 万元给"乡贤"理事会，其父亲就成为村里的"乡贤"。称海村书记说：

现在老人家很高兴，因为每次开"乡贤"会，他都会参与。100 万元对他儿子来说不算什么，但是能叫老人家高兴，并获得"乡贤"地位，这意味老人家能参与村庄事务的讨论，感受到自己被村里人尊重。[1]

改革开放 40 多年来，随着乡村经济的发展，人们的物质生活水平不断提高，对精神生活需求和自我价值的实现也就更加重视。很多"乡贤"通过自组织形式，参与家乡的建设和发展，助力乡村振兴，即是追求社会性价值的体现。这点在经济相对发达地区表现得更为明显。称海村"乡贤"参与乡村振兴事业，显示了农民从早期的理性"经济人"逐步向理性的"社会人"乃至"自我实现人"转变的过程。"乡贤"们为了追求社会性价值，获得家乡社区的社会声望和村民的尊重认可，通过积极参与村庄公益事业，因此与家乡建立另一种社会价值认可的关联机制。实际上，在传统意识中，普通村民对于富人和能人尤其是同乡的富人和能人总是会抱有一定的期望，期待他们能够回馈社会和乡里，富人和能人天然具有扶危济困的责任和义务。正如称海村一位村干部所说的：

你一个人钱挣得再多，跟我都没关系，也跟大家没关系。但在很多村民看来，钱多说明你有能力，有能力就应有更多的责任，就应该为村里作更多的贡献，服务村民。如果你肯捐钱出来修桥铺路做好事，我们就感激你这个大善人，这样你在村里面就更能得到大家的尊重。当然，我们也有一些"乡贤"比较低调。如有的"乡贤"每年都会捐赠几万块，悄悄地资助我们这里的贫困家庭。因为他觉得邻里之间知道之后可能太高调，他就是想很纯粹地做点事情，不想让太多的人关注。

马克思说："人的本质并不是单个人所固有的抽象物，实际上，它是一

---

①②2018 年 9 月 3 日访谈浙江省绍兴市上虞区道墟街道称海村 X 书记。

切社会关系的总和"[1]。在村庄社区中，个人的自我实现和价值认知实际上是嵌入在亲属、邻里、乡党等或亲或疏的关系之中的，因而伦理层面的互惠互助就具有道义性。中国文化的本质内涵是引导个人向上向善。一方面，个人要通过自己的努力奋斗向上获得知识和技能，进而事业有成，塑造成功者的形象，进入村庄的上流社会阶层；另一方面，他们也要通过做公益，不断向善，关爱社会底层民众，博得村民的认可和尊重，与乡村的中层和底层的社会阶层保持交流与沟通，进一步增强自己在村庄的社会地位。"乡贤"文化就是引导人们不断从追求个人的自我成就和自我价值转向追求个人承担的社区道义责任，实际上就是引导人们追求向上向善的外在行为表现，进而营造和谐的乡村人际关系氛围。

称海村成立"乡贤"理事会组织，以此促进村庄的能人向"乡贤"转变，并以此作为一个组织平台，培育"乡贤"文化意识和精神，进而通过他们的示范带头作用影响村庄中的每个村民自觉向上向善，形成人人参与家乡建设的新局面，引导文明乡风形成，最终建构当代意义的乡村"德治"体系。我们在上虞区调查时，该区党组织部的一位工作人员曾提到，上虞区为了让更多的乡村能人参与乡村建设和治理，对乡村人才重新进行定义，规定凡是有一技之长的村民都可以被认定为某方面的专业人才，并享受相关的社会评价和待遇。这种做法鼓励更多的村民发掘自身的能力，并在无形中大为扩大了"乡贤"理事会组织的成员人选范围。

"乡贤"参与乡村振兴是乡村自治的积极力量。近年来，绍兴市各级地方政府非常重视"乡贤"文化建设，动用各种媒体力量大力广泛宣扬支持、鼓励、引导、认可、树立"乡贤"典型，将"乡贤"塑造为"有责任又有修养又很成功的人"，并加以推广，扩大其示范效应。事实上，称海村"乡贤"参与乡村治理本身是政府引导、乡村主导的乡村"德治"制度创新，因此"乡贤"组织的建立与成长、"乡贤"参与乡村治理无形中有政府引导和推动因素的介入。乡村能人加入"乡贤"理事会并参与相关活动，本身就能够获得政府力量的关注和扶持，这意味着他们能得到包括乡村社会资

---

① [德] 恩格斯、马克思，中共中央马克思恩格斯列宁斯大林著作编译局译：《马克思恩格斯全集》第三卷，人民出版社，1960年，第5页。

本之外的资本回报。有的能人之所以愿意加入"乡贤"组织，其背后也有这层原因的考量。

称海村党组织和村委会则大力发挥村庄的自主性，建立了一整套完整的"乡贤"制度体系。包括建立所有"乡贤"详细信息的联系表、"乡贤"参事会的会议议程、"乡贤"参事会的年度工作报告、"乡贤"参事会章程、"乡贤"参事会的组织架构及选举办法、主要事实意见征集、"乡贤"基金收支情况公开等方面，使得整个"乡贤"制度具有可操作性、被认可性，形成强大的社区公信力，最终使得"乡贤"精神变成一种"乡贤"文化，扎根到每个村民的心中。实践证明，"乡贤"组织将在乡村产业振兴、组织振兴、人才振兴、文化振兴中进一步发挥了更重要的功能和作用。

本章从社会组织建设发展角度，探讨了构建乡村"自治"和"德治"的重要性。"以德治国"是中华民族的优良传统，"以德治村"更是乡村治理良性运行必不可少的重要因素。当前，"法不下乡"，外在的正式法律制度由于其运行成本较高而未真正渗透进大多数乡村社会中，因而无法依靠法律维持乡土社会的秩序。因此，依靠内生的道德引领社会风尚就是乡风文明建设的题中之义。因为当法制体制还不健全的情况下，用道德约束人的行为就是不可或缺的。在传统乡村伦理道德不断式微的新形势下，重建乡村道德的主要途径是要传承一些传统美德，并通过各种社会文化组织活动，增进人们的社会关系，增加社会资本，赋予传统伦理道德以新的时代价值，进而再造出利于村庄公共性的道德舆论。

道德通过教化使人有良好的教养，拥有正向的价值观和可以预期的社会行为。乡村熟人社会结构本身就蕴藏乡土的"做人之道"，蕴藏着为人处世的潜规则，包括礼治秩序、"村规民约"、族规家训等一整套运行完备的"德治"机制。乡村"德治"的终极目标是从文化意义上塑造人们的情感和品性，在道义上规范和约束人们的行为，使个人的行为在公众可预期的范围之内。

值得一提的是，乡村"多元共治"的前提是村级组织通过各种形式将精英组织化，而后将组织化的乡村精英纳入村党组织领导之下，实现精英的政治化。因此，只有凸显党委领导，才能形成多元治理和整体治理的状态，形成乡村"善治"的多元合力，否则多元主体就可能产生多元利益的博弈。要对不同阶层的利益诉求进行引导和平衡，防止其成为乡村治理中的离散力量，这点是乡村"善治"建设必须加以重视和引导的一个重要环节。

第五章 / 共建共享： 乡村经济合作组织与乡村发展

本书的这一章将从组织振兴的视角重点分析不同类型的乡村经济合作组织的组织形态及其在促进乡村产业发展中所发挥的不同功能和作用。

人类共同开展经济合作组建专门的经济组织，以实现经济社会化合作化，这点被认为是促进社会经济发展，提高资源利用效率的重要前提。正如孙中山先生所说："地方自治不但是一个政治组织，并且是一个经济组织。"在乡村社会中，解决单个小农组织形式生产落后的主要方式就是组建经济合作组织。20世纪二三十年代，梁漱溟在山东邹平县发起乡村建设运动时提出"由走合作社以增值财富的路，而如此增值的财富可以多数归公，可以用之应付大家生活的需要，办理公益的事情"。[①] 从他的这段话中可以看出，乡村经济组织发展与其他一般的经济组织发展有一个显著的不同，就是乡村经济组织发展的目的是通过建立共建共享机制，在增加村民收入的同时，也增进乡村的集体公共福利。

立足于当前社会，发展乡村集体经济的目的是发展乡村产业，带动农民增收致富，同时也要能够壮大村集体经济产业，增强村集体提供公共品的能力，进而提高村集体经济实力和村庄社区福利。为了达成这个目标，必须引入市场化机制，对乡村的人、地资源进行现代性的重组，以建立现代农业共建共享的经营制度。

有学者认为，由于传统农业生产方式主要以家庭承包经营为主。经营规模狭小，且农业生产处于产生市场利益链的末端，收益低但仍要面对市

---

①《乡村建设理论》，第300页。

场不确定性风险，既无力应对严峻的市场风险，也不能应对由于市场信息不对称带来的利益流失，因此农民开展经济组织合作的力量包括内生动力和外生动力。其中内生动力来自农民通过合作，将其组织载体嵌入农业产业化经营链条，以分享分工经济带来的增值收益，外生动力在于政府通过立法保护、税收优惠、财政支持、金融准入等对农民合作组织进行扶持，为乡村经济合作组织创造更好的外部制度条件。① 乡村人才振兴中之所以要培育一支真正"懂农业、爱农民、爱农民、善经营"的新型乡村人才工作队伍，目的就是带动乡村组织尤其是经济组织振兴，提高乡村经济产出水平和产出效益。

第一节　村集体经济组织改革与集体经济发展

农民经济合作组织主要包括村集体经济组织和新型市场经营组织等两类。前者属于农民集体所有的经济合作组织，后者属于市场经营组织，两者在产权结构、经营管理目标上有很大的差别。这两种经济组织形式在乡村产业振兴中都能够发挥不同但都非常重要的作用。

一、村集体经济组织改革与发展

1. 村集体经济组织改革转型

本书所说的村集体经济组织特指从人民公社的"政社合一"的大队——生产队经济组织改革转型发展而来的集体经济组织管理和运营机构。20 世纪 80 年代实行土地家庭承包制改革，人民公社也因实行"政社分开"改革而随之解体，但村集体仍保留了集体土地所有权，村集体的资源资产由村集体经济组织管理经营。和一般的市场经营主体不同，村集体经济组织的产权主体是经村集体认定的所有成员，其经营管理的资产包括村集体土地、乡镇企业等，经营所得收益也是属于村民集体所有集体共享，属于社会主义公有制在农村的具体实现形式。在农村土地制度实践中，村集体经济组织要处理好两个关键的问题：一是集体成员权如何公平界定，这涉及集体经济组织的产权归属和明晰的问题；二是所有权主体的权益应如何

---

① 李佳：《农民经济合作的行为逻辑与动力机制》，经济科学出版社，2012 年，第 1—3 页。

实现，这事关集体经济组织的经营管理和收益分配的问题。我们在实地调查中发现，凡是乡村建设得比较好的村庄，其集体经济组织大都经营有方，村集体经济实力较为强大，因此才能为乡村社会、文化建设等提供扎实的经济基础。

在具体实践中，虽然 20 世纪 80 年代初期实行"政社分开"改革后，名义上村集体经济组织从村"党政部门"——村"两委"组织中剥离出来，另外设立经济联合社等的集体经济组织，但大多数村庄的村"两委"组织及村干部作为村集体经济组织委托代理人，仍在具体负责管理和经营村集体经济组织的资产。很多村庄仍是"一套班子两块牌子"（1984 年的中央一号文件用语）。众所周知，村集体经济组织掌控的最主要资产是农村土地。自家庭承包制实施后，土地的承包经营权被单独剥离出来，承包给农户。尽管村集体经济组织仍属于土地所有权拥有主体，但不再直接控制和经营土地，导致大部分村庄的村集体经济组织"空壳化"，由此才导致村"两委"组织失去了经济依托而"弱化"和"虚化"，自然也就影响乡村管理和治理的基础性功能发挥。

不过，从 20 世纪 70 年代末开始，不少地方大力发展乡镇企业（如长三角地区），也有一些村庄保留了部分集体经营性建设用地，用于发展乡镇企业。这些土地大都没有承包到户，也没有确权到户，而是多由村集体经济组织统一经营至今。另外，在 20 世纪 80 年代初期，虽然各地把大部分土地承包到户，但也有一些村集体仍保留不超过 10％的耕地或者集体林地作为"机动田"和"机动山"，其收益用于村里的公共事业支出或者用于分配给村庄中增加的人口。到了 20 世纪 90 年代中期二轮延包之后，这部分田地也基本重新分配给农户。

当然也有例外，如黑龙江省克山县地处平原地区，辖区面积有 3000 多平方公里，全县共有耕地 302 万亩，该县的村集体经济组织至今仍保留了超过 20 万亩的"机动地"，这个面积甚至超过了福建省将乐县全县的耕地面积。该县扶持发展了北联镇新兴村和西联乡发家村等两个村集体经营实体，共经营土地面积达 6.5 万亩。为了发挥这部分土地的资产化价值，克山县以2011 年被列为国家创新现代农业经营体制机制改革试验区为契机，专门制定出台了《克山县农村集体机动地贷款抵押暂行管理办法》，推进土地经营权抵押贷款，并组建了农村集体机动地抵押担保中心。截至 2014 年，担保中心已完成全县 20 万亩 7000 块集体"机动地"的确权、登记、颁证工作，并评估出村集体"机动地"抵押总价值达 7 亿元，每年可为经营主体提供贷款担保 5 亿元，增加村集体经济组织收入 500 万元。

村集体经济组织在改革和发展中会不断遇到新问题。如：在市场化进程中，由于村集体经济组织的市场主体法人地位始终不明确，不能经工商部门登记而取得经营资格，不能取得组织机构代码证，不能在银行开设专门账号，也不能在税务部门申请购买税票等，导致其无法独立开展经营活动，村民只能将自己的资产以入股、承包、租赁等方式参与其他经营主体的经济活动[①]。要解决这个问题，必须明晰集体经济组织的产权归属和市场经营组织主体地位。为此党的十八大至今，国家开始全面深化农村市场化改革，采取一系列举措包括通过修订相关法律法规及推进相关配套制度改革来明晰和强化原本模糊的村集体经济组织所有权的主体权利和权能，目的是为村集体经济组织利用集体资产所有权人身份盘活各类土地资源发展壮大村集体经济提供制度基础。[②]

2014 年，我国确定土地"三权分置"制度，农户通过市场交易形式把土地的经营权流转给了其他新型农业市场经营组织，但土地的所有权仍然掌握在村集体经济组织手中。"三权分置"制度必须落地于土地流转场域，并且置之于城乡社会变迁大背景下，才能更加客观完整地看出其具体实践形态。2016 年 10 月有关部门发布的《关于完善农村土地所有权承包权经营权分置办法的意见》，则首次对"三权分置"后的土地集体所有权、农户承包权和市场经营主体的权能进行界定，规定"三权"的权利主体都有其相应的占有、使用、收益和处分的权利和权能，从而在政策上明确了村集体的土地所有权主体的权益实现形式。此后 2007 年修订的《中华人民共和国物权法》、2017 年 3 月制定的《中华人民共和国民法总则》、2019 年新实施的《中华人民共和国农村土地承包法》和 2020 年 1 月 1 日新修订实施的《中华人民共和国土地管理法》等法律也将《宪法》所规定的土地集体产权主体即农民集体明确界定到

[①] 郑有贵：《农村社区集体经济组织法人地位研究》，《农业经济问题》，2012 年第 5 期。
[②] 朱建江：《农村集体土地所有权实现与集体经济发展壮大》，《毛泽东邓小平理论研究》，2019 年第 10 期。

村集体经济组织。[1] 其中新《中华人民共和国土地管理法》还从界定公共利益、缩小征地范围、规范征地程序和市场化补偿标准等关键性领域强化村集体经济组织的实践权利和权能，并在明确集体经营性建设用地入市等方面进行改革突破。2019 年中央一号文件进一步提出要"完善落实"土地集体所有权，明确强调要"强化集体经济组织服务功能，发挥在管理集体资产、合理开发集体资源、服务集体成员等方面的作用"，由此传递出进一步强化集体所有权主体实践地位的政策信号。[2] 这一系列的改革举措，使得村集体经济组织的土地所有权主体地位得到法律保障。

正如贺雪峰所指出的，改革开放至今由于不同地方的土地实践机制不同，农民形成了不同的地权观念。如苏南乡村地区的农民大都对土地无感。他们认为土地是属于集体所有，是"大家共有"的，很少有农民认为土地是属于自己家的。而在珠三角地区的农民心目中，只有"租地"和"卖地"的概念，没有征地的概念。所谓土地集体所有制，不过是全体村民利益的集合，也可以看作是众多私人所有的集合，村集体经济组织的产权主体地位是相对"虚化"的。[3] 表面上看，二者的差异在于对土地"公有"和"共有"的理解分歧，但在具体的产权界定和实践中有着很大的差别。尽管如此，按照"三权分置"的制度设计，村集体经济组织始终在村级经济发展中扮演着不可或缺的土地所有权实践主体角色。

2. 村集体经济组织实践主体地位强化

我们在近年来实地调查中发现，村集体经济组织已经逐步呈现出再集体化、再实体化的发展态势，主要表现为一些村集体经济组织通过成立专业合作社，直接介入村级土地流转经营，以直接、间接或者变相的方式重新获取土地的经营权和控制权。之所以出现这种情况，正如我们在前文中指出的，主要与改革开放至今大量农民外出从事非农产业有关。由于农民从事传统种植业的比较收益持续下降，对土地的依赖性程度大为下降，土

---

①由于以往实践中村集体经济组织包括"三级所有"的历史传承，因此相关法律也强调在特定情况下，村民小组、村委会和乡镇集体经济组织也可以代表村集体经济组织行使相关权能。

②③《农民与土地渐行渐远：土地流转与"三权分置"制度实践》。

③贺雪峰等：《地权的逻辑Ⅲ：为什么说中国土地制度是全世界最先进的》，中国政法大学出版社，2018 年，第 194 页。

地在农民心中的使用价值和经济价值持续下降。年轻一代的农民甚至产生了"厌农"和"恶农"的情绪。

据国家统计局发布的信息显示，全国乡村就业人员从 1997 年的历史最高点 49039 万人下降到 2018 年的 34167 万人，减少了 14872 万人。[1] 与此相对应的，2010 年到 2014 年，乡村"人户分离"的人口一直呈上升趋势（见表 6-1）。2000 年，全国乡村"人户分离"的总人数是 1.44 亿人，2014 年达 2.98 亿人，之后基本上稳定在这个水平并略有下降。另外据国家统计局 2019 年发布的数据显示，截至 2018 年年底，全国外出农民工人数达 2.88 亿人。[2]

表 6-1　2000—2017 年全国人口流动基本情况

单位：亿人

年份	人户分离人口	流动人口
2000	1.44	1.21
2005	—	1.47
2010	2.61	2.21
2011	2.71	2.30
2012	2.79	2.36
2013	2.89	2.45
2014	2.98	2.53
2015	2.94	2.47

①《农村经济持续发展　乡村振兴迈出大步——新中国成立 70 周年经济社会发展成就系列报告之十三》，国家统计局，http://www.stats.gov.cn/tjsj/zxfb/201908/t20190807_1689636.html，2019 年 9 月 4 日查阅。

②《2018 年农民工监测调查报告》，参见国家统计局，http://www.stats.gov.cn/tjsj/zxfb/201904/t20190429_1662268.html，2019 年 7 月 4 日查阅。

（续表）

年份	人户分离人口	流动人口
2016	2.92	2.45
2017	2.91	2.44

注：2000 年、2010 年分别为当年人口普查时点数据，其余年份数据根据年度人口抽样调查推算。

考虑到乡村"人户分离"的人大部分是青壮年，由此给传统小农经济及组织经营方式带来了巨大的冲击。近年来，很多村庄的青壮年劳动力几乎流失殆尽，如果继续维持小农经济组织和生产方式，劳动力短缺和供给不足的情况则会更加严重，农业雇工价格也随之上涨。[①] 目前大多数乡村地区留守在村的人占户籍人口的 1/3 左右，在村人口多的村庄也只有一半，且留守在村的基本上是"老弱妇幼"者，其中 40 岁以下在家种地的已属凤毛麟角，他们常年在外，甚至谈不上是职业身份意义上的农民；50 岁以下留守在村的劳动力不足劳动力总数的 10%，超过 2/3 的乡村劳动力已经脱离农民职业。我们在调查中发现，被调查村庄大约有 20% 的家庭已经举家移居到县城甚至更大的城市居住，超过 50% 的乡村家庭作为农户的功能已经基本消失或正在消失，有的甚至永久性地离开了乡村。

劳动力短缺必然导致土地利用粗放化、"虐待式"利用甚至抛荒。将来，当最后一批小农最终老去，谁来耕种土地？凡此种种，说明数千年沿袭至今的传统小农经济体制已经逐步解体，农民与土地的关系渐行渐远，原先的"内卷化"式的小农经营体制已经难以为继[②]。面对这种严峻的新形势，通过培育市场经营主体，以土地流转发展适度规模化经营就成为一种必然趋势，而这点恰恰为村集体经济组织在土地经营中再集体化、再实体

---

① 如我们连续跟踪调查的闽西北将乐县安仁乡泽坊村农业短期男雇工日酬劳从 2007 年的 37 元上涨到 2019 年的 120—150 元，上涨幅度达 3.24 倍以上，而 2007 年劳动力供给相对充足且青壮年劳动力更多，现在雇工短缺且老龄化。各地市场主体到农村流转土地，反映最多的问题就是劳动力供给不足且雇工价格持续上涨。

② 王国敏、罗浩轩：《中国农业劳动力从"内卷化"向"空心化"转换研究》，《探索》，2012 年第 2 期。

化提供了重要的前提条件。

村集体经济组织属于土地所有权的实践主体。农村集体产权制度改革则为村集体经济组织强化其在土地流转实践中的地位和作用提供了新的平台。在土地规模流转过程中，往往必须发挥村集体不可或缺的组织和中介作用。尽管国家的相关制度并未明确规定村集体经济组织可以从土地流转管理和服务中获取利益，但是村庄外部的市场经营组织进入村级土地流转场域时，无论在法理上还是在具体行动上都必须通过村集体经济组织的委托代理人——村干部。这样村集体经济组织不仅可以借助土地规模流转扩大自身对土地的控制力和影响力，同时也可以从中获取分成甚至寻租性质的收益。

在土地承包权相对"固化"的前提下，村干部很难从土地承包环节体现其"存在感"。相比之下，土地流转是更常态化的实践场域，村干部具有内在和外在的介入土地流转的驱动力。从外在驱动力的角度看，由于村庄外部的工商资本在进入土地流转场域时，必须借助地方政府和村集体的力量以降低与每个农户协商土地流转的成本，作为农户与外来流转方的"中间人"，村干部必然会从中获取部分管理费之类的分成收益。

近年来的土地流转实践表明，村集体经济组织以市场化改革为机遇，复苏于村级土地实践场域，将来可能成为"政经合一"的市场经营法人。村集体经济组织参与土地流转，背后始终有各级政府强有力的"影子"在发挥重要的支持作用。事实上，由于从事农业的比较收益持续下降，农户从土地流转中得到的租金收入占家庭收入的比重越来越低，土地在其心目中的使用价值和经济价值也随之降低，因此他们不太在意村干部如何处置土地。农民的这种心态变化恰恰为村集体经济组织和村干部强化自己的权力和利益诉求创造了条件。村集体经济组织正是利用自身所处的中间协调人处境，各从土地流转双方"寻租"性地获取一部分利益。即使是每个农户让渡出一点点利益，由此产生的"规模效益"对于村集体经济组织而言却是一笔可观的收入。

例如，闽西武平县 2014 年为了促进土地规模流转而出台政策规定，对村级土地服务站每完成一宗连片面积 50 亩①以上（含 50 亩）的土地规模经

---

① 1 亩约为 0.00067 平方千米。

营、流转期限一年以上（含一年）的给予一次性每亩五元的奖励。闽中沙县建立的土地信托流转机制则展现出地方政府、村集体经济组织在其中扮演更加积极的角色。将乐县安仁乡余坑（行政）村下属的泽坊（自然）村的土地流转更是一个典型案例。

闽西北泽坊村集体经济组织参与土地流转

泽坊村地处经济相对落后的闽西北山区，属于余坑行政村下属的 4 个自然村之一，全村 2019 年年底有 109 户 601 口人，耕地面积约 600 亩。从 20世纪 90 年代起，该村即有少量村民到上海开店经商，之后形成规模。截至 2019 年 12 月底，从泽坊村外出到上海的约 250 人，且基本是 60 岁以下的成年人，另有约 150 人迁居到县城，留守在村的仅有 198 人，且多是老人和儿童，全村耕地利用低效化甚至抛荒面积不断增加。为了应对这种局面，2019 年，安仁乡政府通过招商引资引进福建福清客商，投资成立福建将乐巨远生态农业有限公司（下面简称"巨远公司"），公司在泽坊村流转了 300亩优质良田种植百香果，涉及全村所有农户。根据泽坊村与巨远公司签订的土地流转和劳务雇佣合同协议书的约定，土地流转租金分为两个等级：耕作条件好的 238 亩每亩年租金是 380 元，耕作条件差的 62 亩山坡地每亩年租金 260 元，每年租金共计 106560 元。流转 10 年后，在原租金的基础上每 5 年增长一次，增长率为 5%。双方还约定，如果国家定价稻谷价格高于160 元/百斤时，经甲乙双方协商适当调整土地租金。

为了促进泽坊村所属的余坑村的"村财"增收，双方流转的合同约定，余坑村村委会要积极协助巨远公司通过地方政府争取相关优惠政策、项目资金，在经营范围内，巨远公司确定 20 亩为余坑村的"村财"增收基地，经营期内每年每亩按 2000 元，合计 4 万元上交甲方作为"村财"增收收入，这个比例相当于农户租金总额的 40%。另外，根据余坑村还和巨远公司签订的《提供用工劳务合同》的约定：余坑村村委会向巨远公司推荐本村劳务人员到公司就业，年龄不得超过 70 岁（公司实际常年雇佣的 20 多个劳动力大都是 60—70 岁，个别也有超过 70 岁的），供乙方管理员统一调配使用，劳务费用的标准一级男工每日 120 元，二级男工每日 100 元，一级女工每日100 元，二级女工每日 80 元。为此，巨远公司需按提供有效劳力每人每天10 元的标准，向余坑村村委会支付"调工费用"。据估计，2019 年，巨远公司预计支付的总劳务工资额 100 多万元，按照 10% 计算，余坑村仅此一项就可以得到"村财"收入约 10 万元。如果加上租地流转收益分成的 4 万元，合计达 14 万元，而相比之下，租出 300 亩土地的农户合计得到的租金也不过是 106560 元。虽然，余坑村的村干部表示，村财增收部分会"分"一部分给普通村民，但这个未明确规定，能否兑现尚未可知。

安仁乡地方政府利用自身的承上启下的"中介"地位和作用，引进外来投资者巨远公司到余坑村流转土地发展现代农业产业项目，乡政府承诺协助该公司争取上级政府的高效节约水、农田设施建设等方面的财政补助，这些项目扶持资金到位后将以村集体名义"入股"到土地流转项目收益分配中。

在土地流转过程中，巨远公司没有直接和每个农户打交道，而是直接和村委会签订土地流转和劳务用工协议。为了避免法律实践上的争议，余坑村专门成立了由村"两委"干部主导的合作社，具体负责动员全村农户参与土地流转事宜。实际上，截至 2019 年年初，泽坊村除了不足 10 户还在家种地外，其余农户的绝大部分土地都流转给合作社了，流转给巨远公司的只是其中一部分。据村干部反映，全村流转的土地分为优质田、中等田、差田、荒地等四个等级，不同等级的田租各不相同。其中优质田的年租金是核定产量的两成（即 1000 斤产量每年的田租是 200 斤干谷价格，折算为当年国家收购价），中等等级的田的租金是五成租金，第三等级的即稍微差点的田就是一成租金。而抛荒的差田则是由合作社复垦种植经济作物，约定前三四年不要田租，后面地租再来商定。

余坑村的合作社把其中比较优质的 300 亩地流转给巨远公司，并在与农户家庭约定的田租的基础上增加约一成的租金，这部分收益归属于合作社和泽坊村集体。其中约半成用于支付合作社管理和运营经费开支，剩下的半成则归属村组织。不过，泽坊村全村 109 户中，仍在家种地的大约 10 个农户表示坚决不同意把自家的土地流转，共涉及面积 50 亩左右。后来村干部做思想工作，仍有 5 户农民坚决拒绝流转自家承包地，村干部也无能为力。

泽坊村耕地流转项目实施主要由地方政府、村干部和巨远公司三方主导实施，尽管安仁乡政府形容泽坊村的耕地流转可以达到让村民获得租金收入、给当地劳动力提供就业机会、实现村财增收的"一鱼三吃"的愿景，但大多数村民对村委会和巨远公司私下达成的具体交易细节并不知情。这种操作方式虽然可以大大降低项目实施的协商成本，但由此造成的信息不对称也可能让农民承包权权益受损。尽管新《中华人民共和国农村土地承包法》第三十九条明确规定，土地流转的收益归承包方也就是农户家庭所有，任何组织和个人不得擅自截留和扣缴，但是从泽坊村的耕地流转过程中可以看出，村干部不仅以合作社的名义直接组织实施耕地流转过程，与各农户协商耕地流转具体事宜，同时利用自己的集体所有权主体身份从中获得经济收益，完整体现了集体所有权主体的权利实现和利益实现机制。

事实上，在几乎所有规模性集约化的土地流转中，只要有村庄社区外部的市场经营组织介入土地流转，必然要发挥地方政府和村集体经济组织的政策引导和参与作用，而地方政府和村集体组织也有强烈的介入土地流转的内外驱动力，他们借此重组乡村的人、地经济资源、社会资源和政治资源，推动乡村发展，自身也都试图从中"分一杯羹"。这就不难理解，为什么有很多乡村地区的村干部"代表"村集体一再呼吁要"回归"土地集体经营制。当然，这种"回归"不是指要回归人民公社的集体统一经营土地的制度，而是强调把农户的土地承包经营权的实践权能重新收归村集体经济组织，然后转化为土地股份量化给农户家庭，最终促进乡村人地等生产要素重组，以建立现代农业经营制度。

在长三角和珠三角等经济发达地区，由于工业化城镇化进程更快，农民与土地的脱离程度更远，因此大多采取股份合作制流转方式重组村庄的人地资源。而在经济发展相对落后地区，近年来也出现了类似将乐县安仁乡泽坊村的土地流转做法。最典型的是贵州六盘水于 2014 年在地方政府指导甚至直接参与下实施"三变"改革（指"资源变股权、资金变股金、农民变股民"），融合土地流转、产权改革和乡村治理综合因素，重组乡村的人地资源，形成国有资本、集体资本和农户个体资本的混合所有制产权结构。这种做法得到国家的肯定，后来推广到安徽、重庆、甘肃等地。①

---

①于福波：《"三变"改革：农地股份合作制的新实践——以贵州六盘水市为例》，《农村经济》，2019年第5期。

从内在驱动力来看，虽然为了避免村干部在土地流转中谋求个人利益乃至侵蚀损害村集体和普通村民的利益，国家试图通过《中华人民共和国村民委员会组织法》规定的村民代表大会决策制对村干部的谋利行为进行约束，但是在实践中由于地承包到户后，单个农户家庭"原子化"，再加上参与农村民主自治的青壮年主力军大量外出缺场村治场域，而留守在村的"老弱妇幼"者大都是属于村治参与的"低能"甚至是"失能"群体，因此在实际村治中就容易形成"政社联合"的"寡头治理"机制。村干部会利用自己自身掌控的资金、信息和人力资本优势，通过各种途径从村庄内部同时也以"精英俘获"[①]的形式谋求村治外部输入的各类政府支农项目资源。普通在村村民很难从中获得参与权和利益分配权。因此，从村民自治层面来看，村级集体经济组织——村干部的实践主体权能进一步得到加强。[②]

这是当前乡村经济重新集体化组织过程中不可避免的发展趋势。尽管村集体经济组织可能将把土地流转中获得的收益二次分配给村民，或者用于提升村庄社区的公益事业发展，这样反过来也给村集体经济组织介入土地流转获取收益提供了一个合理且合法的解释，但这不能掩盖村集体经济组织实践地位逐步强化，乡村干部在土地流转中谋求个人或组织利益的问题。这也是农村集体经济组织改革与发展中会遇到的必须一步步解决的问题。[③]

二、农村集体产权制度改革实践

明晰村集体经济组织的产权归属，仅是赋予农村集体经济组织市场主体地位的第一步。如何盘活村集体资产，建立与社会主义市场经济体制要求相吻合的农村集体经济运行机制，才是真正确立农村集体经济组织市场主体的关键。2014 年，我国开始着手推进农村集体产权制度改革并开展分批试点。2016 年 12 月 26 日，中共中央国务院《关于稳步推进农村集体产权制度改革的意见》（中发【2016】37 号）文件正式发布。2017 年，有关

---

①"精英俘获"概念最早是源自经济学领域，后来被政治学、社会学采用。"精英俘获"是指本来是为帮助多数人而转移支付的资源反而被少数精英所获得，导致其他大部人的利益因此受损的现象。

②《寡头统治铁律——现代民主制度中的政党社会学》，第 325—342 页。

③《农民与土地渐行渐远：土地流转与"三权分置"制度实践》。

部门在全国全面部署试点实施农村集体产权制度改革。作为自 20 世纪 80 年代实行土地家庭承包制之后的又一次重大的农村经济制度改革，农村集体产权制度改革的首要目标是确立村集体经济组织的法人市场主体地位，明晰村集体组织和农民个体的产权归属配置，确认集体经济组织成员身份，赋予农民对集体资产的股份和占有、收益、有偿退出及抵押、担保、继承权的权利，并强调要通过集体资产的股份制改革，保障村集体经济组织和农民集体成员权的收益权实现。[①] 如果这次改革能够如期完成，将重新唤起农民的"集体产权"认知意识，强化村集体经济组织对土地等集体资源的掌控能力，其总体意义不亚于土地家庭承包制改革。

根据中发【2016】37 号文件的规定，现阶段由县级以上地方政府主管部门负责向农村集体经济组织发放组织登记证书，农村集体经济组织可据此向有关部门申请办理银行开户等相关事项，但由于农村集体经济组织未经工商管理部门登记注册，因此不属于完全的市场法人地位。与此同时，农村集体产权制度改革明确要求实行"经社分开"，以村集体经济组织作为村集体经济的实践主体，以区别于村"两委"这一具有"党政"性质的官方正式组织。村"两委"干部也不能兼任村集体经济组织管理层职务，必须成立独立的管理队伍来负责村集体经济组织资产的经营管理。但事实上正如前文已经指出的，在青壮年人口大量外流，人才本就极度短缺，经济组织难以生成的农村弱社会中，再建立一套独立于现有村"两委"组织之外的集体经济管理运营队伍显然不合时宜，其结果是在全国多数村庄，仍然是由村"两委"干部实际控制村集体经济。况且，国家现在大力推行村党组织书记和村委会主任"一肩挑"，这样就进一步强化了"政经合一"的乡村集权管理体制。[②]

根据国家有关政策的规定，推进农村集体产权制度改革，最关键是要摸清全国农村集体经济组织的"家底"，即如何对改革开放 40 多年来农村

---

① 2016 年国家发布的《关于稳步推进农村集体产权制度改革的意见》明确规定，村集体经济组织应发挥好农村集体经济组织在管理集体资产、开发集体资源、发展集体经济、服务集体成员等方面的功能作用。

② 晋江市试图通过引进专业经营管理团队、采取信托经营等方式来管理运营村社经联社资产，但目前仍处于试点阶段，且存在"水土不服"等问题。如晋江市在陈埭镇、金井镇开展集体资产委托经营试点，但成效并不明显。而四川成都市则试图建立农业和林业职业经理人机制来解决农村集体经营实体人才短缺的问题，且取得了一定的成效。

集体所有的资源性、经营性、非经营性资产进行清产核资。对土地等资源性资产要确权登记发证，对村集体的办公用房、卫生所、学校等资产要建立统一运行管护机制，而村集体经营性资产则是这次改革的重点，要进行资产清产核资，并确定集体成员分配规则，实现村集体"集体股"和农民个体"个人股"的收益分配机制。如福建省闽侯县通过清查核资，共清查出全县 279 个村集体的集体资产，具体包括：固定资产原始价值 8.49 亿元，其中经营性资产 4.75 亿元，公益性资产 3.74 亿元；另外，资源性资产——土地有 29.79 万亩。该县有经营性固定资产的村集体有 93 个，占全县总村数的 33%，其中有 12 个村集体经营性资产原产值 1000 万元以上。[①] 福建晋江市是全国第二批集体产权制度改革试验区，自 2016 年 3 月到 2020 年，该市 395 个村庄和"村改居"社区中，扣除没有土地的城市社区和新型安置社区，还有 333 个涉及集体产权制度改革。截至 2018 年年底，该市实际完成集体产权制度改革的村社有 197 个，均属于经营性收入超过 5 万元的村社，共确认集体经济组织成员 53 万人，完成设置成员权股权 412.51 万股，共量化资产 30.58 亿元，其中"个人股"297.12 万股，约占 72.03%，"集体股"115.4 万股，约占 27.98%，相当于平均每个村集体成员有 0.7 万元资产。

据国家农业农村部公布的最新调查数据显示，截至 2019 年 3 月 29 日，全国 58.6 万个行政村中，已有 47.8 万个行政村完成了集体资产的清产核资报表填报工作，约占全国行政村总数的 81.6%，其中宁夏、安徽和浙江三个省（自治区）已经完成整省数据的上报。预计全国农村集体的账面资产总额达 3.44 万亿元，集体所有的各类土地资源（包括耕地及属于村集体所有的林地、草地等）总数为 66.9 亿亩。[②]

农村集体产权制度改革中还涉及一个非常复杂的村集体组织和集体成员权产权明晰的问题，即如何把农村集体资产量化到村集体组织——"集体股"和每个农户及农民个体——"个人股"，让村集体组织和农民公平

---

①《闽侯县农村集体资产股份权能改革试点工作评估总结报告》，载于福建省农业厅（省委农办）经管处编印：《农村集体产权制度改革文件资料汇编》一（非正式出版物），2017 年，第 93 页。

②《农业农村部：农村集体产权制度改革深入推进》，新华网，http://www.xinhuanet.com/politics/2019−03/29/c＿1124302450.htm，2019 年 8 月 14 日查阅。

公正地享有由集体产权制度改革带来的资产分配红利。和一般的市场经营组织不同，村集体经济组织的成员资格是一种身份权，不需要个人额外申请或出资，只要被认定具有该村庄的集体成员身份就自然获得集体经济组织的相关资产和权利。对于普通农民家庭而言，如何经过村集体认定进而获得集体成员权就显得尤为重要。按照规定，农村集体经济组织的股权只能在村集体内部流转，且集体资产不能由少数人控制，公平共享是其产权设置的基本原则。所有这些，都是它区别于一般市场经营组织的主要表现。

从目前各地的改革实践经验来看，一般村集体组织占有"集体股"不超过其总资产股份的30％，其余的则属于农民家庭个体所持有"个人股"。而农村集体产权制度改革的重点是如何确定集体成员权身份，进而把村集体经济组织属于农民家庭个体所有的"个人股"股份确权到户。对此中发【2016】37号文件确定的基本思想是"尊重历史、兼顾现实、程序规范、群众认可"，统筹考虑农村户籍关系、农村土地承包关系和对村集体的贡献等三个因素，并强调要通过农民群众集体协商机制来确定各自所在村庄和社区的集体成员权的具体认定实施细则，实行"一村一策"。同时该文件特别强调，对于确定土地承包关系之后的新增人口的集体成员权确定，主要通过分享家庭内拥有的集体资产收益的办法，按照村庄和社区制定的章程获得集体份额和集体成员身份。这样事实上是允许集体成员股份——"个人股"在家庭成员内部继承。在实际操作中，集体成员身份认定是最复杂的操作细节，如福建省规定"农村独生子女享受双份的承包土地和集体经济收益"，在实践中很难被村级实施细则所认同并执行。

另外，农村集体产权制度改革中还涉及集体成员股权权能的市场化流转的问题。对此，福建省闽侯县在实施改革过程中规定，对成员"个人股"股权的有偿退出应该在股权户之间，应经过股权户内全体成员同意，应至少保留一人份额的股权。同时该县规定，同一个股权户受让股权后享有的股份额不得超本集体"个人股"总数的5％。而福建晋江市则规定股权户受让其他"个人股"之后，总数不能超过本集体"个人股"总数的10％，同时规定村集体经济组织可以赎回"个人股"，但闽侯县没有类似集体经济组织可赎回"个人股"的规定。对于股权户内继承的问题，闽侯县设定了一个股权托管的形式，即"个人股"股权继承人继承了被继承人的股权后，只享有其股份分红的权利，但是在该集体经济组织内没有选举权、被选举权和表决投票权。该县这样规定的目的是既维护继承人的股份继承权利，又能保持村集体事务应由本组织成员民主管理的特性，两者并行不悖。

从各地的集体产权制度改革试点实施情况看，一般的县级试点单位会列出针对本县集体成员权的详细确定规则。如福建省闽侯县在 2015 年和 2016 年通过试点实践，总结出集体成员认定的 50 种细化集体成员身份界定标准条件。[①] 国家顶层设计对此采取的策略是实行股份制改革，即把股权量化到村集体组织和每个农户家庭甚至每个农民个体身上。在当前土地流转迅猛发展的前提下，包括土地在内的农村集体资产量化还会涉及拥有土地经营权的经营主体，因此集体资产的量化分配处置须在土地"三权"产权主体之间进行合理公平的分配。

如何把集体产权制度改革后的资源进行资产化处置，这是农村集体经济组织市场化改革的另一个关键环节。按照国家的改革设计，集体产权制度改革的主要目标是增加农民的财产性收入。在农村市场化改革持续深化推进的情况下，集体产权制度改革最关键环节是如何盘活农村集体资产，包括通过集体经营性土地入市改革，把农村集体资源变为资产，再变为资本，并给农民带来资金收益，这其中涉及农村集体资产的评估、抵押等改革内容。据农业农村部 2019 年 3 月 29 日发布的最新统计数据显示，全国农村集体经济组织年收入达 4627 亿元，年经营收益超过 5 万元的村占 30％。其中已经完成集体经营性资产股份合作制改革的村有 15 万个，超过全国总数的 1/4，确认集体成员 3 亿多人，年人均分红为 315 元。[②] 如果以 2018 年全国农民人均可支配收入 14617 元计算[③]，农民人均从村集体经济中得到的分红收入相当于人均总收入的 2.16％。

我们在实地调查中发现，随着城镇化的快速推进，土地规模化集约化流转经营程度不断提高，发展现代农业是大势所趋，农民与土地的关系将

---

① 《闽侯县农村集体资产股份权能改革试点工作评估总结报告》，第 92 页。
② 《农业农村部：农村集体产权制度改革深入推进》，新华网，2019 年 8 月 14 日查阅。
③ 《2018 年国民经济和社会发展统计公报》，国家统计局，http://www.stats.gov.cn/tjsj/zxfb/201902/t20190228_1651265.html，2019 年 5 月 6 日查阅。

渐行渐远。他们中的大部分人将逐步脱离土地而进入城镇从事非农化产业，传统小农经营体制将趋于解体，而农村集体经济组织的土地所有权实践主体地位和市场化经营主体地位将进一步转型与增强，并与村"两委"组织融合，形成新型的"政经合一"的组织体制。相比之下，作为拥有土地承包权的农民家庭在把土地经营权流转给市场经营组织之后，自身对土地的控制力将趋于弱化。①

推进农村集体产权制度改革，目的是在做大做强做实村集体经济和维护广大农民的集体成员权收益分配上达到一种均衡。这次改革，其本质上是试图赋予村集体经济组织的市场主体地位，让其代表村集体参与市场经营活动，并同时强调要把农民的集体成员权的产权主体和收益充分体现出来。改革既要体现村集体资产成员集体所有性质，也要凸显村集体经济组织的社区属性。不过，即便如此，由于农村集体经济的产权结构比较复杂且非常特殊，因此经过农村集体产权制度改革后成立的新型村集体经济组织的市场主体的法律定位长期以来并不明确，其产权主体依然不够清晰。直到2018年，有关部门才把农村集体界定为是特殊法人主体。② 既然是特殊法人主体，村集体经济组织就不同于一般的市场经营主体，因此不能完全享有市场经营主体的有关法人权利，包括其资产评估、抵押贷款等都会受到影响。这意味着村集体资源和资产不能完全按照市场经济规则进行盘活利用。

如福建闽侯县在试点实施农村集体产权制度改革时就遇到一个普遍性的问题，由于该县的村集体经济组织的集体经营性资产主要是厂房、店铺等建筑物，而这些建筑物大都是利用村集体土地建设，且此前大多数都没有经过有关部门批准，自然也无法取得合法的土地使用证、建设许可证等手续证明，因此也就无法申报领取房产证。而依据有关部门的规定，集体经济组织如果对自己建设的房屋没有取得法定产权证书，在积极发展农民股份合作经济时，此类资产难以"折股量化"，自然也就难以实现集体产权

---

①朱冬亮：《农民与土地渐行渐远——土地流转与"三权分置"制度实践》。

②工商管理部门针对企业等市场经营主体发的工商营业执照属于法人经营主体，民政部门注册登记的社团有专门的机构代码，属于法人社团主体，事业单位和行政单位是事业法人主体。而农村的经联社不属于这几类法人主体的范畴，因此成之为"特殊法人主体"。

制度改革中要求的建立"归属清晰、权能完整、流转顺畅、保护严格"的目标。再者，有的村集体的经营性资产的经营收益主要依靠出租集体厂房店面的租金获取，而这些建筑大都是利用征地拆迁安置补偿资金建成的。按照规定，这些建筑获得的经营收益，可以纳入国家政策扶持范围，享受相应的税收优惠（目前对房屋租金的税率高达租金金额的17.6%）。即使是村集体的这些收入，有相当部分被用于村级公共服务支出，也应享受税收政策优惠。如晋江市规定，"集体股"分成收益中必须提取20%用于村社集体的公积金和公益金。还有，村集体经济组织获得的集体成员股的分成收益，属于村集体经济组织所有，不属于个人的投资红利，不应缴纳个人所得税。针对这些问题，地方政府在试点时建议国家出台给予农村集体经济组织税收减免政策。[①] 这些问题的存在，说明农村集体产权制度改革仍需进一步深化。

立足于乡村振兴的背景，明晰村集体经济组织的产权归属，在市场化改革背景下推进农村集体产权制度改革，确立村集体经济组织的市场主体地位，进而发挥其在带动乡村产业振兴中的作用，通过做大做强和壮大村集体经济来重组农村人、地关系，实现农民增收和"村财"增收的目标。

第二节　农民合作经营组织发展与乡村产业振兴

一、农民合作经营组织发展概况

这里所指的农民合作经营组织是广义上的，是农村市场化改革中涌现出来的各类农民合作经营组织，包括在农业产前、产中和产后的生产经营和服务组织。它们大都属于完全的市场法人，以追求经营利润为主要目的。这类经济组织包括组建农民专业合作社、家庭农场、产业协会、金融互助组织等，其中最常见的是农民专业合作社和家庭农场。

从经济学的角度分析，农民合作经营组织大都与土地的规模化、集约化流转经营乃至建立现代农业经营制度相关联。推进乡村农民合作经营组织建设，重点是要以经济合作化延长农业产业链、提升农业价值链，进而

---

①《闽侯县农村集体资产股份权能改革试点工作评估总结报告》，第103、105页。

完善农业经营利益链分配机制，构建共建共享的现代乡村经济组织体系，达成乡村产业振兴之目标。

实践表明，各类农民合作经营组织在克服小农家庭土地经营、分散经营规模小、提高农业生产的组织化和市场化方面起到了不可替代的作用。近年来，我国出台了一系列相关法律政策，目的是为各类农民合作经营组织的成长营造良好的政策和制度环境。2008年十七届三中全会即提出要建立乡村土地流转市场来促进土地适度规模经营，并重点把培育新型农业组织作为推进农村土地适度规模经营的主要政策举措。在此之后，各级政府开始持续加大对农民合作经营组织的政策激励。①

党的十八大以来，不少地方积极探索新型农民合作社组织形式。有的地方根据农民意愿，打破单户承包经营土地"细碎化"的局面，搞统一连片整理耕地，将土地折股量化，以"确权确股不确地"形式进行流转，经营所得收益按股分配。还有的地方引导农民以承包地入股的方式组建土地股份合作组织，也有的地方农民以承包经营权入股的方式发展农业产业化经营，以土地股份合作社的形式融入更大的产业链组织中。

其中最值得一提的是国家2006年制定、2007年正式颁布实施了《中华人民共和国农民专业合作社法》，该法于2017年修订，这是目前直接涉及农村市场经营组织的立法举措。按照该法的规定，农民专业合作社享有与其他市场主体平等的法律地位。② 这就赋予了农民专业合作社不同于农村集体经济组织的市场经营组织法人地位。为了促进农民合作社的发展，各级地方政府纷纷采取政策激励举措，如安徽省肥西县于2008年出台了《肥西县农村土地承包经营权流转工作二十条》，规定对组建土地流转合作社的，根据土地级差、贫瘠程度、流转效率给予3万—5万元不等的奖励。浙江安吉县政府也规定，给予每个新成立的合作社以5万元的无偿资金扶持。因此，该县几乎每个村都以村集体经济组织名义成立至少一个农业或者林业专业

---

①2015年财政部、农业部印发《关于调整完善农业三项补贴政策的指导意见》，决定在全国范围内从农资补贴中调整20％的资金，加上种粮大户补贴试点资金和农业"三项补贴"增量资金，统筹用于支持建立完善农业信贷担保体系，以重点解决农民合作社等新型农业经营主体面临的"融资难""融资贵"问题。

②丁忠兵：《农村集体经济组织与农民专业合作社协同扶贫模式创新：重庆例证》，《改革》，2020年第5期。

合作社。不过，各地有不少合作社属于"空壳"社，没有实际运作，目的是套取上级政府的建社资金补助。这种现象在全国并不少见。

早期的合作社主要是由本地农民主导组建，这类初级合作社的组织纽带仍然主要局限在村庄社区范围之内，且运营资金薄弱，组织化和市场化程度也较低，应对市场风险的能力也较弱。这类合作社的领头人往往是农村本土土生土长的"能人"，其中有不少是村干部。到了2010年之后尤其是十八届三中全会之后，由于政府加大了对新型农业经营主体的扶持力度，一些工商资本开始进入农村，合作社拥有的资金实力和组织化市场化开始提升，其土地流转的范围也往往超出村庄社区范围，开始进行跨村跨区域流转，在更大的地域范围内重组和优化农村的人地资源。

为了给农民合作社成长营造更好的政策环境，国家有关部门规定，自2015年10月1日起，新设立的农民专业合作社领取由工商行政管理部门核发加载统一社会信用代码的营业执照后，无需再次进行税务登记，也无需再领取税务登记证。[①] 这些举措都更加有力地促进了农民专业合作社的发展。2019年中央一号文件再次明确提出要"突出抓好家庭农场和农民合作社两类新型农业经营主体"。

得益于各级政府的培育扶持和市场化发展进程快速推进，全国农民合作经营组织快速发展。据国家第三次农业普查数据显示，2016年，全国有农民专业合作社90.5146万个。[②] 而据农业部发布的统计数据显示，截至2017年9月底，全国依法登记的农民专业合作社达196.9万家，比2012年增长了2.86倍，比2007年农民合作社法颁布实施时增加了76倍。特别是最近五年来，农民专业合作社年均增速达到了37.2%。截至2017年，全国加入专业合作社的农户超过1亿户，占全国总农户数的46.8%，平均每个合作社拥有成员约60户。农民合作社发展还有向社际联合发展的态势。据估计，由农村基层自发成立的合作联社已经超过1万家。这些联合社因其经营实力更强、组织能力更高，在构建新型农业经营体系、完善农业产业链，

---

①《2018中国新型农业经营主体发展分析报告——基于农民合作社的调查和数据》，《农民日报》，2018年2月23日第4版。

②《第二次全国农业普查主要数据公报（第一号）》，国家统计局，http://www.stats.gov.cn/tjsj/tjgb/nypcgb/qgnypcgb/200802/t20080221_30461.html，2019年8月31日查阅。

提升农业经营价值链及推进现代农业发展等方面发挥了更重要的作用。到 2018 年年底，全国农民合作社获得进一步的发展，注册合作社数量达 217 万个。[①]

在农业市场经营组织中，家庭农场也发挥了越来越重要的作用。作为介于农民专业合作社和农业产业化企业的一种规模经营组织形式，家庭农场也得到了国家的扶持。2008 年党的十七届三中全会报告首次提出将家庭农场界定为农业规模经营主体。2014 年 2 月底，农业部专门发布《关于促进家庭农场发展的指导意见》，这是国家有关部门出台的第一个关于家庭农场发展的指导性政策文件。从各地的情况看，成立家庭农场都有一定的认定条件。如江西赣南崇义县要求家庭农场的土地经营面积不少于 200 亩，福建厦门市则要求农户经营面积不超过 100 亩也可申请成立家庭农场。

据 2016 年（原）农业部和中国社会科学院合作发布的首个《中国家庭农场发展报告（2015 年）》显示，2015 年，全国 30 个省、区、市（不含西藏）共有家庭农场 87.7 万个，经营的耕地面积达到 1.76 亿亩，占全国承包耕地总面积的 13.4%，其中，经农业部门认定的家庭农场约 34 万户，平均经营规模 150 亩左右。[②] 而在 2016 年实施的对家庭农场的调查显示中，全国平均每个家庭农场有劳动力 6 人，其中家庭成员 4.1 人，常年雇工 1.9 人。家庭农场中，从事粮食生产的家庭农场的耕地经营规模在 50—200 亩的占 63.2%，200—500 亩的占 27.5%，500—1000 亩的占 6.8%，1000 亩以上的占 2.5%。

不过，目前我国还有一些没有经过认定、备案但符合家庭农场成立条件的种养经营大户很多。根据 2016 全国农业"三普"数据显示，全国规模经营农户达到 398 万户。仅种植规模达 100 亩以上的大户，就有 100 多万家，因此发展家庭农场的潜力非常大。[③] 另有数据显示，到 2018 年年底，

①《农业生产跃上新台阶 现代农业擘画新蓝图——新中国成立 70 周年经济社会发展成就系列报告之十二》，国家统计局官网，http://www.stats.gov.cn/tjsj/zxfb/201908/t20190805_1689117.html，2019 年 8 月 31 日查阅。

②《农业部首次发布中国家庭农场发展报告》，中国金融信息网，http://vnetcj.jrj.com.cn/2016/04/13165520823957.shtml，2019 年 8 月 31 日查阅。

③《韩俊等解读〈关于促进小农户和现代农业发展有机衔接的意见〉》，《农民日报》，https://baijiahao.baidu.com/s?id=1626787614854200725&wfr=spider&for=pc，2019 年 8 月 31 日查阅。

全国家庭农场数量为 60 万个。

2016 年的调查显示，从家庭农场经营耕地的来源看，属于家庭承包经营的耕地面积为 1288.9 万亩，占农场经营耕地面积总数的 22.7％，而流转经营的耕地面积达 4014.9 万亩，占 70.8％，以其他承包方式经营的耕地面积为 371.2 万亩，占 6.5％。这说明家庭农场经营的耕地面积有七成是来自于流转途径。有关调查数据还显示，2016 年全国各类家庭农场年销售农产品总值 1481.9 亿元，平均每个家庭农场 33.3 万元，扣除各项成本投入和农业机械等固定资产折旧因素、土地流转租金及人工成本，平均每个农场毛收益约为 18.5 万元。另有研究报告显示，全国家庭农场中，其中 72.09％拥有自己的拖拉机，29.04％拥有联合收割机，17.07％拥有插秧机，平均每个农场自有农机具价值达 22.13 万元。[①]

二、农民合作经营组织与乡村产业振兴

乡村产业振兴关键是要发挥各类新型农业合作经营组织在盘活重组乡村人、地生产要素的作用，通过土地规模化、集约化流转方式促进传统小农经济结构向现代农业产业结构转型，提高农业经营效率。我们研究团队在各地进行实地调查中发现，农业合作社、家庭农场在土地流转中发挥的作用越来越大。尤其是农民专业合作社和家庭农场在土地流转中异军突起，成为带动土地流转的主要力量。需要特别指出的是，各地参与乡村土地规模流转的农民专业合作社、农业企业等农业市场经营组织，至少有 50％是由返乡的精英所主导实施的。他们创办的农业企业往往通过"公司＋合作社（家庭农场）＋农户（种田大户）＋基地"等方式参与土地流转过程，而资本较小的返乡精英则以组建合作社或家庭农场的方式加入农业企业，其流转经营的土地则成为龙头企业的订单生产基地。

从表 6-2 可以看出，2011 年和 2017 年相比，全国家庭承包耕地总面积流转到农民合作社和农业企业的比例明显增加。2017 年，全国流转到农民专业合作社的耕地面积为 11626.9 万亩，约占同年全国流转家庭承包耕地总面积的 22.7％，对比 2011 年的 13.40％上升了 9.3 个百分点；而流转到农

---

①《我国家庭农场快速发展　数量已超过 87.7 万户》，观研报告网，http://news.chinabaogao.com/nonglinmuyu/201807/0J34F2R018.html，2019 年 8 月 31 查阅。

业企业的有 5035.0 万亩，占全国同年流转家庭承包耕地总面积的 9.83%，比 2011 年上升了 1.46 个百分点；流转到其他经营主体的有 5101.6 万亩，占全国同年流转家庭承包耕地总面积的 9.96%，与 2011 年的 10.59% 相差不大。如果把 2017 年流转到农业合作社和农业企业的合并计算，两者比例达到了 32.54%，比 2012 年提高了 7.51 个百分点，增长的幅度达到 44.19%。这说明近年来农业市场经营组织在土地流转中发挥了越来越重要的作用。

表 6-2　2011—2017 年全国农户承包耕地流转去向

单位：万亩

年份	项目（按耕地流转去向划分）				
	农户承包耕地流转总面积	流转入农户的面积	流转入专业合作社的面积	流转入农业企业的面积	流转入其他主体的面积
2011 年	22793.3	15416.0	3054.7	1907.9	2414.7
2012 年	27833.4	18006.3	4410.4	2556.3	2860.4
2013 年	34102.0	20559.4	6944.0	3220.3	3378.3
2014 年	40339.5	23544.2	8838.8	3882.5	4074.0
2015 年	44683.4	26206.2	9736.9	4232.2	4508.0
2016 年	47920.8	27977.3	10340.9	4637.6	4965.0
2017 年	51211.3	29447.8	11626.9	5035.0	5101.6

资料来源：以上数据来自中国农业编委会编：《中国农业年鉴 2012》第 348 页、《中国农业年鉴 2013》第 353 页、《中国农业年鉴 2014》第 367 页、《中国农业年鉴 2015》第 398 页、《中国农业年鉴 2016》第 373 页、《中国农业年鉴 2017》第 365 页、《中国农业年鉴 2018》第 375 页。

从产业门类分类，目前我国农民合作社中从事粮油种植的占 26.6%，从事蔬菜种植、畜禽养殖的各占 24.5%，从事瓜果种植的占 24.2%，从事农机社会化服务的占 11.9%，但从事苗木花卉、水产品养殖和林产品经营的合作社比例较低。其中从事两个或两个以上行业的合作社的占 37.3%。如果从农民合作社为社员提供的服务进行划分，提供农产品销售服务的合作社占 87.7%，另有 83.7% 的合作社为社团提供农业技术培训服务，还有 78.8% 的合作社为社员提供农业生产资料购买服务。而提供农产品加工服务、良种引进和推广服务的合作社各占 41.9% 和 28.3%，说明在这些方面，合作社的服务供给不足。

各类农民专业合作社在参与"智慧农业"建设中发挥了不可忽视的作用。有研究报告显示，目前全国农民合作社主要通过自建门户网站电商平台、自建手机 App 电商平台以及入驻第三方电商平台来从事农业生产资料或农产品销售。其中农民合作社通过入驻第三方电商平台进行网销的比重最大，占 69.1%。通过自建门户网站电商平台和自建手机 App 电商平台的农民合作社数量基本持平，各占 31% 左右。如四川省成都市下属县级市崇州市在创新林业"共营制"① 的过程中，地方政府有关部门通过专门的机构搭建了一个电商销售平台，专门推介本地合作社和林业企业生产的农林业名优特产。这些平台包括"三编创客中心""龙门山山货集市"，推动林产品线上供销、线下体验构建"公共品牌＋特色品牌＋企业自主品牌"的运营体系。不少农林业专业合作社也开始注册自己的产品商标，这样就可以在崇州市乃至成都市政府搭建了的公共电商平台上销售自己的农产品，由此走上"互联网＋基地＋合作社＋有机农业＋农户"的现代新型发展道路。②

有调查分析表明，农民合作社表现出了较强的带动农户的增收能力。在接受调查的农民合作社当中，能够带动入社农户户均增收 2000 元以下的占 18.1%，2000—4000 元的合作社占 40.2%，4000—6000 元的占 16.9%，增收 6000 元以上的占 24.9%。另外，在被调查的合作社中，有 71.7% 的样

---

①2016 年，成都市探索形成"林地（木）股份合作社＋林业职业经理人＋林业综合服务"三位一体的林业"共营制"模式，形成农民组建合作社出地，下乡的工商资本出钱，职业经理人负责运营管理的制度，其最终目标是实现林农、职业经理人以及工商资本投资方多方"共营共赢"的新型林业经营体制。

②不过，崇州市也有一些合作社经营管理者反映了一个困惑性的问题，就是合作社生产的大米等农产品由第三方统一包装统一贴牌销售，价格被抬得过高，市场不容易打开，因此有的合作社试图建立自己的品牌，自己包装，自己促销，以更快地打开和扩大销售市场。

本社近三年有进行过分红，另有 48.3％的样本社实施过对社员农户的二次利润返还。调查信息还显示，合作社在提供农村社区公共服务、履行社会责任方面也发挥了良好的作用。被调查的农民合作社样本中，有 47.5％的样本社为乡村社区提供了基础设施建设投入，有 33.1％的样本社参与了乡村社区文化建设，有 64.2％的合作社为村庄社区的困难群众提供过各类帮助。尤其是合作社通过吸收贫困农户入股，为提供产前产中产后系列化服务，以"合作社＋精准扶贫"模式显示出其在产业扶贫中的特殊作用。① 北京市密云区套里村密云蔬菜合作社就是一个典型例子。

北京密云区套里村蔬菜合作社的运行逻辑

套里村村位于密云城南 6 公里，交通便利。2017 年，套里村共有 258 户，常住人口 710 人，其中流动人口 219 人，农业人口 567 人，非农业人口 134 人。全村耕地面积 757 亩，其中标准化蔬菜园区 520 亩。2013 年村里发展"一棚一品"，扶持菜农建现代化的蔬菜大棚。建现代大棚所需资金的 70％由国家支付，个人只需承担 30％。到了 2014 年，套里村共建造大棚 193 个。村民从事蔬菜生产和销售，人均年收入达 22000 元。

套里村的合作社成立之前，农民各家各户种蔬菜，自己到市场上卖，自己承担运费和市场失灵等风险。生产销售无序易导致产量过剩，蔬菜价格下跌，农民生产成本高收益低。针对这种情况，2003 年 8 月套里村成立了经济合作社，最初加入的菜农只有 30 户，社长由套里村党支部书记担任。合作社理事会由 5 人组成。如今加入合作社的有 70 户菜农，已经形成一整套制度化管理和运营体系。套里村合作社每隔月开一次会，每两三个月带社员出去参观学习一次，同时统一采购化肥、农药等，定期或不定期给菜农进行培训和讲课，统一发放补贴等。如 2017 年 6 月，套里村合作社组织全村的 37 户菜农（每户 1 人），赴另一个村杨家庄观摩学习该村的黄瓜、西红柿的种植和基础设施建设经验。

套里村的蔬菜合作社成立后便与北京天安农业发展有限公司开展合作，采取"农超对接"方式，对接大超市、大商场，与其签订供货协议。这种

---

① 《2018 中国新型农业经营主体发展分析报告——基于农民合作社的调查和数据》，《农民日报》，2018 年 2 月 23 日第 4 版。

做法起始于 2000 年。合作社每天根据市场销量决定生产量，并对接村民，将从市场上收集到的订单下派到合作社里的菜农，让菜农根据需求进行供货和安排下一步生产。合作社同时承担了运输、检测、供货时间等成本，降低了农民与市场交易的成本和风险，因而农民获益更高。天安公司通过合作社，为套里村的菜农提供高出市场 40% 的菜价签订订单，同时形成一个有力的蔬菜质量监督体系。

套里村将党组织建设与经济建设结合起来，尤其是村党组织在合作社管理和运营中发挥了重要的作用，合作社首先重视发挥党员的示范带头作用。党员带头发展科技、带头种植、带头采用新技术。村党支部书记兼任经济合作社的社长，为村庄争取"一村一品"项目资金 15 万元，向乡镇争取道路硬化项目，改善村庄经济发展的基础环境，为合作社的发展创造更好的外部条件。

北京市密云区套里村的蔬菜种植合作社是以组织农民加入一个提供产前产后服务的产业链，实现土地经营规模的例子。在现实生活中，随着越来越多的青壮年劳动力离开乡村，不少地方出现了由地方政府引导推动实施的土地规模化集约化经营组织。下面讲述的安徽省宿州市和黑龙江克山县就是两个典型例子。

1. 安徽省土地规模化、集约化组织经营实践

安徽省土地流转中呈现出的一个重要特征是农业市场经营组织流转土地的比例快速上升。截至 2014 年 3 月底，全省农民合作社达 43992 家，其中 2013—2014 年两年中净增 2 万多家，登记注册的家庭农场达 9706 个。全省规模以上农产品加工企业达 4942 家，省级以上龙头企业 895 家，产值超 10 亿元的龙头企业达 68 家。这些农业市场经营组织流转的土地面积约占全省流转总面积的近 60%。据统计，2014 年，安徽省专业大户、农民专业合作社、农业企业平均流转规模分别为 164 亩、540 亩和 1599 亩。这说明该省土地流转已由早期的分散流转逐步发展为成片流转，甚至出现整村、跨村流转。

例如，安徽省宿州市以国家现代农业示范区和全国农村改革试验区"双区"建设为契机，重点培育和激励新型农业经营主体在土地流转中发挥引领作用。截至 2013 年年底，该市农村土地流转面积 165.98 万亩，土地流转率为 22.3%。其中新型农业经营主体带动的规模流转面积为 103.35 万亩，占全市流转总面积的 68.1%。宿州市新型农业经营主体培育在安徽全省处于领先位置。截至 2014 年，该市共认定家庭农场 1803 家，认证注册新型职业农民 3639 人，农民专业合作社达 5680 个，农业企业发展到 3174 个，其中市级以上龙头企业 329 个，经营额超亿元企业 112 家，创名优品牌 221 个。不仅如此，宿州市还创新土地流转形式，如 2013 年中信信托与埇桥区政府、帝元现代农业投资有限公司合作，实行国内首宗的土地信托流转。埇桥区桃园镇光明村总支书记 X.X.H. 用宿州市雪鸽面粉有限公司担保，以每亩土地每年 800—850 元的价格，一次性集约流转土地 4180 亩，成立了光明村土地流转专业合作社。安徽灵璧县灵南生态农业专业合作社农户以土地入股 1500 亩，每亩地以 1000 元折股金一股，2013 年实现每股分红 1584 元（其中保底分红每股 1000 元）。意利达农业科技专业合作社从 2010 起开始耕地全程托管流转服务，2013 年底该合作社共托管流转耕地面积 16000 亩，以此实现了耕地规模化经营。

必须特别指出的是，宿州市为解决家庭农场、农业专业合作社和农业企业等三大经营主体单独经营无法克服的困难，坚持"三次产业联动，三大主体融合"的原则，探索建立以农业企业为龙头，家庭农场为基础，农民专业合作社为纽带的现代农业产业联合体。在联合体中，三大经营主体功能定位明确，企业做市场、家庭农场搞生产、合作社搞服务。联合体的三大主体之间初步建立了订单交易、资产融合、资金融合、技术融合、品牌融合等较为紧密的利益联结机制。截至 2013 年年底，宿州市共建立现代农业产业联合体 75 个，加入联合体的农业企业 88 家，合作社 268 个，家庭农场及专业大户 536 个。

安徽省有关部门提供的统计数据显示，市场经营组织介入土地规模化流转经营，可以明显提高土地的经营效益。从 2011—2013 年，该省土地流转的价格平均每年保持 10% 左右的增幅，农民流转土地的收入再加上各种政策补贴，接近甚至高于农民自己种地的纯收益。由于机械化耕作水平提高，土地规模经营的效益也相对提高。据测算，2014 年，安徽全省经营 100 亩以上的粮食种植大户的劳动生产率是普通农户的三倍，投资回报率比分散经营约高出五个百分点。安徽省调查总队对沿淮河淮北四县的小麦种植调查显示，规模经营户的平均亩产比普通农户高出 35.6 公斤，亩均收入比普通农户高出 108.8 元。所有这些因素，导致安徽省农民流转出土地的意愿不断提升，为全省加快土地流转形成了一个社会氛围。面对这种客观发展形势，安徽省因势利导，顺势而为，推进全省土地流转快速发展。

2. 黑龙江省克山县土地规模化经营试验区建设实践

黑龙江省克山县地处东北大平原，2011 年被列为国家创新现代农业经营体制机制改革试验区，并按照"两大平原"综合配套改革试验和国家土地规模经营制度改革试验要求推进试验区改革。在开展试验区建设过程中，该县重点推进农民专业合作社建设，探索出能人领办、集体领办和企业领办"三种模式"，创新实施了农民带地入社、国投资产产生的盈余平均量化、盈余二次分红等经营、管理和分配机制，经营主体发展层次全面提升，农民组织化程度显著提高。为支持经营主体发展壮大，这个县还制定出台了《克山县农村土地规模经营奖励办法》《克山县农机专业合作社财务管理暂行规定》《克山县家庭农场认定登记管理办法》等规章制度，对进入农业领域的各类经营主体进行全面规范。与此同时，克山县连续三年修改完善了《农民专业合作社发展建设实施意见》《农村土地流转规模经营发展实施意见》，明确要求凡是上级有关支农扶持项目、财政贴息、涉农资金等，都重点向合作社、种植大户和家庭农场等规模经营主体倾斜。试验区建设年中，共向合作社和大户投放项目资金 3 亿余元。

克山县试验区建设历经三年时间，到 2014 年，试点工作取得了明显成效。全县共实现土地规模经营面积 270 万亩，占全县耕地总面积的 89.4%，比试验前提高了 29.4 个百分点。截至 2014 年年初，全县共扶持发展各类合作社 682 个，入社农户 9.4 万户，占农户总数的 95.6%。其中发展农业种植的合作社有 533 个，共经营土地 189 万亩，占规模经营总面积的 70%，平均每个合作社经营面积为 3546 亩。全县经营土地超过 1 万亩的合作社就有 41 个。该县的国家级示范社——仁发合作社共吸纳农户 2638 户入社，直接经营土地 5.4 万亩。与此同时，到 2014 年，克山县共培育家庭农场 10 个，经营土地 2.5 万亩，是 2011 年试验前的 5 倍，平均每个家庭农场流转经营的土地面积达 2500 亩。2013 年亩均分红 922 元，比当地未入社农户亩均增收 520 元，取得了良好的规模经营效益。

在实地调查中，我们发现有的村庄的合作社为了弥补自身资金不足的问题，已经开始通过引入村庄社区外部的工商资本甚至是国有资本入股，但是合作社的主导经营管理权仍掌控在其创始者手中。克山县就出现了这类跨领域多元化的农业合作社，如该县的新兴现代农机专业合作社就是这样一个例子。

　　新兴现代农机合作社位于克山县兆联镇新兴村，是村集体领办型合作社。合作社于2008年正式组建，2013年被评为省级现代农机规范社。2014年，合作社拥有固定资产2581万元，有各类大中型农机具57台套。截至2012年12月31日，合作社有入社成员935户，2014年扩大到1857户。土地承包经营权入社面积57800亩（2012年年底是33120亩）。合作社投资总额为3113.86万元，其中国投公司（国有资本背景）资产1705.16万元，占合作社总投入资本比例的54.8%，居于控股地位，但该公司没有实际参与合作社的管理运营。2013年合作社提取公积金496.16万元，集体资产912.54万元。合作社拥有1310平方米综合办公大楼一座，面积为1150平方米的19车位全封闭车库一栋，1900平方米的农具棚两栋，加上9000平方米的水泥停放场，场库棚总面积达到13360平方米。

　　新兴现代农机合作社农户加入合作社，其土地承包经营权入股计算。如2012年合作社入社的土地面积是33120亩，每亩折资标准240元，折资总额7948800元。2014年，该合作社落实入社面积5.78万亩，种植农作物的结构为大豆种植面积10000亩，玉米种植面积40000亩，马铃薯种植面积7800亩。由于资金不足，2014年，合作社计划以入社的土地承包权、合作社的农业机械等作为抵押，向银行贷款800万元。

　　新兴现代农机合作社在2011—2013年总体上运营势头良好。以2012年为例，该合作社全年经营实现总收入41560698.1元，其中直接经营土地收入34840696.7元，代耕收入5387491.4元，其他收入1332510元。合作社各项成本总支出共21207961.67元，其中土地经营支出16920166元，农机作业支出4134768.27元，其他支出153027.4元。本年实现盈余20352736.43元。

　　2012年合作社的盈余分配情况：兑付土地保底金7948800元，可分配盈余12403936.43元，每一元出资额回报率为0.39241463。国投公司资金分得 5703698 元，占合作社可分配盈余的 46%，平均量化到 935 户，户均 6100.21 元，人均成员出资分得 4272 元，亩均分红 486.85 元。本年按 40% 提取盈余公积金 4961574.57 元，成员实得盈余总额为 7442361.86 元，占可 分盈余的 6%。如果对 2012 年该合作社的经营效益进行对比分析，发现当 年入社社员分红 506.4 元，而当地未入社农民亩均收入为 243.5 元，说明入 社成员比未入社农民亩均增收 262.9 元。截至 2012 年年末，合作社农机装 备总资产达 14534877 元，提取折旧费比率 10%（按规定 10% 提取折旧费），当年提取折旧费 1453487.7 元。

为了进一步发挥合作社等农业市场经营组织的市场主体地位，作为试 验区改革的配套举措，克山县全面探索开展了农村土地承包经营权、土地 经营预期收益权、农民财产权、集体机动地经营权等"四权"抵押贷款，其中最重要的是规范实施农村土地承包经营权抵押贷款，这点对于破解农 村土地经营权资产化改革难题具有重大意义。

2010 年，克山县土地承包经营权抵押贷款即试点实施。当年，该县有 关部门出台了《克山县农村土地承包经营权抵押贷款管理暂行办法》（以下 简称《暂行办法》），2013 年对《暂行办法》进行了修改，改为《克山县农 村土地经营权抵押贷款管理办法（试行）》。修改后的《暂行办法》首先把 原先的"土地承包经营权"改为"土地经营权"，体现土地"三权分置"的 政策实践的新要求，并对农村土地经营权之概念进行了界定。而且修改后 的《暂行办法》设定的土地经营权抵押登记条件是这些土地必须经过合法 手续取得，其权属清晰，并同时拥有具备法律效力的权属证明材料，且必 须用于农业发展用途等。其次，《暂行办法》对关键的农村土地经营权价值 评估作出了明确规定，强调土地经营权价值必须经由乡农村经济管理中心 和银行信贷部门联合组织村委会和群众代表组成的评估小组进行综合评估 确定基价，并出具评估意见。定价标准应综合考虑土地所在区域、种植品 种、现行收益、上年价格等。同时在对抵押权人的土地进行评估后，再报 克山县农经总站进行审核。对土地经营权抵押价值进行认定的一般原则是：土地经营权抵押价值＝年租地平均收益×经营期限＋土地上种养物价值 （具体的抵押贷款必须出具的信息见表 6-3）。

表 6-3　克山县农村土地经营权抵押登记证①

抵押人	名称	农户 H. Y. Y.、M. D. D. 等 34 人			
	地址	克山县兆联镇新兴村			
抵押权人	名称	龙江银行股份有限公司齐齐哈尔克东支行			
	地址	—			
抵押认定价值	1746360.0 元	贷款期限	1 年		
贷款用途	购买农资	贷款金额	1496880.0 元		
抵押起止时间	2014 年 2 月 27 日—2027 年 12 月 31 日				
抵押物情况	流转经营面积	流转户数	流转年限	流转价格	认定总价值
	693 亩	34 户	12 年	300 元/亩	2494800.0 元

经审查，土地抵押流转合同，经村委会签订乡（镇）农村经营中心鉴证，流转期限 12 年，付款方式为一年一支。

负责人（盖章）：Z. H. C.

克山县农村经营经济管理总站
2014 年 2 月 27 日

备注：一式三份，抵押登记机关、抵押权人、抵押人各留存一份。

克山县土地经营权抵押贷款的《暂行办法》规定，以克山县农经总站为土地经营权抵押登记部门。抵押人与抵押权人签订抵押合同后，还必须出具经村集体经济组织、乡镇农村经济管理中心备案确认的抵押登记申请书，并提供相应的材料向县农经总站申请办理抵押登记。抵押合同自登记之日起生效。对符合登记条件的，登记机关应当在收到申请材料的五个工作日内办理完登记手续，并出具土地经营权抵押登记证（一式五份），登记机关、村集体经济组织、贷款人、乡镇农村经济管理中心、抵押人各留存一份。

---

①登记证后附上"克山县新兴现代农业农机合作社成员土地抵押明细表"（共包括农户 H. Y. Y.、M. D. D. 等 34 户家庭的入社承包土地 693 亩的详细清单信息）。

表 6-4　克山县农村土地经营权抵押登记申请书

抵押人	姓名	农户 H. Y. Y.、M. D. D. 等 34 人				
	地址	克山县兆联镇新兴村				
抵押权人	名称	龙江银行股份有限公司齐齐哈尔尔克山支行				
	地址	—				
抵押物情况	经营权证书编号	持证人姓名	土地面积	抵押年限	土地评估单价	土地评估总价值
		农户等	693 亩	12 年	300 亩	2494800.0 元
贷款用途	购买农资	贷款期限	一年	贷款金额	800 万元	
抵押担保范围	本金利息及违约金					
抵押起止时间	2014 年 2 月 27 日—2027 年 12 月 31 日					
抵押人签章：S. J. G.		抵押权人签章：龙江银行股份有限公司齐齐哈尔克东支行				
村集体经济组织意见（章）：村集体经济组织意见（章）：克山县兆联镇新兴村村民委员会		乡（镇）农村经济管理中心意见（章）：克山县兆联镇农村经济管理中心		县农经总站意见（章）：克山县农村合作经济管理总站：抵押贷款专用章；Z. H. C.。2014 年 2 月 27 日		

兆联镇新兴村土地评估报告

　　兆联镇新兴村＊＊社村民应分土地总面积 3705 亩，地块共 35 块，其中：一等地 3705 亩，二等地/亩；三等地/亩。

　　根据新兴村地理情况及土地价格，参照最近三年的承包价格及物价情况，经过村委会和农村经济管理中心共同评估作价平均每亩每年 300.00 元。年价值总计：13338000.0（元）

克山县兆联镇农村经济管理中心盖章

　　　　　　　　　　　　　　　　　2014 年 2 月 27 日

为了规范克山县的土地流转市场，该县有关部门每年还根据市场行情发布本县范围内的土地流转指导价格表，给农户、金融部门作为参考，这个价格是当地流转土地收入的租金价格下。表 6-5 中呈现出的是 2011 年、2012 年和 2013 年三年的土地流转指导价。对比 2011 年的指导价格，2014 年克山县土地流转租金上涨了 60 元，涨幅为 25%。不过，这种上涨不可能一直持续下去。

表 6-5　克山县 2011—2013 年土地流转指导价格表

乡镇：兆联镇　　　黎明村　　　　　　　　　　　　　　　单位：元/亩/年

社（组）别	2011 年土地价格	2012 年土地价格	2013 年土地价格
一组	240	270	300
二组	240	270	300
三组	240	270	300
四组	240	270	300
五组	240	270	300
六组	240	270	300

克山县开展土地承包经营权抵押贷款试点也取得了明显的成效。截至 2014 年，该县已有 6 家金融机构开展土地承包经营权抵押贷款业务，贷款余额 3 亿多元，累计发放贷款 8 亿多元，在业务办理过程中该县严格按照"贷款申请—村级核实—乡级评估—县级抵押—发放贷款"流程进行操作，没有一笔不良贷款发生。该县的土地经营权抵押贷款工作于 2013 年 10 月 27 日在《新闻联播》进行了报道，《克山县农村土地承包经营权抵押贷款管理办法》（以下简称《办法》）在黑龙江全省推广使用，体现出作为全国试点地区的价值和意义。

特别需要指出的是，为了进一步扩大土地经营权的资产化评估价值，克山县还开展了土地经营预期收益权抵押贷款试点，并为此专门出台了《克山县农村土地经营预期收益权贷款抵押管理暂行办法（征求意见稿）》。

所谓的土地经营预期收益权是指"通过承包、转包、出租、转让、入股或者其他符合有关法律和国家政策规定的方式取得的农村土地经营权利，土地上农作物未来粮食产出为经营主体的预期收益"。但这一界定仅适用于规模经营主体，包括具备五个条件：①农民专业合作社、种粮大户、家庭农场、农业产业化龙头企业，种植的土地面积在2000亩以上；②农民专业合作社、家庭农场、农业产业化龙头企业需经工商行政管理部门注册登记，管理运行规范、经营状况良好；③种植技术成熟，从事种植行业年限为两年以上，具备从事规模种植经验和技术的管理人员；④借款人具有一定的自有资金，比例原则上不低于30%；⑤土地经营预期收益权符合抵押登记条件，并在工商局办理动产抵押登记。土地经营预期收益权价值认定一般遵循的原则：总价值＝耕种农作物品种总亩数×近三年每亩平均产量×近三年每斤平均价格。至于其具体操作程序则基本上和土地经营权抵押贷款相同。克山县土地经营预期收益权抵押贷款的《办法》出台后，哈尔滨银行仅半年时间就为克山县24家合作社发放贷款1.2亿元，单笔高达1500万元。工商银行办理贷款手续4300万元，发放贷款1000万元。

克山县2011年到2014年试点实施的农村"四权"抵押金融改革总体上取得了很好的成效。仅2014年各家银行就向全县发放支农贷款16亿元，其中向合作社发放7.4亿元，分别同比增长17%和164%，放贷额度增加30%，利息平均下降16%，时间普遍延长3—4个月，有力支持了规模经营主体发展壮大。作为北方平原地区，克山县的土地规模化流转经营和农村金融改革试点探索在平原地区有很好的借鉴和推广价值。

我们研究团队调查的样本中也有一定数量的家庭农场。实践证明，它们在土地流转中发挥了越来越重要的作用。例如，安徽省肥西县2013年流转给种地大户等其他经营业主的土地面积为4.6万亩，占全县流转土地总数的13.2%，其中大部分是流转给家庭农场。湖北咸宁市京山县2013年全县具备家庭农场认定资格并在经管部门备案的有625家，已在工商部门登记注册的有42家（种植业19家、养殖业10家、种养结合12家、其他1家）。截至2013年12月底，该县流转的耕地面积44.23万亩中，其中有流入土地的家庭农场共42家，共流转土地面积2.01万亩，占全县总流转面积的4.5%，平均每家流转的土地面积是479亩，其中最大的一个农场是钱场镇桥河村农民 Z. H. M. 成立的，该农场也是咸宁市第一家到工商部门注册登记的家庭农场。截至 2013 年年底，该农场共流转土地面积 3450 亩，投资总额 800 多万元。该农场已经把流转过来的土地界限打破，重新整治，实行"确权确股不确地"土地流转形式。京山县永兴镇 Z. H. 家庭农场就是一个典型农场。该农场与本镇杨泉村签订土地流转协议，流转土地面积 500 亩养殖肉牛。到 2013 年年底，农场投入资金达 2500 万元。

据克山县提供的对比数据信息显示，市场经营组织实施土地规模经营，也能获得更高的经营产出，主要体现在以下几个方面。

（1）土地利用率和产出率全面提高。以往一家一户分散经营致使土地浪费严重，在 2011 年开展试点改革之前，克山县全县仅耕地堑沟就有 20 多万条，占用了 2.8 万亩耕地。通过改革试验实施土地平整，打破地界，堑沟彻底消失，2.8 万亩堑沟全部变为实实在在的耕地。仅此一项，一年就可直接增加粮食产量 1000 多万斤（以大豆为例）。另外，实施规模经营之后，通过大机械整地，松、翻、耙、旋相结合，不但有效改善了土壤耕层结构，还极大地提高了土壤通透性，使土地抗旱排涝能力明显增强，土地产出率显著提高。据测算，克山县机械化率每提高 1 个百分点，土地产出率就能提高 5 个百分点。该县所有耕地全部规模经营并实施大机械作业，年可增加粮食产量 1.2 亿斤，增产效果非常显著。

（2）农业标准化生产水平极大提升。规模经营的壮大，带动了大机械耕作业发展。到 2013 年年底，克山县全县拥有大中型农机 1.46 万台，农机总动力达 59.8 万千瓦，田间综合机械化程度达 98.3%，比 2010 年提高了 18.3 个百分点。机械化耕作水平提高，使得深松、大垄、良种、防病以及测土配方施肥等先进技术得到广泛应用，规模经营地块实现了从种植、管理、收获、储运到销售的全程标准化。据测算，2014 年春季，克山县规模种植地块通过大机械作业，缩短播期 5—9 天，亩节省种子 1.5—3 公斤（以大豆为例），节约生产费用 2%—10%。通过应用大豆垄上四行、玉米垄上双行、马铃薯大垄栽培先进模式和马铃薯深松、大垄、良种、防病、喷灌先进技术，标准化种植水平全面提高。2010 年至 2013 年，全县共推广新技术 30 余项，推广优良品种 20 多个，新技术推广率达 95%，良种应用率达 98%，分别比 2010 年增长 10 个百分点和 9 个百分点。

（3）农村产业结构不断优化。随着土地流转和规模经营的快速发展，农村生产力得到彻底解放，产业结构发生重大变化。克山县三次产业比重由 2010 年的 53.3∶17.8∶28.9 调整为 2013 年的 26.7∶26.2∶47.1。累计转移农村劳动力 14.9 万人，占劳动力总数的 75%，比 2010 年增长 5 个百分点，其中异地转移 12.4 万人，就地转移 2.5 万人。在本地转移的劳动力中，除一少部分被雇佣继续为规模经营主体出卖劳务外，绝大部分劳动力以离土不离乡的方式发展二、三产业，劳动力布局得到有效调整，农民增收渠道明显拓宽。

（4）农民人均收入显著增加。克山县农民转出土地经营权后，在获取土地流转租金的同时，还可以通过外出务工、发展畜牧养殖或从事二、三产业等实现二次增收。全县规模经营主体订单种植面积大幅增加，农民致富步伐明显加快。2011 年到 2013 年改革试验实施的 3 年中，全县农民每年因流转土地实现收入 8 亿多元，人均增收 2116 元；通过外出务工获得劳务收入 15 亿元以上，人均增收 3968 元；通过发展畜牧业，每年实现收入 7 亿多元，人均增收 1850 元；通过合作社带动，实行统一采购生产资料、统一经营管理、统一销售农产品、统一分配红利等，入社农户每亩土地可增收 500 元以上；通过签订订单，马铃薯每斤超市场价 5 毛钱，大豆每吨高出市场价 100 元。2014 年全县各类订单种植面积达 200 万亩，是 2010 年的 20 倍，预计可增加农民收入 2.1 亿元，人均增收 572 元。2014 年，全县粮食总产预计可达 21 亿斤，实现农业总产值 50.2 亿元，农民人均纯收入可达 10155 元，分别比 2010 年增长 50%、67% 和 65%。

伴随着土地规模化集约化经营水平的提升，克山县还积极探索金融服务"三农"的创新路径，使金融资本顺畅进入农业领域，各家银行成功开发出产业链贷款、经营和预期收益权抵押贷款、信誉户贷款和专业机构担保贷款等多种金融产品。仅 2014 年各家银行就向全县发放支农贷款 16 亿元，其中向合作社发放 7.4 亿元，分别同比增长 17% 和 164%，放贷额度增加 30%，利息平均下降 16%，时间普遍延长 3—4 个月，有力支持了规模经营主体发展壮大。金融部门的支持降低了农业经营的融资成本，直接或者间接地提高了土地规模经营效益。

通过克山县土地规模经营流转实践案例中可以看出，和小农家庭经营制相比，土地规模化流转主要可以从几个方面提升土地经营的效益：一是以土地整理消除农户之间的地界，增加耕地面积；二是通过土地平整和整理，改善耕作条件，利于实现机械化耕作，提高耕作的效率；三是通过以更低的价格统一大批量采购农药、化肥、机械等农用物资以及统防统治，可有效降低化肥农药水利等成本的投入；四是在农产品销售领域中，降低流通成本；五是获取更为便利的金融支持条件，降低融资成本。通过这五个环节的成本控制，有效降低土地经营的成本，提升了市场流通的话语权，土地规模经营最终能够达成延长产业链、提升价值链和完善利益链的目标，带来比农户单户经营更大的单位面积农产品产出。

不过，正如本章前面所提到的，克山县的土地规模经营试点改革需要付出一笔巨大的改革成本。仅凭单个农户，或者农业合作社、家庭农场乃至农业企业都难以承担，需要政府、市场、金融部门和市场经营主体各方协同参与，才能收到较好的效果。换言之，土地规模经营中一旦其中的哪几个关键环节出了问题或者衔接不上，就可能导致整个产业链断裂，并带来惨重的损失。尤其是规模经营相当于是把"所有的鸡蛋都放在一个篮子里"，如果遭遇市场大环境供求矛盾，带来的损失也必然是非常大的。

第三节　其他市场经营组织发展

在乡村产业振兴中，农业企业、种田大户等其他市场经营组织也发挥了越来越重要的作用。尤其是农业产业化龙头企业以其雄厚的资金实力、强大的市场组织能力及科技研发投入，在延长农业产业链、提升农业价值链中发挥了不可替代的作用。

有关部门公布的数据显示，截至 2013 年年底，全国经营耕地面积 50 亩以上的专业大户超过 287 万户，其中种粮大户 68.2 万户，占农户总数的 0.28%；全国农业产业化龙头企业 11 万多家，职业经纪人 600 多万人。[①]如湖北京山县截至 2013 年年底有农业产业化龙头企业 57 家，职工人数 9062 人，全县土地流转中流入到龙头企业的面积为 4.46 万亩，占全县总流

---

①杨祥禄：《推进农业适度规模经营》，四川科学技术出版社，2015 年，第 44 页。

转土地面积的 10.1％；流入其他经营主体 4.55 万亩，占 10.3％。其中最大的种植粮食作物的公司是湖北国宝桥米有限公司。2013 年该公司投入 1000 万元，流转的耕地面积 8000—10000 亩。

安徽省肥西县 2013 年流转给企业的土地面积是 9.1 万亩，占流转土地总数的 26.1％。此外，截至 2014 年年初，肥西县农村涌现出劳务服务队、植保协会、农机服务队、运输服务队等多种形式的社会化服务组织 250 多个，直接从业人员 4000 多人。黑龙江省克山县截至 2014 年共培育 1000 亩以上种植大户 299 户，经营土地 62 万亩，占规模经营总面积的 23％。平均每个家庭种植大户流转经营的土地面积为 2074 亩，比全国平均水平高得多。同时，克山县还扶持发展昆丰公司、洪武薯业等企业经营主体 12 个，共经营土地面积近 10 万亩，这个数据比 2011 年提高了 6 倍。

从土地流转的组织角度来看，农业产业化龙头企业参与土地流转是为了建构和完善自己的产业链，因此建立产业基地是整个产业链布局的基础，是最低端但也是最基础的构成部门。农业产业化龙头企业往往通过"公司＋合作社（家庭农场）＋农户（种田大户）＋基地"等方式参与土地流转过程。通常情况下，农业企业在乡村建立产业生产种植基地，一种是由企业自身直接到乡村流转并经营土地，一种是不直接流转经营土地，而是以"订单农业"的农业形式把分散的小农、家庭农场甚至合作社的生产运营纳入整个企业的经营架构中。在此过程中，不管采取什么形式，龙头企业始终占据整个产业链的最顶端，而一般的农户及其所流转出的土地属于产业链的最低端。如河南鄢陵县政府规划建设的名优花木生产科技园区内的农户与村委会签订土地流转委托书，由村委会集体与花木企业签订土地流转合同，合同流转年限 30 年，每亩年租金 700 元。双方约定四年一个时间段，每四年租金上浮 5％，后来调整为每亩租金 1000 斤小麦，折算为当年小麦价格，用现金支付。

在"公司＋合作社（家庭农场）＋农户（种田大户）＋基地"产业链条中，对于地处产业链上游的农业产业化企业而言，因其具备资金、技术、管理优势，也有更强的市场营销能力和更好的市场信息掌控能力，因此能够在整个农业产业链中占据先机。与位处其下游产业链的农业专业合作社、农户相比，农业产业化企业处于相对强势的地位，有更强的不对等的市场谈判能力。因此，一旦出现对自身不利的经营局面，农业企业最可能把市场经营风险转嫁给下游供应商，即合作社及农户。

近年来，在经济发达地区的城乡接合部，有一些国有企业借助实施乡村振兴的机遇，到农村去建立田园综合体，探索和实施一二三产业融合发展的思路，这种经营模式必须在更高更深更广的层次上对乡村的土地、人力、物力资源进行整合，由此也导致土地流转和土地产权配置出现更复杂的情形。一般情况下，由于这类田园综合体项目投资巨大，因此需要政府、企业、村集体经济组织和农户在更高层次上进行规划和整合，其中会涉及集体产权制度改革等其他配套的农村综合改革。参与这类项目大都是站在乡村振兴的高度，由大型农业产业化龙头企业甚至是国有资本控股的龙头企业统筹组织实施，而村集体和农户的土地和人力要素则被完全整合融入项目实施中，成为其中的一个构成要素。不过，对于整个项目的实施，村集体经济组织和农户往往没有更多的话语权和控制权。

我们研究团队调查的贵州独山县、四川成都市、福建晋江市、福建厦门市都发现有类似的实践案例。下面再以贵州青龙农林股份有限公司（以下简称"青龙公司"）为例，对此类土地流转形式的实践机制进行详细探讨。

青龙公司是一家工商资本进入偏远农村从事农业综合开发的典型企业。青龙公司注册于 2012 年 6 月 28 日，地址位于贵州独山县上司镇屯脚村水寨组。和一般的民营资本不同，这家企业是台湾商人独资建设，以打造集造林苗生产与销售、无患子种植与销售①、无患子产品生产与销售、林下经济作物农产品及中药材种植与销售为一体的高新农林科技企业。② 2013 年 9 月，该公司获批独山县农业产业化领导小组颁发的农业产业化经营县级龙头企业。2014 年，公司在上海股交中心 Q 板正式挂牌，是贵州省黔南布依

---

① 无患子树又称菩提树，是一种天然草本植物，有较高的生态价值和经济价值，其果肉是天然的洗涤用品，具有除污祛斑、柔嫩皮肤的功效。无患子树还具有很强的保持水土的能力，树根系发达，是一种具有超耐旱能力的树种。栽种无患子，可有效防治水灾、泥石流等地质灾害。

② 青龙公司创始人 H.S.F. 及其团队自 1998 年开始在中国台湾、浙江、四川、湖北、河南、贵州、云南、福建等地进行无患子产业种植加工及相关天然制剂产品的研发。从选种、育苗、种植养护到林下经济、皂苷纯品的提取，再到产品的深加工及各类化妆品配方的研究，公司团队历经艰辛，从一家小企业，逐步完善围绕无患子产品经营的集团公司。该公司目前自主研发产品包括无患子洗涤系列、美发护肤系列、保养品系列、精油系列、手工皂系列及饰品系列等无患子产品，拥有无毒害检验证明及化妆品生产许可证等，获得 16 项发明专利，其中实用新型专利 6 个，发明专利 10 个。

族苗族自治州第一家上市的林业民营企业。当时经浙江中企华资产评估有限公司评估，公司综合总资产超过7000万元。2016年，该公司获批省级林业龙头企业。公司规划发展的独山项目规划总投资为3000多万元，无患子树种植面积规划覆盖面积为20000亩，年产值实现2000多万元。青龙公司同时规划，要建设观光工厂基地，并通过结合旅游和文化创意，打造一个集休闲、体验、娱乐为一体的无患子庄园。

青龙公司向独山县地方政府、村集体和农民都允诺了一幅美好的多方合作共赢的前景。该公司在独山县投资兴业，试图把项目覆盖区域的所有的人——农户、土地等生产要素整合起来，期望通过项目实施，最终带动村民致富和村集体增收，进而带动当地摆脱贫困面貌。青龙公司在流转土地经营的过程中，形成了"公司＋村委会或合作社＋农户土地入股"的运作模式。公司和普通农户和村集体都签订了合同，双方就土地流转的期限、租金和受益分配等进行了详细的约定。其中村委会和村民小组以协调服务、监督方式入股，村委会或合作社占股4%；村民以土地作价方式入股，占股达40%；青龙公司占股56%，三方共同打造无患子生态建设基地，做到共同占股，共同受益。

按照该公司和普通村民2017年3月16日签订的《农业契约种植协议书》，双方约定，作为甲方——青龙公司，向乙方——农户提供种植水稻的技术要求和质量标准，乙方按照甲方的要求进行生产管理，产量不足干谷500斤的，甲方按每亩干谷500斤保底补偿，收购价格每斤高于当时市场价格0.2元；若市场价格上涨，收购价则协商提高，同时甲方统一向乙方提供种子（每亩2斤）、有机肥，乙方负责种植管理。

青龙公司也直接和村集体建立合作关系。例如，按照该公司（甲方）2017年3月16日与上司镇盖寨村委会（乙方）及丙方（上司镇盖寨村农户）签订《生态建设项目合作协议》，三方约定项目投资总额为500万元人民币，合作期限为40年（2017年3月—2057年3月）。合作的形式为乙、丙双方以风险投资方身份向项目投资实施主体（甲方）出资共同建设，各方出资分别为甲方以造林支出（4年苗木）作为入股出资，占项目总投资的56%，享有项目利润56%的分成；乙方以协调、服务方式入股出资，占项目总投资的4%，享有项目利润4%的分成；丙方以实物土地入股方式作为出资资本，享有项目利润40％的分成（入股面积占项目总面积比例乘以项目总利润的40％计算）。另外，项目实施过程中向国家申请的项目补助资金，其中每亩300元先由甲方作为启动资金支配，多出部分由乙方保管，作为后期管护费用（管护3年）。利益分成也是按照共同投资人按其投资比例分成分享利润、承担责任、分担风险。

截至2016年年底，青龙公司实际投入资金约167万美元，在独山县上司镇上司村、王龙村、谭尧村，下司镇铁坑村等13个村建设无患子种植基地达1.7万亩，共种植无患子1461992株，其中示范基地500亩，企业资产总额重估达2亿元，销售收入1680万元。公司种植基地覆盖了万余人口，带动贫困户500余户1000余人发展产业，直接带动贫困户70余户，290余人脱贫。青龙公司长期生产用工人数500人以上，人均收入增加6000元以上，带动周边村民脱贫致富。该公司同时带动当地农户，租用土地，合作种植无患子，并同步开展林下养殖生态绿壳鸡，发展林下经济产业。

在收益体现和利润分配方面，青龙公司主要通过开拓荒山、退耕还林、发展屋前屋后用地三种方式扩大无患子种植。同时利用农户屋前屋后用地发展林下经济养鸡。政府的退耕还林补助款统一归青龙公司收集分配，种植使用的药肥由公司提供，四年生苗木也由公司无偿提供，管护由农户进行负责，管护的工钱由公司向农户进行支付。两年后无患子即可每年稳定挂果，出售的无患子果实扣除种植成本以后的纯利润按占股比例进行分配。

青龙公司投资者H.S.F.详细计算了公司投资给当地农民带来的经济效益。在合作前，当地农民原本种植水稻，每亩产900斤，以每斤1.5元计算，得销售收入1350元/亩，扣除肥料成本150元/亩，种子成本200元/亩，实际利益为1000元/亩。而与青龙公司合作后，由公司提供免费种子、肥料及免费的技术指导，亩产无患子800斤，以公司保证价收购每斤2元计算，每亩可得收入1600元，仅订单生产这部分，农户直接增收可达600元/亩。

本章重点围绕农村经济组织在促进乡村产业振兴中的机制和作用进行讨论。从中我们可以看出，在市场化改革过程中，必须通过培育农民专业合作社、家庭农场、农业企业等新型农业经营组织，把乡村的人地生产要素融入一个更大的产业链中，传统农业在延长产业链、提升价值链的同时，破解传统小农经济制度。在这个过程中，如何才能建立一种互利共赢的新型农业经营合作和组织实践体制机制，完善各方的利益链分配，则是一个值得重视的关键议题。

从已有实践中可以看出，如果说土地家庭承包经营制把农民和土地从人民公社时期的村集体组织分离出来，小农经济结构在很大程度上回归的话，那么在土地"三权分置"制度实践中，农民的土地经过流转程序重新组织后，他们实际上把承包地进行了资产化、资本化处置，土地的使用价值和剩余索取权则让渡给市场经营组织，农民也因此和土地分离了。在 21 世纪之前的土地流转阶段，农民倾向于在保障土地的承包权的同时有限度地转出土地的经营权，农民和土地初步分离。但是到了现在，随着土地流转期限的长期化，特别是随着"确权确股不确地"的土地股份制改革和流转形式的出现，使得传统小农经济逐步趋于解体。作为职业身份意义上的小农已经基本完全与土地脱钩，他们要不转变为农业雇工，要不离开农村从事非农产业，土地带来的就是相对微薄的土地租金收益。土地的实际控制权则经过流转途径，被（重新）获得经营权的村集体经济组织或市场经营组织完全掌控了，农民作为拥有土地承包权的实践主体地位将逐步弱化和资产化股份化。

在土地流转的"三权分置"实践场域中，村集体经济组织呈现出实体化地位逐步增强的发展态势。各类新型市场经营组织通过土地流转获得了土地的经营权，其对土地的控制权也趋于强化。特别是在长期性规模性的土地流转实践中，市场经营组织更是获得了土地的长期实际控制权。在土地"三权分置"的实践中，只有农业经营组织获得了更高的经营效益，农户家庭和村集体的收益才能得到有效保障。换言之，土地流转的风险最终集中体现于获得经营权的市场经营组织能否达成预期的经营目标。城市的工商资本通过组建市场经营组织，以参与村级土地流转的形式介入土地经营，为城乡生产要素的流通打开通道，这样有利于提高农村土地的利用效率，同时促进农村土地资源资产化改革。但是城市强势工商资本进入农村，由此形成的资本排斥也可能导致土地过于集中，一些农户将因此而"失地失山"，引发社会稳定等系列问题。同时，由于工商资本缺乏对农村的认同感和归属感，他们以利益最大化为农业经营的出发点和立足点，这种动机使得他们在经营土地时可能会破坏农村地力结构，对土地采取"掠夺式"经营方式，危及农业生态安全。

第六章／村级组织能力与乡村 "善治"

　　乡村是中国社会之基，没有乡村的现代化就没有中国的现代化。构建"善治"的乡村治理体系，是推动乡村全面振兴的必然条件。乡村的前途实则关系中国的发展和前途。贺雪峰在《大国之基》中提道："中国农村有两个前途：一个前途是衰落与萧条，这是当前中国农村正在发生的情况；另一个前途是成为人与自然和谐相处的美丽乡村，成为疗愈城市人在城市所受之伤的休养地。"① 在现实生活中，这两个前途实际上是一体两面，并在不同的乡村地区上演着。它呈现出来的是因区域自然条件不同所形成的区域乡村发展差异，也呈现出不同发展路径的乡村治理体系和治理能力建设间的差异。

　　很多村庄发展的实践显示，乡村建设发展振兴与外部资源的输入支持有很大关联，但这并不是必然条件。促进乡村振兴，构建乡村"善治"体系，关键在于提高乡村的自组织能力，增强自身的"造血"功能。如果能实现这个目标，则可以建立一种长效性的现代乡村治理体系，达成乡村"善治"之目标。面对当前乡村变迁中出现的"衰败"景象和"空心化"表象，如何通过组织建设向农民和村级组织赋权增能，实现组织振兴，以提高村级组织能力，达到乡村"善治"乃至乡村全面振兴的目标，这是理论界和实践部门必须认真考虑的问题。

　　结合当前乡村发展实践，提升乡村组织和治理能力，大致有两种思路。一是通过建构"反哺型"乡村治理体制，加大国家和地方政府对乡村的项

---

　　① 贺雪峰：《大国之基：中国乡村振兴诸问题》，东方出版社，2019 年，第 101 页。

目资源输入，为乡村重建提供更多的外部支持。在这个过程中，必须大力培育专业合作社、农业企业等各类市场经营组织，使其承载各级政府的项目资源，通过土地规模化、集约化流转等途径对传统的小农经济制度进行重组变革，建构现代农业组织经营制度。二是促进村集体组织转型，科学设置集体土地的权利，激活和再造村集体经济组织，提高村社集体组织"算平衡账"的能力，同时大力培育内生的村级经济、社会和文化组织①，并通过向村级组织赋权增能的形式有效提高乡村人、财、物等生产要素组织化程度，使其能够适应市场化改革进程中的环境，与国家输入乡村的组织资源和项目进行有效对接，并增加村庄的社会资本，实现自治、法治、德治的"三治"融合及政府、市场、社会与公民个人力量共建共享的"多元共治"。

乡村组织治理能力建设与民间组织资源有关，也与村集体经济有关，但经济因素并非乡村自组织的必然要素。在沿海发达地区且在南方宗族性村庄中，经济和文化同构，民间组织资源丰富，农民容易被组织起来，乡村治理简约高效。例如，福建晋江市大部分村庄在经济方面"民富村穷"，但是当地的文化资本、宗族社会资本积淀深厚。虽然村集体经济并不发达，但由于村干部面对的是被乡土精英整合的农民群体，而非一盘散沙的农民，因此村干部能够通过组织乡贤会、老年人协会等方式将村庄精英整合起来，进而把乡村的资源组织起来，并纳入乡村建设和治理中。

在经济欠发达的中部"原子化"乡村，由于村集体经济不发达、村社集体"弱化"和"虚化"、村庄集体文化被现代个体文化侵袭，使得农民合作困难，村庄公共品供给严重不足，乡村治理面临社会失序、文化失调的困境。为维持乡村社会基本秩序，就必须唤起农民的主体意识，再造农民合作组织。

在经济欠发达的北方小亲族村庄，本家族内部较为团结，家族外部合众联横对抗。由于受到市场经济和农民高度流动的影响，以及农民分化、农民利益多元化，导致村社共同体解体，农民的合作成本增加。但农民也并非完全不能合作，关键是要建立村干部与农民的利益联结机制。例如，

①《大国之基：中国乡村振兴诸问题》，第323—324页。

本章接下来将重点描述的豫北黄土岗村书记通过微信群、饺子会活动，组织村民捐钱买路灯、建设文化广场等，在村书记自己带头、公开资金去向、让农民看到实效的情况下，带动农民积极投身捐款，参与乡村治理和乡村公共事业发展，为村庄自身提供公共品。但这种治理机制是否可持续还有待进一步观察。本章将主要围绕村级组织能力建设与乡村"善治"关系展开分析和探讨。

第一节　不同乡村的组织振兴实现路径

前文分析表明，在乡村振兴过程中，村级组织能力强大与否与乡村"善治"体系的构建具有直接关联。越是村级组织能力强的地区，乡村"善治"的可能性就越大，反之亦然。乡村振兴必须通过提高村级组织能力来体现乡村建设和发展的主体地位，再从通过提高农民的组织化程度来体现农民的主体地位。当前，不同地区的村庄发展呈现很大的异质性和非均衡性，这点从村干部的职业身份就可以很明显地反映出来。目前，村干部的职业身份出现了三种不同的类型，其背后实质上反映了不同村庄发展的巨大差距。

一、传统型乡村组织振兴实现路径

所谓传统型乡村组织体系是指村庄的组织管理、运行及治理主要依靠传统的组织体制和治理力量发挥作用。但是在现代性的社会转型发展过程中，这类村庄因为缺乏足够的外部应变能力，导致乡村组织建设和乡村发展中出现了明显的"衰败"景象，因此属于较为典型的组织涣散、村庄社会结构趋于解体的村庄。当前大多数村庄都可以归为这一类，尤其是在中西部及东部的经济发展相对滞后的地区的村庄大都属于这类形态。

大部分传统型村庄的组织建设呈现出以下几个明显的特征。一是村级组织的形式和结构较为单一。除了带有"官方"色彩的村"两委"组织及个别的农民合作社等经济协作组织之外，其他民间经济和社会文化组织极为少见。二是村庄的整体经济较为滞后，村集体经济往往较为薄弱，村庄在建设和发展中极度"经济贫血"。很多村庄是"空壳村"甚至没有任何

"村财"收入，主要依靠上级政府的财政转移支付维持村组织的运转①。三是村级组织的组织力与行动力明显地"弱化""虚化"。即使是村"两委"也只是承担了一些基本的如计划生育、收取社保费等基础性的社会公共事务，在其他场合很少能够发挥作用。四是村干部仍保持传统的非职业化身份。这些地方的村干部大多由一些年龄较大的村民组成，他们仅靠微薄的"误工补贴"来服务乡里，当村干部只是一项"副业"。他们不用"坐班"，也缺乏明确的如村务公开的制度，在村级管理和治理中缺乏明显的存在感，也缺乏主动破解村庄发展困局的动力和能力。五是村庄的普通村民缺乏统一行动的组织力和凝聚力，传统的"礼治"秩序也已经消失殆尽，但现在的治理体系尚未建立起来，村庄的人居环境和公共事业往往无人问津。

　　传统型村庄要实现组织振兴，进而带动乡村振兴。首先各级党委政府要强化村庄外部的资源输入，为乡村组织建设和乡村发展"输血"，营造组织振兴的经济和社会基础。具体包括加大财政转移支付力度，确保村"两委"组织的正常和规范化运行。同时动员各种社会力量为乡村组织建设与乡村发展提供各类资源支持，扩大和强化乡村治理的经济和社会基础，努力营造"多元共治"的组织生成的组织力和凝聚力。

　　其次则是想方设法选好村"两委"主干，鼓励从返乡精英、大学生村官、基层干部中选拔一批"懂农业、爱农村、爱农民、善经营"的新型"三农"工作队伍，让他们成为乡村组织振兴的带头人和领导者。传统型的村庄中，其组织振兴的当务之急是重建和加强村"两委"组织的行动能力，培育其他经济、社会和文化组织，然后通过这些组织把分散的"原子化"的农民和农户个体重新组织起来，拧成一股绳，以此来重组村庄的人、财、地等资源，以组织振兴带动乡村产业振兴，进而带动乡村全面振兴。

　　实现乡村组织振兴的本质是提高乡村资源的整合力，提高村民的一致行动力，把全体村民组织起来推动乡村的经济、社会、文化和生态事业发

---

　　①我们在实地调查中发现，村级财政转移支付大都按照村庄的人口数量由上级政府拨付，早几年全国大部分的村级年财政转移支付是4万—6万元之间，这部分资金用于保障村干部的基本工资待遇，扣除征订报刊之后，基本上所剩无几，没有多余的资金投入到村庄的建设和发展中。近年来，有的省份开始提高村级转移支付投入，但一般的村庄一年也不超过10万元。有的地方规定，"村财"年收入要达到10万元，不足部分则由上级政府转移支付补足。

展。促进农民的再组织化程度是传统型乡村振兴的关键。毛泽东曾指出，"满头乱发不好抓，编成辫子就好抓"，即组织是由"散"到"合"的过程。只有将农民组织起来，形成一致行动能力，才能激发农民的主体性，主动建设自己的美好生活。本书研究的案例中，福建省闽南的晋江市磁灶镇东山村、闽西北将乐县的安仁乡的泽坊村都呈现出类似的组织振兴实践路径。这些村庄原本都面临村级组织"弱化""虚化"和涣散的严峻形势，然后在乡村内外部力量的共同努力下，通过重建乡村组织实现组织振兴，最终逐步带动乡村全面振兴。下面我们以晋江市磁灶镇东山村为例，对传统型乡村的组织振兴实现路径进行分析。

东山村属于晋江市磁灶镇，全村有 300 多户，1208 口人，耕地面积 310 亩，2 个自然村，5 个村民小组，6 个村干部（村"两委"交叉任职），28 个村民代表，37 个党员。在 1996 年之前，这个村属于全市经济最差的村。由于此前村"两委"班子不团结、村级组织涣散，加上该村的村民主要由张姓和王姓两个姓氏的家族构成，传统的家族治理势力影响较为强大，影响村"两委"组织的执行力和动员能力，村庄整体经济发展滞后，"村财"零收入，村民人均收入不足 1000 元。

为了彻底改变这种局面，晋江市、磁灶镇两级部门决定先从整顿重组东山村"两委"领导班子入手，改变村"两委"组织建设落后的局面。1996 年下半年，市、镇党委部门决定下派干部到东山村挂职帮扶，强化对该村工作的组织领导，而下派干部做的第一件事就是重新选择村党组织书记，为该村寻找一个新的领导人，一个能带头致富的村书记。经过一番认真的考察摸底，得知村民 Z. M. D. 为人最大公无私，且在外闯荡，眼界较宽，有关部门决定动员和劝说当时正在深圳某手表厂任厂长的"乡贤"Z. M. D. 回家乡担任村党组织书记。后来的实践证明，这是东山村实现组织振兴采取的最关键的一个步骤。正是 Z. M. D. 回乡担起领导东山村经济社会发展的重任，才使得该村的工作开展开创了一个新局面。

在市、镇党委多次动员下，Z. M. D. 于 1996 年下半年被任命为东山村书记，并于 1997 年的换届选举中正式当选为村书记。Z. M. D. 任书记后，重新改组选配愿意"干事创业"之人进村"两委"领导班子。例如现任村副主任 Z. M. J.、村副书记 W. Y. M. 都是由 Z. M. D. 培养并分别于 2000

年、2003 年引进村"两委"领导班子，曾担任村主任、村副书记"村主干"要职，至今未发生变动。不仅如此，近一二十年来，东山村"两委"班子总体保持稳定，六个主要成员变动很小。在 2018 年最新一次的换届选举中，东山村六个村干部只换了两个新成员，其中一个支委是因年龄大而自然退休，随后被返聘为村务工作人员。另一个村妇女主任于 2000 年任职，因工作积极性不高、工作态度差、工作能力不强而在 2018 年换届选举中被替换。由此可见，Z. M. D. 当选为村书记后，东山村的"政治"局面由此趋于稳定。虽然东山村有张、王两大姓，两姓人口势均力敌，其力量对比也反映在村干部的构成上。但是由书记来配班子的情况下，原先作为家族利益代理人的相互博弈的关系就变成了协商合作"干事创业"的"共同体"，村干部之间的关系不是领导与被领导的关系，而是协商合作的关系。

　　Z. M. D. 能从 1996 年担任村书记至今，其中一个主要原因是村里一直没有与其实力相当新村书记候选人，因此每次换届选举的竞争都"不激烈"。竞选"不激烈"的主要原因是现任村"两委"主干的群众基础好，村民认可 Z. M. D. 领导的班子成员，这点又与村"两委"长期以来始终坚持党务村务公开透明有关。正如东山村副书记 W. Y. M 所反映的：

　　这两届（2015 年和 2018 年换届选举）村里也有人出来竞选书记，但都因实力不够竞选不上，其他的推荐人也不想进村"两委"来，因为我们村的村务、党务都一直是公开、透明的，村民进来担任村干部，其实就是干活，没什么可以暗箱操作的空间。我们认为，村务公开是做村庄工作最好的方式。你做再大的工程，村里的工作做得再好也无用，因为不公开村民就会有猜想，怀疑里头是否会有暗箱操作，村务公开可以有效化解村民的疑虑。我们村的钱从哪里来，花到哪里去，每一项进出项目都很清楚。近几年的村财账目更是都上传到村微信公众号"村务公开"栏，所有账目的村民都可以看到，并对其进行监督①。

　　事实上，以往晋江市在决定村级组织带头人的选举过程中，宗族、"房头"势力对选举过程会产生很大的影响。2018 年最新一次村"两委"换届选举，晋江市进一步规范村级组织选举程序，大力推行书记、主任

---

①2019 年 12 月 4 日访谈福建省晋江市磁灶镇东山村副书记 W. Y. M. 。

"一肩挑"，严格村干部政治审查，例如凡是存在"老赖、赌博、酒驾"等情况的人，均会因无法通过政审而不能参加村干部初选。当地村民反映"原来的村干部只要群众选出来就行"，现在群众选出来但不一定能够通过政审。这是因为以前政审不严，一些人即使口碑不好、不做实事，也会因为宗族势力支持而被选上，其名字会出现在选票的"其他"栏，即所谓"飞票"。现在政审严格，若是不经过政治审查，而是通过"飞票"被群众选出来，市委组织部不承认其合法性，也不会任命其为村干部。另外，按照晋江市新制定的村干部选举制度和实施方案，乡镇有 30% 的票决权以防止宗族势力代理人"意外"上台。村委干部选举相比以往更加严格，主要表现在强化农村基层组织成员的政治性审查方面。正如东山村书记 Z. M. D. 所言：

> 若党组织没把严关，村里的选举会更乱。他们会无视规章甚至法律，与书记对着干。现在对农村基层干部要求更高，一方面要求村干部起带头作用，但村干部带头打架不行，要带头做事，同时要求村干部提高文化水平。如果村干部文化水平不高，想做的事做不好，可能违法了都不知道。[1]

东山村"两委"班子调整稳定后，东山村的各项事业发展就有了组织依托和政治保障。自 1998 年至今，在村支书 Z. M. D. 的领导下，东山村大力实施旧村改造，逐步实现了"民富村强"的乡村自主振兴。这点是该村实现组织振兴的另一个关键步骤。通过这个项目的成功实施，全村的村民对村"两委"干部工作和人格高度认可，由此使得他们在乡村中有高度的威望。特别是在推动旧村改造项目实施过程中，村干部充分重视调动普通村民的主动性、自觉性和参与性，充分彰显了村民的主体性，组织村民深度参与村庄建设，从而实现了农民内在的需要偏好表达与村庄公共品供给的有效契合。

在推动旧村改造项目实施过程中，东山村村"两委"组织按照"集中规划，集中安置"的原则，拆除旧村 1.6 万平方米，规划商住房和别墅区。整个项目共分为五期实施，在村干部的带领下开始进行"市场带动旧村改

---

①2019 年 12 月 3 日访谈福建省晋江市磁灶镇东山村副书记 Z. M. D.。

造"，通过这一关系全村切身利益的重大村级公共事件进行资源整合。1998年，东山村建设"瓷砖市场一条街"专业市场，市场建成后，大部分村民在村庄的二级建材陶瓷市场开店卖瓷砖，同时村级市场也带动周边村庄在此就业，另有1000多名外来农民工也在市场里从事搬运工。市场效益逐步凸显，带动了村庄旧村改造工程的顺利实施。

截至2019年，东山村的旧村改造已经完成了四期，全村300多户农户中已有90%住在新式商住房中（一楼店面，二楼三楼为居住套房）。2000年村里铺上了水泥路，2001年改造旧村部办公大楼，2009年建新村办公大楼，村庄的基础公共设施也逐步完善。经过旧村改造，东山村村庄面貌焕然一新。在地化的系列改造，不仅解决了大部分村民的生产就业问题，同时通过建别墅、商住房、老年人公寓和农民工公寓，为村民乃至外来务工人员解决居住生活等基本民生问题。这些务实惠民举措为村干部积累了很强的社会资本。

东山村的旧村改造不仅提高了农民的收入和生活质量，而且促进了村集体"村财"增收。1998年前，该村村集体经济零收入，如今仅依靠出租集体厂房、店面，年租金就有100多万元。东山村由此成为晋江市"旧村改造示范村"，并在2008年被评为"美丽乡村建设省级示范村"，吸引各地镇村干部前来参观学习，村书记 Z. M. D. 也被厦门大学聘为客座教授，为一些干部传递乡村治理经验。

东山村产业转型与"市场带动旧村改造"历程

一、产业转型及市场和旧村改造需求

人民公社时期，东山村产业以农业为主，但生产出的粮食不是拿来卖，而都是供自己吃的。农民的经济收入主要来自龙眼和蔗糖。得益于自然环境，村里有大大小小的龙眼树，生产队将其分给各家，每家都能分到几棵。因此，农民家庭盖房、小孩子读书全靠采摘龙眼卖到罐头厂，此外，还有小部分收入是靠种植甘蔗并将其加工成蔗糖卖到糖厂。

1982田地均分到户。但由于地少人多，东山村民人均一两分地，远远少于中西部的"一亩三分地"，仅仅靠与土地结合显然不足以维持基本的家庭再生产。为了解决这一问题，拥有闽南"爱拼才会赢"精神的东山村民较早走上了与市场结合之路。

20世纪80年代末90年代初期，基于磁灶镇历来生产瓷砖（20世纪80年代的是"土砖"）的优势，村民选择"开拖拉机贩卖瓷砖"的经济模式。刚开始是几家合伙买一台拖拉机，后来发展到家家户户都买拖拉机，甚至一家三兄弟各买一台拖拉机四处叫卖。正如一位村民所说："当时村里的路是很狭窄的土路，每天都有100多台拖拉机拉重货物进进出出，以至于路面凹陷，到了下雨天，泥水都陷到大腿上。信息也不像现在这样畅通，当时装一部电话需要一万元，还需要报备。那时候我开拖拉机跑漳州、福州、安溪去叫卖，最长一次出去20天，货卖不完就不回家。虽然我知道时间拖得越长成本越高，但是我们穷怕了，有收入总比没收入强。"这一时期的流动叫卖也为东山村后来的瓷砖市场积累了客源。

1995年后，东山村民由"开拖拉机贩卖"转向"样品推销"模式。由于道路交通安全管制禁止拖拉机上路，一旦村民开拖拉机上路，就可能面临还没有卖出货没赚到钱就被交警抓了的风险，因此村民买进来的大量货物只能先堆在"小型仓库"（自家房前屋后的空地）。但"没地方赚钱穷怕了"的村民就开动智慧：在家庭内部进行分工合作，部分人专门负责找货拉货、部分人专门携带"样品"去推销。一旦有订单，村民就趁半夜或天还没亮的时候将货运出去。这种模式虽然买卖双方能够直接对接，不用耗时费力地拉着一大车货物到处叫卖，也不用担心被抓，只要把货运到就回来，但是这种模式销售量小，所以生意不好做。不过由于村民将拉来的瓷砖大量堆放在自家房前屋后空地、龙眼树下或者自己用"沥青＋塑料"搭的简易仓库中，以往的客户或者路过东山村的人也会主动到东山村来买瓷砖。此时东山村瓷砖自然市场开始发育。

到了1998年 Z. M. D. 担任书记后，村里面临几大急需解决的问题：一是村财零收入，用村民的话说就是"1998年晋江市还叫县，磁灶镇财政收入在晋江县（今晋江市）排第二，是陶瓷重镇，财政收入上亿元，整个镇都很富，但东山村还是很差，1998年以前东山村是全市空壳村，穷得不得了，买办公用品的钱都没有，需要追、赶"；二是村民住房拥挤，一户十几口人都住在一栋石头结构老房子里；三是土路狭窄凹陷泥泞，不便通行还容易翻车；四是村民谋生的瓷砖乱堆乱放，搭建的瓷砖"仓库"由于材质差而导致一下雨地上就都是油，易燃易发生火灾，因此政府禁止，而且遇到台风，一吹就倒，很危险，政府也勒令整改；五是村民在半夜或天没亮就运货出村，这更容易出车祸，增加村民人身安全隐患。针对这一情况，Z. M. D. 带领村"两委"干部积极主动到浙江、广东等各地考察学习如何规划建设村庄。在认真考察一番后，召开党员、村民代表、户代表会议共同商定"市场带动旧村改造"方案。面对当时最亟须解决的乱堆乱放、乱搭乱建问题，村集体决定规划并建设48间简易铁皮棚店面。店面刚建好的时候，并没有什么客户，店面也被用来养牛、养羊，或被当作仓库，也有村民买了店面觉得没有用，就卖出或转让出去。后来，村民早期跑供销积累的一些老客户就联系他们来门店看货，这些店面就开始发挥作用，并成为村里主要经济命脉。村里大小收入很多都靠这些店面，因为有了市场，村民可以做加工、销售，90%的村民都投入建材市场相关的行业中。这一点成为东山村瓷砖市场进一步发展壮大的新契机。

1998至2003年，东山村民产业模式再次升级为瓷砖"残次品加工"模式。这种模式是：村民将瓷砖大厂生产的残次品买来进行切割再加工。瓷砖成品的好坏由温度决定，但1998年的技术水平还不够先进，大厂生产瓷砖所用柴油燃料温度不可控，容易突然出现温度不够或者温度过高引发烧爆、烧焦、烧掉图案的情况，因而残次品率达到30%。这一点恰恰为东山村民提供了商机，一是大厂大量的残次品要处理没有地方倒，东山村将其买来并"废物利用，变废为宝"，既节约了资源，又缓解了大厂的压力；二是当时瓷砖市场的需求很大，比如一些经济条件差的家庭也要买瓷砖，以及一些办公场所、工厂员工宿舍等对瓷砖要求不高但需求量很大，东山村的残次品加工正好可以满足此类中低端的需求。例如，灯一片50×50厘米规格的瓷砖价格是5—6元，但次品一片处理价仅0.8—1元，东山村民将买来的次品切割成45×45厘米规格更小但能够正常使用的瓷砖，然后以2元/片的价格卖出去。这样，同样的产品，只是规格不同，质量并没有差别，但是成本降低了，价格降低了，价格优势就凸显了。由于瓷砖切割的技术门槛不高，家家户户都可以做，家庭小作坊式产业就形成了。一般是一家人分工合作，有人负责切，有人负责搬运，有人负责整理，切割完成后放到店面售卖，村民的经济状况也因此大为改善。正如村民所说："干瓷砖切割这个活跟干农活感觉是不一样的。过去卖龙眼，一年收入8000—10000

元,但卖瓷砖一年收入3万—5万元。过去想买什么东西,只能想想,等着吧。现在想买什么就直接买了。家家户户带笑颜,汗水流得值。"

尤其是旧村改造一二期完成后,建成大大小小店面1000多间,该村二级建材市场真正形成,并于2005—2015年迎来瓷砖市场高峰期。当时吸纳周边村及来自贵州、四川、江西、河南等1000多个外来农民工就业,其中有四五百个外来工住在本村,他们装卸瓷砖一天能挣到200—300元或400—500元,好的一年甚至能挣10万元,不乏农民工借助市场辛勤劳动实现了买车、在本地买房。

但是2003年后,由于大厂改液化气后,温控比较好,生产瓷砖效率大大提高,良品率90%以上,东山村可以再加工的残次品减少了。到2015年,环保要求更严格,液化气改天然气,熔炉改造成本要投入1000万以上,当地民营小企业经历了挫折,投资不起的就只能将窑炉转租出去。至此,东山村加工瓷砖时代结束。伴随着家庭作坊加工瓷砖时代的结束,当地的销售模式"批发为主,零售为辅"也转为"批发为辅、零售为主"的品牌代理销售模式,营业额也从几百万下降到几十万。

二、旧村改造中的难点及解决

从上述中可知,旧村改造是村集体组织主导、契合村民需求的重大民生项目。旧村改造建设分为五期,目前有90%已完成了改造,只有少部分旧房子还未改。据统计,第一期房屋建设52套两层半的商住房,交房价格约20.5万元,比成本价稍高一点。店面350间,别墅28栋、商住房(一楼店面,二、三楼套房居住,占地面积约100平方米)175套、老年人公寓1栋、安置房50套、外来工公寓100套,均为集体产权。

旧村改造涉及集体共识达成—规划—土地整合—资金整合—利益分配—完善(绿化、亮化、美化)等几个阶段。在这几个阶段中,集体共识、规划、资金整合、完善这四个环节因不需要村干部与每家每户打交道,推进得相对容易也较为顺利。比如在集体共识达成上,Z. M. D. 召开党支部会议、全体党员大会、"村两委"会商讨"旧村改造"方案,随后全体村民"户代表"大会征求户代表对旧村改造方案的意见。当时东山自然村200多户中有100多户代表同意旧村改造,基于少数服从多数的原则,旧村改造的集体共识达成;规划方面主要由村"两委"出面请有资质的且政府认可的海南设计院晋江分院进行总体规划并绘制蓝图，通过政府审批，定位为“发展建陶市场，带动新村建设”；资金整合方面，按规划总投资 6121 万元。最初阶段，资金是村庄主导的，主要由村书记通过私人关系找建筑商先垫资建设，建完卖给村民后再将钱付给建筑商。例如 2000 年村里建的第一条水泥路就是先拖欠工程款，村民有钱出钱有力出力（开拖拉机去拉沙石）。完善阶段的工作则可以申请政府新农村建设等项目资金扶持，例如 2004 年东山村被纳入福建省第一批新农村建设示范村，但当时并没有资金补贴；在 2008 年被纳入晋江市“百村示范、村村整治”建设示范村后，就获项目建设补贴，额度为 35%，公益事业补贴 60%。东山村项目设计旧村改造第一期，包含了道路、水管、绿化等基础设施，以及村委会大楼、大门等。东山村项目建设完成验收合格后，得到 35% 的补贴，一共 300 多万元。目前东山村仍然是示范村，农村农业局每年对村庄建设项目进行验收，以前工程较多一年验收两次，最近每年验收一次。2019 年该村得到的政府项目补助为 3.4 万元。

相比之下，土地整合、利益分配就比较困难。东山村对全村土地进行整合，涉及征地、补偿、拆迁安置三个关键的环节。该村的土地 1982 年已经全部分田到户，旧村改造意味着要从农户手中重新收回土地，并重新整合土地资源。这是村干部反映旧村改造项目实施过程中最艰难的协商环节，即土地整合涉及征地、补偿、拆迁安置的这三大难事。在 Z. M. D. 书记看来，旧村改造的难点在于做农民的工作，如何让农民让出土地、宅基地，以及如何整合村民利益才是旧村改造的关键点。为此，该村走了三步。

第一步，征地。规划建设总面积 11 万平方米，市场建设占地 180 亩。首先是 1998 年建 48 间简易铁皮棚店面，需要征地 5000 平方米。3000 平方米是实际建筑面积，2000 平方米做成道路。当时村民并不看好村里的“店面”，自然也不同意征地。此时，村书记带头率先将自家的 2 亩地拿出，然后发动其他村干部、村民小组长（房头代表）挨家挨户做工作。为了让所有村民配合征地工作，东山村的征地补偿比当时政府规定的补偿最高标准稍高一点。例如，1993 年政府征地修晋光路，当时征到东山村农户土地 40 亩左右，征地价格是 2 万元/亩。而东山村在旧村改造中，以当时政府征地价格为底线上浮，一期征地价格是 2.5 万元/亩，二期征地价格提高到 3 万元/亩。这些标准比同时期的政府征地标准都略高点，说明该村将村民的利益放在了第一位。

第二步，补偿。补偿方案也按照就高标准实施。为保证村民房产补偿的客观、公平和公正，东山村组织房产评估队，队员由村"两委"、"房头"代表、房主本人及其兄弟、老年人协会人员等，约15人构成，每个人可以按照自己的意愿与估价对房产进行打分，分值可以随意写，房主本人可以打最高分。最后的计分方式是去掉一个最高分，去掉一个最低分，剩下的分数求其平均。这种方案打分的形式有两个好处：一是村民自己及其"房头"代表深度参与涉及自身利益的补偿方案生成过程，充分表达了自身的权利；二是因为全程参与评估过程，这使村民对此补偿方案没有任何怨言，也极大地压缩了村民无理要价的空间，让"钉子户"没有滋生的土壤。

第三步，拆迁安置。东山村的旧村改造拆除面积16200平方米，安置是面向整个东山村，其遵循的拆迁安置原则（包括别墅区在内）是：先拆的优先挑选、优先摇号，以此激励村民积极配合村集体征地拆迁工作。在利益分配方面，该村按照"留足村民个人的，剩下的才是集体的"的原则行事。建设完成后，安置农民多余的建筑面积归村集体所有，通过旧村改造，村集体建设新村委会和出租门面获得经营性收入。就连最初48间店面（连成一排每间占地75平方米的店面），村民也可以花1.6万元一次性买断一间（每间店面的成本是1.2万元），其中差价由村集体统筹，用于提供水电路等基础设施服务。由此可见，村庄利益分配秩序是优先满足农民的利益，以造福村民为目的，而非与民争利或追逐个人利润。

在村书记 Z.M.D. 看来，东山村的旧村改造和发展转型之所以能够顺利推进，达成预定的目标，主要与村"两委"班子团结稳定，有较高的组织力和执行力有关。东山村是个"宗族村"，全村主要是由张、王两姓构成。由于村"两委"主干分别由 Z.M.D. 和 W.Y.M. 担任，自2000年至今，村组织领导班子长期以来一直很稳定，且和谐共事，由此带动了两大家族在村庄经济发展和乡村治理中的和谐共处，这点首先为东山村旧村改造提供了强有力的组织保障。

其次，东山村旧村改造项目的顺利实施，与村干部在推动项目实施中展现出来的强大工作能力也密切相关。特别是作为经营过企业的 Z. M. D. 而言，在旧村改造的资源整合等方面显示出他有超出普通村民的前瞻性和高超的工作能力。在推进项目实施过程中，由于村干部切实为村民办实事，让广大村民真切感受到村干部在为村民着想，在尝到"甜头"之后，大多数村民对旧村改造项目和村干部的态度也发生了变化。从刚开始阶段的不认可到逐渐认可，再到大力支持改造项目实施。

最后，东山村旧村改造规划契合村民的生产生活需求，作为传统的瓷砖生产基地，面对日益严格的环保政策约束，传统的瓷砖主导产业必须转型，因此，推进全村旧村改造的公共意志容易达成。村民的内在需求形成一种强大的内生动力，这就促使本村旧村改造由被动转变为村民自发自觉的事情，把旧村改造当成"自己的事"，村庄的集体利益与村民个体利益相一致。

相比之下，东山村旧村改造最难推动的项目实施阶段是把全村各户的土地进行整合，这点事关每户农户的切身利益。在这方面，充分体现出东山村"两委"主干尤其是村支书 Z. M. D. 的组织工作能力。和晋江市规模较大、村庄内结构复杂且利益交织较大的一般的村庄不同，东山村人口和土地规模相对较小，社区内部的社会结构较为单一，组织起来也相对容易，所以能较快地达成集体意志，形成集体行动。

在关键的与村民利益直接相关的利益分配环节中，东山村旧村改造项目实施遵循公开公正的原则，鼓励村民直接参与征地、补偿和房价评估等环节，充分保证了村民的知情权和参与权，有效调动了村民的积极性和参与性。正是这种深度的有效参与，才能调动村民协商共治，排除困难、化解分歧，最终达成旧村改造的公共利益最大化。

东山村的旧村改造和产业发展转型的成功经验表明，尽管该村原本的村集体经济较为薄弱，村里也没有什么资源，但是正是得益于村"两委"——村干部的高度组织力和执行力，切实把旧村改造与大多数村民的利益融为一体，最终上演了一幕典型的以组织振兴带动乡村振兴，进而实现乡村"善治"的好剧，整个东山村的经济社会发展也因此进入一个全新的阶段。

东山村 20 世纪 80 年代末 90 年代中期拉瓷砖的拖拉机

东山村新貌

二、混合型乡村组织振兴实现路径

混合型乡村组织模式在经济较为发达的地区较为常见。和传统型乡村相比较，这种类型的乡村组织建设呈现出以下三种特征。一是村庄的组织类型相对更加复杂多样。除了村"两委"组织之外，还存在一些民间的非正式组织。二是村干部身份已经呈现出半职业化的特征。由于村庄的管理和治理较为规范，因此村干部的待遇比传统型村庄要高，村干部工作虽然不一定要求"坐班制"，但对党务、村务有较为明确的规范性制度要求。三是村集体经济较为发达。"村财"收入往往有数万元至数十万元，多的会超过百万元，乡村发展和治理的基础总体相对较好。

混合型村庄的村"两委"和村干部有较高的行动力和执行力。与此同时，由于混合型村庄所处乡村地区整体经济较为发达，因此上级政府对村庄的项目投入资金较大，村干部在职业身份上越来越规范化，在工作中更倾向于认同上级党政部门的指令，而对村民的利益诉求关注较少。因此，要进一步促进混合型乡村的组织振兴实现，首先要强化村"两委"组织的规范化、制度化建设，提升其组织力和行动力；其次要进一步加大对其他非正式民间组织的培育力度，同时加大对这些组织的资源投入，使其能够成长为参与乡村治理的重要力量，切实提高其参与"多元共治"的能力。

三、现代型乡村组织振兴实现路径

现代型乡村组织建设发展模式在广东省尤其是珠三角地区较为常见，其最大的特征是村"两委"组织在运行体制机制上出现了"类政府化"发展趋势。事实上，珠三角地区一直保留着较为强大的村集体经济资源，包括预留了集体发展用地。在快速的城镇化工业化过程中，很多村庄逐步转变为"城中村"，并以预留的集体土地建设工业园、兴办企业等产业，分享了城市化的增值收益，获取了丰厚的回报，由此使得村集体经济有较为丰厚的资产积累。也正是得益于此，其村"两委"组织的机构也越来越大，呈现出"科层化"的演变态势。这些地方的村委会大多设立了村公共服务中心，具有类似城市居委会的职能，而村干部也朝职业化、专业化的方向发展，获得较高的薪酬待遇，其岗位制度也实行单位"坐班制"制管理。在前面提到的集体产权制度改革中，这类村庄往往是改革的重点。

总体而言，在混合型和现代型村庄中，由于村集体经济较为发达，涉及的利益交织点多，因此各类民间社会组织也往往较多。如福建晋江市大多数拥有丰富且悠久的东西方文化传承，因此各类民间社会组织一直较为发达且非常活跃。除了正式的村"两委"组织之外，大多数村庄的组织还包括民间宗教信仰组织——庙会，宗族组织——"角落""房头"，社会组织——老年人协会等。如晋江东山村的庙会是群众自己组织起来的烧香拜佛的活动性群体，资金的使用管理都归庙会，是纯粹的农民自组织。正是这些正式和非正式社会组织的存在，使晋江市乡村的村级组织能力极强，乡村治理呈现出简约高效的特点。

第二节　乡村组织振兴的总体实现路径

本书研究表明，由于不同乡村的社会结构、经济发展水平、宗族结构、地理区位和历史文化传承不同，形成不同的乡村组织生成运行和乡村治理体制机制。在经济较为发达的乡村地区，不同类型的乡村组织逐渐呈现多样化和规范化发展的态势。尤其是在经济较为发达且传统治理因素保存较好的乡村地区的组织和治理形态更是代表了未来中国乡村组织建设和乡村治理发展的趋势，也充分体现出传统力量和现代治理力量相互交融的自治、法治、德治"三治"融合的特征。不同的治理力量依托各自的乡村组织，分享了乡村部分治理资源和力量，并在乡村整体治理中发挥了相应的作用。

一、经济精英转型为社会精英——"乡贤"

在现代乡村组织振兴和乡村"善治"建构过程中，能够发挥更大作用的首先是各类新型经济精英及他们所创办的各类经济合作组织，如农民专业合作社、家庭农场和农业企业等。事业有成的农民专业合作社组织者、私营企业主在其中扮演了越来越重要的角色。特别是外出的"乡贤"借助自身的经济资本、社会资本、政治资本乃至文化资本的优势，通过土地流转等方式重组村庄的人、地资源，以促进乡村产业振兴的方式来带动和提升乡村治理的水平，为乡村"善治"打造更好的经济基础。本书的第五章即分析了乡村经济组织振兴的实现路径。

从浙江绍兴市上虞区和福建晋江市的乡村组织振兴和乡村治理过程中都可以看出，"乡贤"们在构建"多元共治"的治理体系中发挥了至关重要的作用。作为现代市场发展的最大受益者，各类新型经济精英除了是政府之外的乡村社会经济文化发展的最主要的资源供给者，也往往是各类乡村组织的资源"赞助者"。和乡村传统的内生精英更多依赖社会内部因素（如家族的势力、年老者积累的个人威权能力等）获取乡村治理权力不同，这些新型精英大多不属于传统乡村治理精英，他们通过外出打拼或者在本地打拼在经济上获得了成功，再试图通过参与家乡的经济社会建设，包括捐助家乡的公益事业来博得"乡贤"地位，从而在家乡社区中获得更多的声望和尊重，形成由传统农民向新型经济精英再向新型社会精英转型乃至向新型乡村政治精英转变的过程。

如闽西北将乐县南片地区的白莲镇就是属于另一个这样的典型案例。改革开放40多年来，该镇的不少农民在自己的人生履历中经历从传统农民到商人新型经济精英（成功商人群）的转变，从而完成了他们人生中的第一阶段的经济职业身份的转型。

白莲镇农民的转型发展历程

白莲镇共有11个行政村和1个社区，70个自然村，98个村民小组，总户数4938户，总人口18436人（截至2020年年初数据）。1978年党的十一届三中全会召开后，改革开放的暖风徐徐吹来。白莲镇下属的小王大队（1983年改制为行政村）书记X. Y. L.等人凭借着敏锐的察觉力，带着小王大队的社员们开始了他们第一次创业之路。[①]一开始，大队没有资金，没有技术，X. Y. L.等人四处寻找合适的项目，先后到上海、东北等地考察市场，寻找好的项目好的技术带回家乡。经历了数月时间，X. Y. L.及另一个大队干部H. X. L.等人从上海担任了数月的学徒，带回了电热圈的生产制作技术。1979年，在小王村正式成立了白莲小王云母制品厂的队办企业（属于将乐县最早创办的社队企业之一），经营范围为电热圈、远红外线生产销售。工厂开始创办初期有技术和业务人员10余人，凭借着优良的产品质量和业务员的努力，在福建全省各地，甚至江西、浙江等地获得了各厂的认可，截至1980年年底，该企业共向大队上缴利润1万多元，企业经营

---

①小王村有不少村民是福建莆田市20世纪50年代迁移而来的，而莆田人素有"东方犹太人"之称，有较为敏锐的商业意识，这点或许是小王村人能够捕捉到改革开放市场信息的一个重要原因。

初步获得成功。

不过，由于经营管理及地处偏僻的山区、市场信息不畅通及产权不明晰等原因，小王云母制品厂 1982 年年底停办，企业被"改制"。站在现在的角度看，这个企业最成功之处是从当地村民中培养了一批掌握电热圈生产技术的村民，同时也培养了一批闯荡市场的销售管理人员。后来的实践证明，这是改变白莲镇大多数农民家庭命运的最重要的转机。从 1983 年，小王村的一些村民自觉自发地寻求变革，他们逐步转变为单家独户或几家联营的形式，朝着私营家庭作坊的形式发展。在随后的两三年时间内，家庭作坊不仅延续了队办企业的生命，同时培养出更多的有市场意识和生产技术的村民，这点为后来他们外出闯荡市场奠定了坚实的基础。

1983 年春节，小王村村民 C.M.S.、H.E.R.、H.S.G. 等原来在队办企业做过工的三个人，经过几个晚上商量，一致认为生产电热圈在小王村已有几年时间，既然现在集体不经营，那就可以试试单家独户或几家联营。就这样小王五金电器综合厂便办起来了，随后逐步扩大到电热圈生产领域。当初投产后，村里不少人用怀疑的眼光看待他们，毕竟经历过"文革"时期"割资本主义尾巴"的村民对此充满了疑虑和困惑。但是他们三人顶住了各方面的压力，三人自筹资金 300 元，购置了生产设备和工具，买回了原材料，外出寻找销路，因陋就简，充分利用现有生活住房，兴办起家庭工业。

从现在的角度看，白莲人进入电热圈这个初始的行业，既是偶然也是必然，其中最重要的是与当地农民的吃苦耐劳的本性有关系。小王村兴办家庭电热圈工业与这个行业的特征适应农村家庭现状有很大关系。在改革开放初期，家庭工业具有强大的生命力，它应变能力强，经营灵活，产销可以自行安排，农民可以"离土不离乡"，根据市场订单组织生产。特别是生产电热圈投资少、效益高，当年就能见成效，生产规模大小均可，而且电热圈的制作技术易学，一户只要一人懂技术，全家都可以配合生产，既解决了家庭剩余劳力的出路，又增加了收入。从电热圈生产经营形式上看，既可以独户经营，也可以几户联营，其特点是自立门户，自筹资金、设备，自开生产门路，自找生产场地，自采原料，经营者自己生产，自己销售，自负盈亏。另外，电热圈生产资金周转快，产品不积压，农民农忙时就利用早晚生产，与农田劳动不争时间，因此家庭工业很适合农户经营，这些都与当时的农村经济发展形势相符合。

C. M. S. 等三人经过一年的努力，1983 年当年就盈利 1 万多元，每人分得 3000 余元。C. M. S. 自己不但还清了历年所欠的债务，还建起了一幢 200 多平方米的砖木瓦房。他们的成果吸引了周围几个村的青年，令其纷纷登门求教。他们三人心想，自己富了，也要能够带动乡亲们致富。凡是登门请教技术的，总是毫无保留地教他们，由此进一步扩大了当地技术、经营和管理人才的储备。实践证明，C. M. S. 等人在扩大白莲镇乡土人才队伍等方面发挥了关键的引领示范和承上启下的作用。

1984 年 C. M. S. 等三人自立门户分开经营，村里又有六个家庭想生产电热圈。由于他们在技术场所等方面都有困难，于是 C. M. S. 等人将设备、原材料让给他们使用，并让他们挂账户和牌子打开销路。当他们因遇到技术资金、销路等问题求助时，都尽力而为。如村民 C. L. J. 家比较困难，生产电热圈缺少资金，C. M. S. 就借给他 1000 元，并给他提供市场销售信息，把自家的生产材料、工具借给他使用。村民 Y. T. R. 由于开始业务不熟，定了一批自己过去从未生产过的新型号产品。他找 C. M. S. 求助，C. M. S. 就抽空到他家帮他设计，在生产过程中手把手地教会他关键性的技术，如绕电阻面数、铺云母片等技术。C. M. S. 反复指导他，使他很快地掌握了生产要领，顺利地生产出合格产品兴办家庭工业，使他们尝到了甜头。1984 年当年被帮助的这几户生产电热圈的收入都在 2000 至 3000 元以上，一年就富裕起来。这种榜样和示范作用使得更多的白莲镇人加入电热圈生产行列中。

如小王村下属的天坊村是一个只有不到 20 户的偏僻的小自然村，但是在 C. M. S. 等三人的带动下，村里从事电热圈生产的农户，由 1983 年的三户，增加到后来的九户，占全村农户总数的 64%，而且天坊村的村民后来又帮助邻近乡村 17 户农民经营同门类产品的家庭工业。到 1984 年，白莲镇全镇的电热圈业总产值达到 284 万元，比 1983 年的 3.2 万元增长 7.9 倍。产品畅销江苏、广东、江西、浙江等十个省市。

1984 年之后，国家继续扩大改革开放政策，逐步为农民离开"乡土"、入城从事非农产业开辟了通道，这个机遇再次被已经经过初步市场"洗礼"

的白莲人捕捉到了。他们深知，自己生产的电热圈是为了满足城市相关行业的需求，只有在城市建立生产基地，才能更好地降低成本和占有市场。于是第一批吃螃蟹的白莲人只身来到当时改革的最前沿——广东汕头、深圳等地，开始了走南闯北的艰辛创业之路。

改革开放初期的沿海开放地区充满机会。地处闽西北山区的白莲镇人敢于走出家乡，带着一股拼劲以及对成功的渴望，搭上了改革开放的班车，在那个"遍地是黄金"的深圳大展身手。当初他们来到深圳等地创业，通常就是一个公文包、几件样品和一辆自行车，这是外出创业的白莲镇人每天出门跑业务的标配。他们一般早上 6 点出门，晚上 10 点回来，每天都要走上三五十公里的路，就为了拿到那来之不易的订单。一家人或是几家人联合在小作坊里完成一个个订单，不断积累资本和经验，站稳了脚跟，也不断扩大自己的市场范围，壮大自己的经营实力。

据了解，白莲镇人早期到深圳等地创业，当时用手工作坊，而生产一个电热圈的制造成本有十余元，售价可达百余元，利润较为可观。由于制造工艺简单、需求量大以及投入成本低，大多数白莲镇人外出创业者都选择电热圈来赚取人生的"第一桶金"。从家乡到广东走出的第一批创业人，有 90% 的人都是通过自制电热圈开始了创业征程。

和同处将乐县北片地区的安仁乡农民通过内生的血缘地缘式的亲带亲、老乡带老乡闯荡上海滩开店经商的历程相似①，白莲镇也是通过这种乡土性组织方式外出闯荡，大家在外面互帮互助、抱团发展、共同拼搏，带动越来越多的乡民加入了闯广东之路，生动地展现了农民特有的吃苦耐劳的韧性和团结合作的精神。

从 20 世纪 80 年代初开始，先是白莲镇的小王村、村头等村的农民先后到广东汕头、深圳、中山、东莞等地兴办小五金电器厂，生产电热圈、电热管等产品。之后，镇内外出广东沿海地区就业的农民逐渐增多，分布的地域也从珠三角向长三角等地扩散。从生产的组织形式来看，白莲人也在

①将乐安仁乡和白莲镇一北一南两个乡镇是该县最具代表性的两个农民通过传统的乡土内组织方式发展起来的两个乡镇，该县在外地成立的两个县域商会组织将乐县上海商会和广东省福建将乐商会也主要是依托这两个乡镇外出闯荡的乡民设立的。而近年来，当地在积极推进"乡贤"回归时，也主要是这两个乡镇的"乡贤"回归家乡，参与家乡的建设和发展。

不断发展演变，从早期的小作坊不断转型，向相关产业链扩展。他们利用当时便宜的土地价格，通过租地或买地建设工厂，引进新的技术，提高产品产量，逐渐扩大生产规模。就这样，很多乡民从早期的2—3人家庭式小作坊逐步成长为几十上百人的企业，资产上千万，甚至过亿元的大企业。不少乡民的企业越办越大，越做越强，其中有1000多人后来又转移到上海、江苏及全国一些重要城市办起总部或分公司，出现了像 H. D. R.、H. R. H.、C. G. P.、Y. Y. L. 等一大批优秀的企业家和企业。

到了 2018 年，白莲镇全镇外出广东、浙江、江苏、上海等地经商务工人数超过万人，占全镇总人口的 2/3，是全县外出人口最多的乡镇，其中外出到广东的乡民主要集中分布在汕头、中山、东莞、惠州、深圳、珠海等地。他们所办企业的经营范围也从单一的机电行业扩展到机械、化工、电子、家电、珠宝加工、竹木加工、印刷、制药等多种行业，经商的经营门类有日常生活用品和部分日用工业、文化用品等。

白莲镇的农民在第一阶段的经济转型方面获得成功成为新型经济精英之后，他们就会有新的人生追求，其中大多数就会追求"社会声望"，由此逐步实现他们人生中的第二阶段的转型，即从新型经济精英转变为新型社会精英（"乡贤"）。正如我们在第四章分析中所指出的，现代的新型经济精英要成功在家乡转变为"乡贤"，必须通过参与家乡的建设发展，包括襄助和参与家乡村庄社区的公共事业发展以获取"面子"和地位，由此才能更好地彰显"衣锦还乡"乃至"光宗耀祖"的人生自我价值的实现，并提高自身乃至自己家族在家乡的社会地位，进而更好地以"叶落归根"的姿态重新融入家乡的社会网络圈子，并重新建构村庄的社会经济文化权力网络。

返乡精英要实现从经济精英向社会精英转变的过程，往往要经过几个步骤。首先是他们要强化自身的内在组织机制，成立商会等经济社会组织，以加强身在"异乡"的自己的自身内在的经济和社会情感联系，为返归家乡投身建设凝聚力量，培养对家乡的归属感和认同感。同时，家乡的地方党政、统战部门也要主动发挥其倡导和引领的作用，包括由统战部门出面组织成立异地商会组织，组织部门则加强流动党建工作，以强化对流动党员的管理。所有这些，都是为外出群体营造一个良好的社会和组织范围。

白莲镇经济精英向社会精英转型

白莲镇外出的乡民多了,这个群体的内组织和外组织需求就进一步凸显出来。针对这种情形,在将乐县有关部门的引导下,2009年白莲镇外出农民成立了将乐县广东商会,2015年4月改名为广东省福建将乐商会,并在广东省社会组织管理局登记注册。商会成立的宗旨是本着团结、拓展、交流、服务的原则,以主动服务乡民,促进发展为目标,进一步加强外出乡民间的联系,增进友谊、互相帮助、谋求发展,共筑将粤经贸合作与交流平台,促进两地经济繁荣与社会发展。截至目前,广东省福建将乐商会共有会员286名,其中理事成员70名,会员企业235名,会员涉足机械、五金、电子、陶瓷等20多个行业和领域,其中80%的会员为白莲镇人。2011年,白莲镇党委成立了将乐广东商会流动党支部,进一步加强对在广东的流动党员的教育、管理和服务,更好地发挥流动党员的先锋模范作用,形成了具有较大影响的区域商会群体组织。

将乐县富裕起来的白莲镇农民成功转型为新型经济精英,他们致富不忘家乡建设,纷纷成立慈善基金会襄助家乡公益事业发展,包括为家乡修桥铺路、访贫问苦、捐资助学等,由此完全从经济精英向社会精英——"乡贤"角色转变。在将乐县白莲镇有关部门以及各村村"两委"的倡导下,白莲镇外出商人纷纷以"乡贤"的身份返回家乡投资兴业,包括流转土地发展现代农业产业等。

很多白莲镇外出乡民回归家乡,并通过各种途径参与家乡的发展建设和乡村振兴事业。截至目前,全镇成立的基金会有十多家。据不完全统计,最近几年,外出经商的乡民共出资120多万元支持家乡的各项公益事业,包括修建桥、路水电设施和学校等,在一定程度上改善了全镇投资的环境。为了表彰白莲镇"乡贤"对家乡作出的贡献,2020年白莲镇专门修建了一个乡贤馆,馆内辟分为"迈出乡土""勇闯商海""蓄力崛起""善行义举"等四个版块,展示白莲镇浓厚的"乡贤"文化。

特别需要指出的是,目前白莲镇大多数的建制村都成立了基金会,全镇只有两个建制村没有正式成立基金会。

表 7-1 白莲镇村级基金会成立情况表

基金会名称	成立时间	主要成员	筹集方式	资金总额	资金用途
同心汇基金会	2009 年	23 名白莲中学同学会员	会员定期捐助	100 多万元	捐资助学和慰问贫困人员
铜岭村基金会	2016 年	本村村民	自愿捐助	2.1 万元	公益事业建设、救助贫困、年终慰问老人
三溪盖竹基金会	2015 年	—	—	—	基础设施建设、年终慰问老人
白莲村桥背基金会	2006 年	本村村民	自愿捐助	180 余万元	敬老、助学、助残、基础设施建设
古楼村慈善基金会	2008 年	本村村民	自愿捐助	102.6 万元	年终慰问、扶贫济困、关爱弱势群体、发展乡村振兴
牛岭村基金会	2014 年	"乡贤"	自愿捐助	—	基础设施建设和年终慰问老人
基金会名称	成立时间	主要成员	筹集方式	资金总额	资金用途
大里村徐氏基金会	2014 年	会员 60 余名	会员定期捐助	54.8 万元	扶贫救困、宗族公益事业
墈厚村基金会	2014 年	会员	会员筹集	—	救困、助老、助学
小王村基金会	2012 年	本村村民	自愿捐助	20 万元	建设美丽乡村、捐资助学、年终慰问
大王村基金会	—	本村村民	自愿捐助	—	帮助困难学生、修建学校、修桥修路等惠民项目

2006 年成立的白莲村桥背基金会是白莲镇最早成立的村级基金会。该基金会主要由白莲村外出"乡贤"出资设立，以敬老、助学、助残为目标。

自成立以来，基金会每年奖励本村考生本一批的学生 3000 元/人、本二批 1500 元/人、专科 800 元/人，年终慰问 70 周岁以上者 200 元/人。与此同时，白莲村其他下属自然村则以村民自愿集资的方式，捐助村内基础设施建设，如道路拓宽、修建桥梁等项目。截至 2019 年，基金会共筹集资金 180 余万元。

白莲镇成立于 2008 年的古楼村慈善基金会是全镇第二家村级基金会。该基金会以村内需要、村民自筹的方式维持日常运作。自成立以来，基金会运行项目较多，主要有道路拓宽、硬化、年终慰问、扶贫济困、关心关爱弱势群体、发展乡村振兴项目等，近几年已为本村捐资出了 102.6 万元爱心款。小王村基金会成立于 2012 年，算是全镇第三家村级基金会，主要以村民集资为筹资方式，现存有资金约 20 万元，资金主要用于建设美丽乡村、捐资助学、年终慰问等。目前，资金用于年终慰问 60 岁以上的老人，每人 600 元；大学生本科奖励，每人每年 300—500 元；专科奖励，每人每年 200 元。

2014 年到 2016 年是白莲镇村级基金会成立最多的时期，仅 2014 年就有大里村徐氏基金会、墈厚村基金会、牛岭村基金会等三个村成立基金会，2015 年和 2016 年分别成立了三溪盖竹基金会和铜岭村基金会两个村级基金会。这些村级基金会主要是以助学、助困、助老和修建家乡的桥梁道路、篮球场、学校、停车场、修建宗族祠堂等公益事业为主。如成立于 2014 年的大里村徐氏基金会以宗族组织的名义设立，共有会员 60 人。该基金会成员每年正月初三召开一次会议，主要议程有捐资、公布一年收支账目、进行族规教育。基金会成立至今共捐资 54.8 万元，其中 2015 年向村里的重病困难户捐款 32000 元，2016 年春节起向本族 70 岁以上的老年人送慰问金 200 元和一箱苹果，2016 年新建徐氏祠堂 43 万元。也有的个别村基金会开展了一些较为特殊的服务项目，如成立于 2014 年的墈厚村基金会主要以会员集资方式募集资金，资金主要用于老人去世奠礼 300 元/人，学生资助 300 元/人，对因病致贫的困难户提供免息货款。

也有的基金会以单一的助学为主。如 2009 年由白莲镇外出的 23 名 1992 届、1993 届的镇中学同学参与助学，另外有两名当地学校老师成立了同心汇基金会（简称"同心汇"）。基金筹集资金的渠道主要是由各成员自愿捐助，原则上每人每年捐助一次，按 2000 元至 50000 元的标准，每人连续捐助三年即可，资金主要用于捐资助学和慰问贫困人员。为确保正常运转，基金会制定了日常事务、议事决策、财务管理等相关机制。截至目前，该基金累计筹措到的资金有 100 多万元。目前，受基金会第一批资助的镇里的品学兼优的七名困难学生已考上大学。他们从初中开始就接受同心汇的援助，同心汇从他们初中至大学时期给予每学期 1000—3000 元不等的资助。除了资金资助，同心汇成员还不定期走访了解受助学子的情况，从思想、生活和学习等各方面给予关爱。而后，同心汇还陆陆续续对本镇的贫困学生进行捐资助学，受益学生总数达 17 名，资助规模也在逐年扩大。

特别需要指出的是，得益于一些外出乡贤参与白莲镇各村的相关基础设施建设，将乐县把其中的一些村庄纳入乡村振兴示范村建设，并积极争取上级政府各类项目资金投入，大力改善当地的人居环境和民风民俗，力图从产业振兴、生态振兴和文化振兴角度带动乡村全面振兴，其中小王村和大里村片区就是其中一个典型。从 2017 年开始，这两个村被纳入将乐县乡村振兴示范村，至今争取到的各级政府项目投入已经超过 3000 万元，当地民众纷纷配合当地政府的规划，对房前屋后的猪栏、鸡舍、茅厕及破旧房屋进行统一规划整治。前期投入由农户和政府各承担一半，有效调动了全村农户参与家乡建设的积极性，村庄面貌焕然一新，成为周边远近闻名的乡村建设示范村。

白莲镇大里村整治前后效果对比图

白莲镇小王村建设新貌

在实践中，也有的"乡贤"试图通过直接参与村级选举或者扶持相应的代理人来达到参与乡村治理的目的，以获得或者分享村"两委"组织领导权力，实现由乡村经济精英向乡村"政治"精英的转变，由此形成他们人生履历中的第三次转变。也有的"乡贤"通过组建或者控制其他民间社会经济文化组织的形式，以分享和获取乡村社会治理权力，并与村"两委"构成某种合作或者博弈的关系，闽西长汀县和闽西北将乐县都有不少类似的案例。白莲镇有个别年轻人或者出于自身的人生追求，或者受家乡长辈及家族成员的"委托"，返归家乡参与村"两委"干部的选举，进入村级政治组织，转变为新型政治精英。

当然，从组织振兴实现路径的角度来看，不是每个经济精英都会自觉自愿转变为社会精英（"乡贤"）参与家乡的建设发展的。要让他们成功转化为"乡贤"，需要借助一些外力因素，其中最重要的是培养和塑造一批"乡贤"典型代表，让其在乡村组织建设与乡村振兴中发挥带头和引领作用。如浙江绍兴市上虞区已经形成党委政府主导、社会协同、公众参与的制度化的"乡贤文化"组织和建设体系，把"乡贤文化"深深地融入当地的社会组织和文化建设氛围中。站在"乡贤"们的角度看，他们之所以积极参与村庄公共事务，大都是想在家乡获得更大的"面子"、声望和社会地位。因此，当他们捐款捐物后，应将他们热心社区公益事业的奉献事迹在村庄中大力宣传和褒扬，借助这种"广而告之"的做法扩大其影响力，起到塑造社区公益精神的作用。

二、传统乡村治理力量"多元"整合

在第一章中我们提到，传统的乡村自治格局中，有一整套基于血缘地缘关系的地方性组织和治理制度，尤其是宗族组织、民间信俗、民间宗教组织在乡村治理中发挥了非常重要的作用。新中国成立至80年代改革开放之前，由于国家力量把乡村传统组织和治理力量界定为"族权、神权"，并作为现代化的对立面而加以严厉打击，使得很多传统乡村治理力量逐渐式微。改革开放至今，国家力量对乡村的控制力趋于弱化，一些潜伏的传统治理力量又逐渐转型并复苏于乡村治理场景中，成为乡村自治、德治的重要组织依托和力量源头。

从当前的组织振兴的实践路径来看，发挥了较为关键的村治参与作用的是老年人协会。正如本书前文一再强调的，老年人协会组织以乡村中具有较高社区声望的老年人为主要成员，一方面可以把大多数乡村留守老人组织整合起来，实现乡村老人群体的自治，并以自助式养老方式实现"老有所为""老有所乐"，减轻留守老人的精神和心理的孤独感，即以老年人协会的形式发挥类似养老院的功能，提升自助式养老事业的发展；另一方面，老年人因其拥有丰富的人生阅历和社区威望，加上他们有相对较多的空闲时间，也愿意在乡村治理中发挥自己的"余热"，奉献出自己的精力，因此他们能够在乡村治理中发挥多方面的职能，包括参与乡村各项事业发展决策、调解和化解村庄内的矛盾纠纷、倡导乡村公益和公共治理精神等。福建省晋江市的老年人协会在这方面就发挥了良好的参与和协商作用。

在大多数的宗族聚居性村落社区中，老年组织往往是和宗族组织甚至是社区民间信俗相互嵌入到一起的，因此这类组织带有很强的血缘地缘组织特征。与此同时，在参与乡村治理的过程中，老年人协会往往以宗族组织或民间信俗组织的名义接受村庄的财物捐赠资源，并用之于村庄的公共事务中。也有的村庄的老年人协会直接收取社区管理费，如闽南晋江市有的村庄的村民因对村庄中的老年人协会信任度较高，甚至提议把村庄的部分集体经济资产交予老年人协会来管理运营。这类老年人组织在乡村治理中能够发挥村庄公共事务讨论、矛盾调解等全方位的参与作用。

必须特别强调的是，当前乡村组织振兴过程中，要更加重视加强基层党组织的引领作用。只有强化党组织建设，才能形成多元治理和整体治理的状态，形成乡村"善治"的多元合力，否则多元主体参与乡村治理可能会发生多元力量的博弈。例如，闽南晋江市磁灶镇东山村的老年人协会就是在村党组织的领导下开展工作的，老年人协会的领导人要经过选举，并由乡镇党委的政治审查后才能担任。

在一些缺乏民间社会活力的中西部村庄中，由于市场经济和城市化工业化的发展导致乡村的人、财、物大量外流，尤其是乡村青壮年人口大量外出，维持乡村社会基本秩序的内生力量已经式微甚至"衰竭"，但这并不意味着其组织振兴的内生力量已经完全丧失，关键是用何种方式将村庄精英和普通农民再整合起来，重建乡村的组织实现路径。

以豫北杞县西寨乡的黄土岗村为例。该村是华北平原的一个普通的村庄，全村有2个自然村，9个村民小组，737户、3150人，耕地面积2981亩（截至2018年年底数据）。多年以来，黄土岗村集体经济发展薄弱，除了上级政府的财政转移支付，几乎没有任何"村财"收入，加上村里的大量青壮年人口外出打工，村庄的公共意识明显弱化，村民的"原子化"现象极为突出。为了改变这种情形，培养村民的集体公共意识，2019年6月30日，黄土岗村党支部决定发起"献爱心助家乡发展倡议书"活动，号召本村父老乡亲捐资助力乡村公共设施建设，包括安装太阳能路灯、安装监控摄像头、建设健身广场舞乐园等。这是该村首次倡议村民献爱心，募捐时间定于2019年7月4日至7月10日，其中7月4日发动网络募捐、7月5日发动现场集中募捐。村里在本村幼儿园设立主募捐场，各村民小组则设立流动募捐点。

为激励村民参与此次活动，黄土岗村"两委"规定对在此次募捐活动中个人或家庭捐赠200元以上（含200元）的村民建立永久性集体"功德碑"，捐款额1000元以上（含1000元）的个人或者家庭，上报乡党委政府申请颁发"优秀新乡贤"荣誉证书，并对在此次募捐活动中有重大贡献的单位或个人赠送锦旗。黄土岗村的倡议书饱含深情地倡议道：

乡亲们，黄土岗村的发展是我们共同的牵挂，树大参天、落叶归根，家乡故土是我们永远的根，无论大家身在何处，家乡、家人是我们心灵的归属，因为这片土地养育我们世代，我们永远是黄土岗人。我们村"两委"干部郑重承诺：竭尽全力建设文明、美丽、和谐黄土岗村。

为了消除村民的顾虑，黄土岗村"两委"明确承诺，此次募捐所得资金及用途将在第一时间张榜公示，并建立募捐台账，确保大家的每一分贡献都有据可查，让募捐活动在阳光下进行。正是由于组织严密、透明公开，这次公益活动得到全村大部分村民的积极响应和支持。大家热情参与，期待通过大家的力量"赶快落实路灯建设，让黄土岗村夜晚不再黑暗"。这也是该村首次借助微信群网络强化村民们的归属感和故乡情。

为了让更多的村民参与这次公益募捐活动，村"两委"在募捐期间每天都公布捐款者的家庭和姓名，这样一些原本持观望态度的村民也陆续加入捐赠活动中。据统计：截至 2019 年 7 月 5 号 6 点以前，全村共募集资金 39051.5 元。受这种氛围影响，黄土岗村募捐的参与范围进一步扩大，参与进来的村民也越来越多。截至 7 月 9 日下午五点半，全村累计捐款总额达到 94761.5 元。以此推算，全村平均每个村民捐助了 30 元。

黄土岗村"两委"首次倡议的公益募捐活动，得到了大部分村民家庭的支持，重构了村庄的社会资本结构。曾经这个村的干群关系十分紧张，村民对村干部极度不信任，村子里也从未组织过募捐活动，村民的组织程度一向不高。而通过这次集体募捐活动，大大改善了黄土岗村干群关系和村民之间的人际关系，激发了村民的公共意识和协作精神。这次募捐活动之所以能够顺利并获得圆满成功，其主要原因有以下四个方面。

（1）募捐目标定位准确。黄土岗村村干部找准了当下全体村民最期盼的路灯、摄像头安装、广场舞场地建设等公共品供给为募捐活动的立足点，切实回应了广大村民的基本民生需求，因此村民能够从中得到满足感和获得感。

（2）凸显村党组织和党员的引领和示范带头作用。整个募捐活动由村党支部牵头，村干部率先带头捐款，同时发动村里的 38 个党员参与，由党员带动亲友乃至其他村民参与，由线上到线下开展募捐活动。在公共意志达成的基础上，一旦有人牵头组织，有人响应，其余大多数村民就会一起响应。

（3）建立了较好的组织激励机制。黄土岗村规定，一个村民家庭只要捐赠200元，就可上"功德碑"，这点对村民很有吸引力。大家愿意支付200元，以获取"名留千古"的社区声望，在村民中展示自己的"爱心"与付出。反之，不参与的公益活动的村民事实上会感受到一定的社区压力。

（4）利用现代化信息技术手段组织募捐活动开展。村干部建立了属于本村的微信群，并分别建立村民群与党员群（党组织关系在村内和村外都算本村党员）两个微信群。在群里公开发布募捐活动倡议书、公开捐款数额以及近五年来村干部所做的中心工作。同时，村干部也在群里以积极回应村民的疑问等方式，赢得乡村精英的认可与支持。即使是那些在外务工的村民也可以通过微信群，便捷、迅速、清晰地了解家乡的规划和发展情况。事实证明，这种做法在更大更广的程度上动员了全体村民参与公益募捐活动。

除了组织公开募捐活动之外，黄土岗村干部还号召大家大力弘扬"孝道"精神，将妇女组织成一支妇女志愿队，于2019年7月5日组织妇女志愿服务队为全村60岁以上老人包饺子、献爱心、送关怀。妇女和老人是乡村最好的宣传员和治理资源，通过组织妇女为老年人提供饺子宴，增强了妇女的参与感，进一步激发了群众参与村庄公共事务的积极性。而村里的老年人也从中感受到村干部和后辈对他们的关爱和支持，有效地改善村庄的人际关系。这次献爱心活动，使全村老年人感受到集体的温暖，有的老年人甚至感动得流出了泪水。村庄老年人聚在一起吃完饺子后，每个人都掏出一沓由一元、五元、十元组成的"百元"捐款捐给村干部，为本村建设贡献出自己的一份心意。

确实，现代市场经济的价值观对传统乡村的"礼治"治理秩序形成了严重的冲击。过去，村里的老党员、辈分高的老年人在村民心中有威望，说话管用，掌握着村庄的"自治"和"德治"权力，而现在的村庄老年人因为子女外出，受到外面观念的影响，加上老年人年老体衰，不能劳作也无法掌握家庭的经济资源，在家庭和村庄社区的话语权自然大为下降，甚至成为一些农民家庭乃至村庄社区的"累赘"。因此，多年来大部分留守在村的"空巢"老年人，成了城镇化工业化过程中被"遗忘"的群体，而他们恰恰是最需要整个社会关爱的群体。黄土岗村组织妇女志愿队关爱村里的留守老人，恰恰是重新彰显社区的"孝道"精神。

黄土岗村的公益募捐活动实践证明，即使在一些集体经济发展落后的"空壳村"，只要组织措施得当，契合村民群众的呼声和诉求，就能够得到广大村民的支持。有了 2019 年的这次募捐活动的经验，黄土岗村的社区公共意识被初步激发出来。2020 年新型冠状病毒肺炎爆发后，为抗击此次疫情，黄土岗村将村民以"五户一保、十户一连"的方式将村民组织起来，让党员、村民代表任保长、连长，负责为村民测量体温、发健康证、代购日常用品等，取得了良好的效果。其中，村里的党员、村民代表、积极分子在其中发挥了重要作用。

第七章 / 乡村组织发展的整体趋势及促进组织振兴的对策

第一节 乡村组织发展的整体态势分析

在本书开头提到，组织的本质是建构一种相互合作的关系，以获得社会个体难以获取的目标。组织既是一个过程，也是一个结果。正如卢梭所指出的："人类没有别的办法可以自存，除非是集合起来形成一种力量的总和才能克服这种阻力，由一个唯一的动力把他们发动起来，并使他们共同协作。"① 乡村组织振兴的目标主要是通过培育各类乡村组织，提升其在乡村建设发展和治理中的组织动员和资源整合能力，最终实现乡村发展的公共利益最大化。这点始终是本书研究和论述的出发点和落脚点。

现代社会中，促进人们之间相互合作的机制主要有三种，即科层组织、市场组织和自治组织。其中科层制主要指自上而下的行政组织，强调的是行政强制力对组织运行的作用。市场组织主要指以经济理性为合作前提，强调趋利动机这一原始动力对组织合作的作用。这类组织的代表是各种经济类合作组织，其组织机制是以经济激励方式达成组织行动的目标。至于自治组织则主要是指自愿自发公益性的非行政、非经济组织，强调的是志愿性、公益性和非营利性、社会道义性价值的实现。在乡村组织振兴中，必须区分不同的组织形式和组织体制对乡村发展和振兴的作用，并着力建构三种组织共建共治的协同合作机制。

---

① [法] 卢梭：《社会契约论》，何兆武译，商务印书馆，2003 年，第 160 页。

科层组织、市场组织和自治组织三种机制能够达成，取决于很多外在因素。通常，在行政成本低、市场经济交易成本低、结社成本低的情况下，民众之间容易达成合作。但是这三种合作机制也有可能在缺乏社会资本的地方失效，导致不合作行为的发生。[①] 回顾新中国成立至今的乡村组织体制，可以发现大体经历了三个发展阶段。

第一阶段是实行乡村科层制组织阶段。从 1949 年新中国成立至 20 世纪 80 年代之前，乡村组织体制逐步朝科层制组织转变。由于实行计划经济体制，国家力量对乡村的控制不断强化，从互助组到合作化再到 20 世纪 60 年代前后建立人民公社体制，即国家以行政权力对乡村社会实行高度控制，形成以高度集中的"三级所有、队为基础"的组织体制，这种体制就是典型的科层组织，它以制定强力的组织行动规则来促进农民合作。这种组织体制把乡村所有的人、地资源整合到人民公社体制中，由此获得了强大的资源动员能力，以强制合作的形式将农民组织起来，实现集体的共同利益。正如黄宗智所说的："解放后，（乡村）水利改进的关键在于系统的组织，从跨省规划直到村内的沟渠，很难想象这样的改进能如此低成本且系统地在自由放任的小农家庭经济的情况下取得。集体化，以及随之而来的深入到自然村一级的党政机器，为基层的水利几乎免费提供了组织前提。"[②] 不过，当农民初始的合作热情逐渐退却之后，这种组织的监督成本过高、组织合作的成本过高的问题也就逐渐显露出来。尤其是大队——生产队的集体经济生产组织体系缺乏激励机制，抑制了农业生产力的发展。人民公社体制最终也随着 20 世纪 80 年代土地家庭联产承包责任制改革的实施而解体。

第二阶段是市场合作主导乡村组织发展阶段。土地家庭承包制的推行，本质上是引入市场组织激励机制，对乡村的整体组织架构进行改革。改革开放至今，乡村组织改革的总体演变态势是以市场机制替代农民之间的公共合作。姚洋指出："以市场替代合作，应该是我们思考解决'搭便车'这

---

① 陈雷、仝志辉：《社会资本与社会组织运转——以甘东用水协会为例》，《公共管理学报》，2008 年第 3 期。

② 黄宗智：《长江三角洲小农家庭与乡村发展》，中华书局，2000 年，第 234—236 页。

样的公共行动难题时首先应该想到的办法。事实上，市场本身就为我们提供了一个合作平台，我们中的每一个人都通过自愿的交易获得了利益，这些利益的加总就是市场为全社会提供的合作剩余。"在姚洋看来，通过市场所获得的合作更稳固，因为这个合作完全建立在农民自愿的基础上，而且这种合作的组织成本相对于收益来说也最低，因为市场组织是最节省信息的资源配置方式。[①]站在现在的角度看，土地承包到户后，单个农户家庭重新成为一个相对独立的市场经营单位，市场组织的激励机制首先在家庭组织中得以发挥作用。事实证明，在改革开放初期，土地家庭承包制确实极大地促进了农业产出的提升，解放了农业生产力，但是随着城镇化和工业化的快速推进，小农家庭经营制的土地经营面积过小，缺乏规模效应，与现代农业不相适应的矛盾也逐渐显露出来，迫切需要通过深化农村市场化改革建立现代市场经营合作组织来化解这一问题。

如果从村"两委"组织、乡村管理和治理的角度来观察，土地承包到户后，村基层组织在很大程度上失去了其经济组织功能，也失去了直接控制农民家庭劳动力的功能。由于不再直接控制乡村的人、地资源，村"两委"组织也失去了管控乡村的主要抓手。大多数村庄的村集体经济因此成为"空壳"，最终导致村"两委"的组织"弱化"、功能"虚化"和地位"边缘化"的问题，乡村社会因此失调失序，进而直接影响国家力量对乡村建设的有效管理和治理。再者，由于不再直接控制土地，基层政权组织和村"两委"先是以收取"三提五统"税费的形式收取农业税费，这种税费慢慢演变成被农民广为诟病的"农民负担"，导致乡村干群关系紧张。这点正是今日倡导乡村组织振兴的主要依据。

第三阶段是乡村组织全面发展阶段。面对当前乡村日益严峻的"衰败"形势，国家开始重新思考乡村组织改革方向，并最终确立了组织多元化发展的新思路，建构强化科层组织、激励市场组织和培育自治组织的新的乡村组织振兴新格局。

在全面从严治党的新形势下，国家一方面强化党对乡村工作的全面领

---

①姚洋：《以市场替代农民的公共合作》，《华中师范大学学报（人文社会科学版）》，2004 年第 5 期，第 40—41 页。

导，着力构建党建引领的组织振兴总战略，包括大力实施村书记、村主任"一肩挑"政策，化解"村两委"主干之间的矛盾，强化村党组织的组织力和执行力。同时大力推进农村集体产权制度改革，以发展壮大村集体经济，夯实农村社会主义制度的经济基础。另一方面，为了全面深化农村市场化改革，促进现代农业发展，建立现代农业经营制度，各级党委政府大力促进土地适度规模化集约化经营，并大力培育和激励农民专业合作社、家庭农场、农业产业化企业等新型市场经营组织发展，同时以农村集体产权制度改革为契机，确立集体经济组织的市场法人主体地位，赋予其重新组织乡村人地资源的制度依据。所有这些改革和政策举措，都是为了让市场组织机制能够在优化农业生产力和生产关系中发挥更好的作用。

与此同时，在乡村振兴的战略指引下，为了推进乡村治理体系和治理能力现代化建设，国家也明确鼓励乡村自组织发展。前文提到，很多学者认为，自2006年国家全面取消农业税费后，国家和各级地方政府对"三农"领域的投入开始下降，由此导致国家权力对乡村的控制力进一步弱化。而事实并非完全如此，税费改革更多是国家对农村治理体系从以往的"汲取型"治理向"反哺型"治理转型的重大转向。确实，站在乡镇党委政府和村"两委"组织的角度看，过去他们主要通过向农民收取税费、调整农村承包地、搞计划生育等方式来对乡村进行管理和治理，而税费改革后，国家规定不再向农民收取各种税费，2018年新修订的《中国共产党农村基层组织工作条例》也取消了对计划生育工作内容的要求，这就使得地方党政部门和村"两委"干部在开展乡村工作时不仅失去了经济收入来源，也进一步失去了管理乡村社会的抓手。从这个角度来说，作为代表国家权力的地方党政部门和村"两委"组织对乡村的直接控制力也趋于弱化，乡村组织振兴也主要是应对这种发展态势而采取的应对举措。

不过，上述观点在很大程度上其实是一种片面的理解。正如我们在本书研究中注意到的，国家正式组织力量的退出，表面上看是国家力量对乡村的治理控制力相对弱化，但也恰恰为其他乡村非正式民间自组织成长创造了新的环境条件，催生了新时代的乡村"自治、法治、德治""三治"融合的新格局。正如有的研究者所注意到的，由于组织成员的多层次需要，促成了非正式组织的产生①；换句话说正是由于正式组织的局限性导致了非正式组织的产生。② 在改革开放和市场化经济的大潮中，各种农民经济合作自组织、社会协同治理自组织、民间文化自组织应运而生，因时而成长，在乡村的经济、政治、社会、文化乃至生态建设振兴中都发挥了重要的作用，国家与社会的力量因此而重构，乡村社会资本因此而重组。这一切都预示着一个新的乡村治理体系在逐步形成，乡村治理能力现代化建设也初露端倪。现代性国家治理力量和乡村"自治"和"德治"力量交相辉映、相互融合，形成了新时代的"党建引领、多元共治"的新景象。

事实上，换一个角度看，也正是从 2006 年的税费改革开始，国家对乡村工作的领导和治理方式发生了根本性的变化。在此之后，国家开始大力推动"社会主义新农村"建设，党的十八大之后大力推动"美丽乡村"建设并大力实施乡村精准扶贫，而党的十九大后则进一步大力实施乡村振兴发展战略。这些宏观顶层制度变革标志着中国真正进入了一个"反哺型"乡村治理新时代，国家也将更多地扮演资源的输入者的角色。这种乡村治理体制的转型意味着地方政府和村"两委"组织和村干部也要扮演乡村项目资源的输入承接者、规划者、执行者和监督者的角色，和过去收取农业税费、搞计划生育时所扮演的管控型角色有本质的差异。现代乡村治理中，要求基层干部和村干部更多是扮演治理者和服务者的角色。

站在国家的角度看，自 2006 年至今，对"三农"领域的各类项目资源投入持续加大。巨额的投入用于支持乡村基础设施建设、开展精准扶贫攻坚、实施乡村振兴、提升乡村公共福利等，国家力量更多承担起公共管理者的角色。作为资源的输入者，国家的巨额投入究竟能否取得期望的效果，特别是否能够转化为普通农民群众的获得感、幸福感和安全感，这是乡村组织振兴首先要面对的问题。只有建立起良好的乡村组织体系，才能真正提升乡村的组织执行力，进而把国家输入到乡村的政策和项目资源转化为乡村振兴的动能。而要实现这个目标，如何在乡村振兴中以组织振兴为抓手，进而组织和动员农民群众和村"两委"组织与地方党政部门力量一道，

---

①朱丽莎：《组织中的非正式群体以及其管理对策》，《科技进步与对策》，2001 年第 4 期。
②李爱国、彭长征：《社会大转型时期的非正式组织再造》，《经济管理》，2002 年第 6 期。

形成共建共治共享的行动能力就显得尤为关键。

实践证明，乡村组织振兴中既要发挥村"两委"等正式组织在承接政府输入乡村的项目资源的管理和治理的作用，也要培育和激发村庄社区的老年人协会、"乡贤"理事会、宗族组织和民间宗教组织等各类非正式自组织在服务乡村的村治参与作用。和乡村正式组织相比，乡村非正式组织可以链接各类民间力量和民间资源，有更广泛的组织动员能力，组织的形式也更加多样，能有效弥补"政府失灵""市场失灵"所留下的乡村治理"空白"领域，在正式组织不能覆盖的领域发挥自身的关键性作用，这对于现代乡村"善治"体制有不可或缺的价值和意义。

第二节　当前乡村组织发展中存在的主要问题

我们的研究也表明，在当前科层制组织强化、市场组织和乡村自组织蓬勃发展的新时代，乡村组织建设发展中出现了一些值得重视的问题。在促进乡村组织振兴过程中，如果不能有效应对这些问题，将会直接影响组织振兴乃至乡村全面振兴目标能否顺利实现。

由于不同类型乡村组织追求的目标、组织规则和运作机制有很大的差异，彼此间不可避免地会存在一些利益诉求差异，由此形成的博弈局面可能会引发乡村社会的矛盾和冲突。原本是为了凝聚乡村建设力量的多元组织体制，却可能成为分化瓦解乡村力量的源头，背离共建共治共享的现代社会治理之原则精神。这种情况主要表现在以下几个方面。

一、村"两委"主干之间职权不明晰

当前，不少村庄依然存在基层党组织"弱化""虚化"和"边缘化"甚至"软弱涣散"等问题。产生这种局面的根本原因在于以往乡村基层党建缺乏切实有效的平台和载体，党建工作大都流于形式，没有具体落实到乡村的日常实际工作场域中，普通村民甚至乡村党员对党建活动无感。正如我们在第三章中所分析的，在国家力量对乡村控制相对弱化的情况下，村庄中缺乏一种占据领导或主导地位的"领头雁"组织。村"两委"组织架构中，村党组织和村委会尤其是村党组织书记和村委会主任之间很容易出现分歧和矛盾。在村民自治制度的框架下，代表村党组织的村支部书记经

由村庄内的全体党员选举产生，而村主任则是通过村民选举产生，两者各有不同的合法性权力来源，但是由于村庄党员的数量远比村民数量要少得多，因此无论是两位主干自身还是普通村民都对两位主干的职权和职责难以清晰判定。尽管基层党组织工作条例明确规定村党组织书记有全面领导村庄工作的职权，但是村委会主任也可以以自己是经过全体村民选举产生的理由，对村党组织的权力构成挑战。加上有的村主任有更强的家族势力或者"后台"支撑，甚至可能在村庄决策中有高于村党组织书记的话语权。如果出现这种情况，村党组织就可能出现了"弱化""虚化"和"边缘化"的问题，进而使得党组织对农村的控制力趋于"弱化"。

实践证明，凡是乡村治理较好的村庄，"两委"主干都保持了良好的合作关系，反之亦然，如闽南晋江市磁灶镇东山村就是属于这种典型类型。如果"两委"主干之间无形成一种团结的搭档关系，则意味着村"两委"组织可能出现相互内耗甚至内斗，最终可能导致"两委"组织处于涣散甚至"瘫痪"状态，村庄的"善治"也就失去了根本之基础。晋江市磁灶镇东山村的组织发展和建设历程就很好地反映了这点。这也是近年来国家为什么一直强调要强化村党组织在乡村工作中的全面领导作用，并试图通过大力推进村书记、主任"一肩挑"等举措，以明晰村"两委"主干之间的权责关系。

二、乡村组织间存在利益博弈

乡村社会中，科层制组织、市场组织和农民自组织各有不同的组织规则和利益诉求。各类乡村正式和非正式的自组织在参与乡村的经济、社会、文化建设过程中，会试图分享村"两委"组织的政治权力，这样无形中对村"两委"的政治权力地位构成新的挑战，彼此间可能会展开激烈的博弈。例如在土地"三权分置"制度的实践场域中，一些新型市场经济组织尤其是一些返乡下乡的经济精英往往通过土地规模流转的方式掌握乡村最重要的土地资源，在乡村治理中建构和树立自己的强势甚至是优势的经济地位，强化市场组织在乡村经济发展乃至乡村管理治理中的话语权，从而对村"两委"组织的权力构成某种挑战。近年来，一些返乡精英甚至直接参与村干部选举，谋求更多的乡村治理权力。[1] 照理而论，返乡精英参与乡村治理

---

① 朱冬亮、洪利华：《"寡头"还是"乡贤"：返乡精英村治参与反思》，《厦门大学学报》，2020年第3期。

也是因各级党委政府的积极鼓励，但对他们的利益诉求也要善加规范和引导，避免返乡精英因过度追求自身的经济利益而形成"寡头"治理和"精英俘获"现象，使得村民的整体公共利益受损。

再比如，已有研究表明，乡村中的一些非正式组织往往可能会嵌入到正式组织中，从而对正式组织的运行产生某种消极作用。此外，一些非正式组织往往安于现状，害怕变革会损害他们的既得利益，所以会以各种方式来抵制变革。他们可能会想方设法控制组织内部成员的行为，影响正式组织的管理效率。[①] 如前文第四章中提到的，南方的大多数宗族性村落的村干部选举会受到宗族或者"房头"势力的影响。而在福建省晋江市，传统的民间宗教权力、社区威权是被社区的老年人所掌控的，因此一些村庄的老年人协会试图强化自身的影响力，或明或暗地阻止地方政府强力推行的"移风易俗"行动。类似这样的情况在很多乡村都存在。

三、形成乡村"寡头"治理机制

当前，各类乡村组织如果整合度过高，而外部的监督机制没有及时跟上，就容易形成"寡头"治理体制，导致组织权力高度集中在个别或者少部分人的手中。改革开放40多年来，由于市场经济发展以及城乡流动加快，乡村社会呈现出日益凸显的社会分层。在这种情形下，拥有优势经济资本的经济精英会倾向于和拥有强势政治资本的村干部结盟，因此市场经济组织和村"两委"组织就会形成利益共同体。他们建构起一种"寡头"治理的组织体制，在乡村管理和治理的过程中排斥普通村民的利益，形成"精英俘获"现象。尤其是当村干部和市场组织精英融为一体时，由此形成的"政经合一"的乡村组织领导体制会促使乡村的资源进一步向强势阶层集中，强化他们的"精英俘获"能力。相比之下，普通村民的话语权则会受到削弱。

在形成"寡头"治理的过程中，与乡村强势阶层强化组织结盟的趋势相反，普通小农则呈现出弱组织化的发展趋势，主要表现在两个方面。第一，普通小农因没有足够的经济资本、政治资本、社会资本和文化资本，在自组织建设和组织参与中缺乏能力。由于当前多数小农家庭的青壮年劳

---

①朱敬明：《非正式组织研究综述》，《宜春学院学报》，2011年第2期。

动力普遍外流到城镇从事非农产业，留守在家的大多是"老弱妇幼者"，作为村治参与的"低能"甚至是"失能"群体，他们难以有效影响村庄的公共决策。和乡村的精英相比，由于信息不对称，普通小农掌握的市场信息、政策信息相对更少，使得他们在乡村组织中缺乏话语权。第二，国家相关政策制度形成某种排斥机制。如近年来，为了促进传统小农经济体制向现代农业经营制度转型，国家和地方各级政府出台的所谓利农惠农强农政策及巨额的支农项目资源大都是以扶持土地规模市场经营组织为目标，而把普通的"原子化"的小农家庭排斥在外。这种"精英俘获"现象会进一步弱化普通农民的组织性和组织能力，进而使得农民的行动能力降低。尤其是一个个"原子化"的小农家庭面对组织程度更加严密的精英阶层时，由此形成的组织能力的排斥会加剧两者的力量对比，乡村治理的权力配置会进一步失衡。

综上所述，可以看出，当前乡村组织建设中出现了一个悖论现象。即我们原本希望通过提高乡村的组织化程度，以提高农民的组织化水平，优化乡村的人地资源、国家政策和项目资源配置和使用效率，进而提高乡村治理能力，达到公共利益的最大化，但是在现实生活中，由于有的乡村组织更多关注自身或者小组织团体的利益，导致村庄的整体的公共利益反而因此受损。除此之外，由于包括村民代表大会的群体性民主决策体制在实际运行中也有自身的缺陷，很多由大家决策的事项有可能会损害村庄的整体利益和长远利益。如在农村新集体林权制度改革中，就曾经出现了村民的"群体性决策失误"现象。即由于每个村民都关注实现眼前的小利益，结果是大家通过村民自治和民主决策机制，作出了一个让全体村民的长远利益和整体利益受损的决定。[1] 在乡村组织振兴中，也可能出现类似的情况。

---

① 闽西北将乐县安仁乡泽坊（行政）村在2004年推进集体林权制度改革过程中，就全体村民民主自治的方式集体作出决策，把全村2500多亩山场"打包"，以公开招投标的方式流转给一个私人老板。尽管当时山场价格低迷，大部分村民也知道这个时候流转集体山场不划算，但他们认为山场留在村干部手中，也会被村干部"吃掉"，与其如此，还不如把这些山场"一卖了之"，虽然村民得到的只是很少的流转分成所得。事实上，到了2008年，这些山场价值升值了4—5倍，由于山场流转期限约20年，村民在某种程度是"失山失地"了（参见朱冬亮、程玥：《村级群体性决策失误："新集体林改"的一个解释框架》，《探索与争鸣》，2009年第1期）。

第三节 促进乡村组织振兴的对策

在实施乡村振兴发展战略时，组织振兴与产业振兴、人才振兴、文化振兴和生态振兴是互为一体的。只有吸引更多的人才参与乡村建设，才能为乡村组织振兴提供充分的人才保障，组织振兴才能有更好的社会基础。而产业振兴则是组织振兴的经济依托，良好的产业经济发展是各类乡村组织生成和成长的前提。只有强大的经济基础，才能为组织生长提供经济资源，并为各类组织提供参与乡村治理的载体和平台。乡村文化振兴和生态振兴作为乡村发展的重要目标，也是有赖于通过各类相关组织来加以落实和推进的。总之，良好的乡村组织建设能够把村庄内部和外部的政府、市场和社会的力量和资源整合在一起，并把它们融入乡村振兴实践场域，共同带动和促进乡村全面振兴。

乡村组织振兴的关键是围绕着建构"党建引领、多元共治"与"自治、法治、德治""三治"融合的共建共治共享的乡村"善治"体系为目标，推进乡村治理体系和治理能力现代化建设，推动国家治理力量向乡村基层下移，提升乡村治理水平。立足于当前乡村发展面临的新形势、新情况和新问题，结合实地调查经验，我们认为，应该以国家制定《中华人民共和国乡村振兴促进法》为契机[①]，为乡村振兴提供一系列的长效的制度支持，在重塑城乡关系、改革城乡二元社会结构体制、建立城乡一体化发展的前提下，采取多种举措加以应对，更好地探索、建立和完善乡村组织振兴的实现路径。

一、强化村党组织的自身建设

强化村党组织的组织和领导能力是保障乡村振兴战略顺利实施的基本前提。当前，最重要的是强化村党组织自身的组织建设水平，以培养打造一支真正"懂农村、爱农村、爱农民、善经营"的村"两委"干部工作队

---

①2020年6月18日，《中华人民共和国乡村振兴促进法（草案）》（以下简称《草案》）提请十三届全国人大常委会第十九次会议初次审议。《草案》从乡村产业发展、人才支撑、文化传承、生态保护、组织建设等方面，将党中央有关方针政策和地方实践中的成功经验通过立法形式确定下来，保障乡村全面振兴能够顺利推进和实施。

伍，吸收更多的乡村精英人才加入村党组织，尤其是要选拔那些工作能力强、群众基础好、有进取开拓意识、能切实团结和凝聚广大村民的新一代年轻精英加入党组织，并逐步从中选拔优秀的党员担任村党组织领导人。在这方面，闽南晋江市委组织部探索建立的党员"孵化"支部经验就有很大的参考借鉴和推广价值。该市近年来提前布局，有意识地把一些优秀的有开拓意识的年轻人纳入市"孵化"支部进行培养，选好新党员"苗子"。闽西北将乐县安仁乡党委也有意识地根据安仁乡的大部分年轻人外出到上海经商的情况，把每年的入党名额适当向外出的"乡贤"倾斜，尤其是注重从外出精英中选拔出年轻人入党，并把他们作为未来村"两委"主干的"候选人"和"接班人"进行培养。

另外，乡村要理顺村基层组织的"党政"关系，为此要切实以国家大力推进村党组织书记、村委会主任"一肩挑"为契机，整合"两委"组织，理顺村党组织和村委会的职权关系，尤其是要把选拔培养团结和谐的"村两委"主干成员作为组织建设的重点。一方面，为了化解"一肩挑"政策执行过程中可能出现的矛盾，可以探索修改基层选举法律，将各地探索的一些富有成效的非正式"一肩挑"选举方法手段变成正式制度化的选举举措。比如将村干部候选人的任职资格审查条件进行法律化界定，特别是在村委会选举中规定今后参加村主任选举的候选人必须是党员身份等限定条件，以此来化解"一肩挑"政策在落实过程中可能出现不能"一肩挑"的情况，包括通过法定程序确保只有党员身份的村成员才能参加村"两委"干部选举。这样可以进一步激励有识之士和各类乡村精英人才积极申请加入共产党，进而扩大党在乡村的群众基础。另一方面，在很多乡村弱组织化的情形下，也可以通过下派第一村书记的方式，强化上级党组织对乡村组织建设的领导力。这种做法既强化了国家力量对乡村的领导力，也在很大程度上强化了各类惠农利农强农政策的执行力。必须特别强调的是，凡是下派的村干部必须切实长期扎根乡村，不能如"候鸟式"或者"悬浮式"地在乡村开展工作，必须深入群众，做出实效。

我们在实地调查中发现，近年来在新农村建设中成效显著的乡村，大都有地方党委和政府强有力的"影子"在发挥作用。尤其是各级党委政府给一些"典型示范"村派出了强有力的"驻村"甚至是"住村"干部群体，然后通过他们组织实施各类输入到村庄的项目资源，把国家的政策支持直接转化为乡村振兴的效能，包括在扶贫攻坚中的一些重点贫困村也是采取这种组织执行方式。特别是一些村党组织"软弱涣散"的村，有关部门有针对性地对其进行整治。事实上，根据2019年3月中共中央印发的新修订的《党政领导干部选拔任用工作条例》（以下简称《工作条例》）规定，选拔党政领导干部要"树立注重基层和实践的导向"（第三条），从基层一线选拔有丰富工作经验和取得实绩的干部，各地应该结合贯彻落实《工作条例》的精神，有意识地把乡村组织振兴融入于其中，鼓励更多的党员干部到乡村去历练自己的工作能力。正如本书第三章所分析的，乡村基层党组织和党员干部只有嵌入到为农民办实事、为乡村谋发展的具体事务中，才能有效避免村党组织"弱化""虚化"和"边缘化"的倾向，才能赋予乡村基层党建鲜活的生命力，村党组织和党员干部才能从中充分彰显自身的存在感。例如，在近年来的贫困地区的脱贫攻坚的"主战场"，就把"精准党建＋精准扶贫"很好地融合在一起，在精准扶贫场域中更好地体现了党的本质属性，而参与扶贫的党员干部也从中大大激发了自己的党性意识，广大贫困地区的贫困群众从中深刻领会和感受到党员的特殊担当精神。

如何更好地提升村党组织书记领导乡村振兴的工作素质和能力，这点是乡村组织振兴的重中之重。从本书的分析中可以看出，乡村振兴中村党组织书记发挥的作用至关重要。凡是乡村建设卓有成效的村庄，都有一个办事公道、为民服务，且有很强的资源获取和转化能力的村党组织书记。这个领头人不仅要有突出的办事能力和团结村"两委"干部的能力，同时要有长期扎根乡村基层的毅力和决心，才可能带领一个村庄真正走向全面振兴之路。从这点看，虽然上级党委政府下派驻村干部这种做法在一定程度上会有"越俎代庖"之嫌，但可以大大提升乡村组织化建设水平。况且，村干部和下派干部在共同合作建设治理乡村的过程中，彼此可以相互学习、相互协作，通过彼此间的"传、帮、带"，双方能够快速提升自身的组织和工作能力，尤其是村干部能够快速提升包括乡村振兴在内的国家"三农"政策在村级的执行力和沟通能力。另外，下派干部要把培养和提升村干部的党性意识和工作能力作为驻村工作的任务之一。

二、大力提高农民的自组织能力

从组织理论角度来看，组织的成立和生长必须具备相应的内在和外在的条件。从当前社会变迁发展的整体形势来看，正如第六章中分析闽西北将乐县白莲镇组织发展历程中所展现出来的，乡村组织自组织出现了这样的发展趋势，即大量农民外出导致村庄的"空心化"，所以吸引部分事业有成者出于某种家乡的情感而返回。这些事业有成者试图从看似"衰败"的乡村表象中寻求经济发展机遇。这时候他们往往是利用自身在外习得的市场经济知识理念建立现代新型市场经济组织，通过重组家乡人、地关系的形式对传统小农经济进行现代性的改造；同时为了博取家乡社区的"声望"，展现自己作为"衣锦还乡"的成功人士的形象，他们会设立包括慈善基金会、捐助家乡公益事业等方式建立新型的社会组织，并在此基础上进一步谋求村"两委"组织的社区政治权力，实现从经济精英向社会精英再向政治精英的转型。这是全国大部分乡村中出现的组织发展规律，可以给乡村组织振兴提供多方面的启示。

从乡村组织生成的外部环境来看，针对当前乡村地区普遍存在的农民"原子化"和弱组织化及村"两委"组织"弱化""虚化"等情况，结合市场化改革大力推进的新形势，各级党委政府要想方设法尽可能从资金扶持、人才培养、规制范式、制度保障等方面提供农民自组织的要素供给，具体做到政策上明确、管理上指导、法律上规范、资金上扶持、人才上培养[1]，为各类乡村自组织成长营造良好的外在的政策和制度环境，以培育乡村组织尤其是农民自组织生长的土壤。

第一，法律地位不明确是影响当前农民自组织健康发展的关键性因素，因此如何完善乡村组织登记、管理等相关法律法规是激励乡村组织发育成长的重要前提。仅从乡村自组织登记注册上来看，目前除了农民专业合作社有相对完善的法律支持之外，其他农民社会组织、经济组织都缺乏明确的法律法规予以规范。很多农民组织，其主管登记部门也不明确，有的地方是科协负责，有的是民政部门负责，有的是在工商部门登记，还有的受

---

[1]《农民自组织：涵义、缘起、类型、障碍及其发展路径》，《山东农业大学学报（社会科学版）》，2012年第1期。

到条件所限根本没有进行登记注册。与此同时，一些农民合作组织即使可以注册登记，但对于其业务开展、资源募集、人员配置也缺乏相应的法律规律。如村集体经济组织的市场法人主体地位始终不明确，致使其无法获得市场经营法人地位，自然也无法在市场融资、税收政策等方面获得与其他市场法人同等的地位。

未来国家有关部门要以制定出台《中华人民共和国乡村振兴促进法》为契机，完善乡村组织登记、管理及运行方面的法规政策，为乡村组织管理和组织活动的规范化开展提供法律保障。如为农民经济合作组织正式确立其市场法人组织提供保障，为各类乡村社会组织的"合法"性地位给予确认，并把其纳入国家组织支持的政策框架体系，包括为各类乡村组织开展活动提供良好的政策支持和服务。

第二，从村庄内部情况看，由于当前乡村人口大量外流，各地应该结合城乡一体化和城镇化、工业化发展趋势，以组建新型经济组织重组乡村内部和外部的人、地资源，以撤村并居等为机遇，大力培育跨村庄、跨区域的农民专业合作社、农业企业等新型经济合作组织，同时大力培育老年人协会、慈善基金会等民间社会公益组织，使他们在乡村振兴中发挥各自的功能。前文的分析表明，经过改革开放40多年的发展，我国的城乡社会发生了巨大的变迁，这种变迁已经深刻地改变了传统乡村的组织结构和组织方式，突出表现为市场合作性组织的类型及发挥的作用不断上升，而掌控市场经济组织的"领导者"在乡村建设发展和乡村治理中的话语权地位也快速提升，由此必须把乡村的正式组织——村"两委"和村庄的新型市场经济组织融合到一起，同时也把乡村的各类社会组织（包括公益组织、民间信俗组织、宗族组织等）嵌入进来，形成政治、经济和社会一体化的组织共同体，这样可以更好地提升乡村组织化行动能力，进而更加有效地提高乡村振兴中的资源整合和使用效率。我们在前文谈论闽西北将乐县安仁乡和白莲镇、浙江的绍兴市上虞区等地都呈现出这样的组织振兴发展态势，而豫北杞县西寨乡的黄土岗村在发动村民捐款修建村庄的公共设施中也初步激发了全体村民的公共精神和集体公共意识。类似这些实践经验都值得总结提升和推广。

三、强化村党组织的统一领导

当然，在当前乡村中村"两委"组织、新型市场经济组织、社会组织"融为一体"的情况下，要极力避免出现乡村"寡头治理"和"精英俘获"现象。为此，一方面可以通过强化党组织对其他组织的引领作用，确保这个组织综合体始终在乡村自治的法律框架下运行，以构建"共建共治共享共赢"的"多元共治"体系。另一方面，多元组织之间容易因不同利益诉求形成张力，因此必须将多元组织纳入村党组的统一领导之下，只有这样才能使组织之间的张力转变为乡村建设的合力。

当前改革开放和市场经济大潮中成长起来的乡村市场经济合作组织和社会自组织的领导者大都是熟悉业务，威望较高，为人较为正派，办事较为公正的本土精英，他们的言行直接影响所在村庄甚至是更广区域的村民的行为取向和价值判断。各级党委政府和村"两委"要尽量把这些组织的核心人物纳入乡村振兴的人才工作队伍，使其更好地带领这些乡村自组织在乡村建设和发展中发挥更大的效能，以对乡村自组织进行"趋利避害"引导。村"两委"和地方党政部门要正确处理与这些民间组织核心领导人物的关系，尊重其在乡村自组织中的作用，经常与他们联系，使他们对村"两委"产生信任。在日常工作中要引导他们在组织目标的达成中起到积极作用，必要时提拔他们担任某些工作部门的负责工作或辅助工作。在这点上，闽南晋江市就强化了对各类民间信俗组织、宗族组织和老年人协会组织的引导，明确要求这些组织的负责人必须由拥有较好社区"声望"的党员兼任。

四、优化村干部队伍结构

当前乡村振兴的路径是以乡村组织振兴带动乡村全面振兴。乡村组织振兴的关键是以乡村党组织振兴"引领"乡村各类组织振兴，而乡村党组织振兴的关键在于选好村党组织带头人、优化村干部队伍结构、提升其组织功能。由于当前村干部队伍整体存在"老龄化"的问题，因此，未来各地要优化村级组织结构须从优化村干部队伍结构入手。

从当前乡村组织建设的发展趋势看，未来各地有关部门要做好的最重要的一项工作是选好"村两委"主干尤其是村党组织书记这个关键的带头人，并培养其基本的素质。由于村党组织书记将在乡村振兴中成为集村级政治、经济、社会、文化、和生态建设为一体的领导者，这就对其综合素质和综合能力提出了极高的要求。本书呈现的成功的乡村振兴党组织带头人几乎都有一些共同的特征：对党对国家忠诚、综合工作能力强、有经济头脑、热爱家乡、心系百姓、品格高尚，最重要的是不计个人得失，能够十几年甚至几十年如一日地为乡村发展建设贡献自己的力量。因此未来有关部门一方面要把事业有成的返乡精英或者本土精英培养成"乡贤"，为他们入党和遴选为村党组织书记创造条件；另一方面要重点培养村党组织书记基本的素质，使其德才兼备，只有这样他们才能在乡村振兴中具有持久的号召力。

从乡村组织建设的体制机制看，未来各地有关部门要通过制度化的人才激励机制，优化村干部队伍结构。在这个市场经济时代，要遵循市场经济规律，以制定《中华人民共和国乡村振兴促进法》为机遇，对带动乡村组织振兴的村干部和其他"乡土"人才提供相应的制度化激励机制。一是既要鼓励村干部和下派的党员干部长期扎根基层，又要让他们在乡村工作中觉得有盼头、有干劲，能更好地在乡村振兴中实现自己的人生价值和目标。要让他们从党组织和实际工作岗位中得到多方面的"回报"。只有这样，才能吸引更多的乡村能人和精英加入村党组织，并愿意在乡村振兴的舞台上发挥其才能和作用。同时乡村可吸引越来越多的外出精英返乡创业，并转变其为"乡贤"，最终优化村级组织的结构，提升其组织功能。二是制定乡村人才振兴的人才激励机制条例，这点可以效仿福建省晋江市和浙江绍兴市等地的做法，从职业化、制度化、专业化、规范化、角度出发，把村干部和有一技之长的"乡土"人才纳入政府专项人才管理范围，并从职级评定、待遇保障等方面给予激励。其中包括给特别优秀的乡村干部开辟特殊通道，让他们能够通过某种遴选机制进入基层公务员队伍，或者进入事业编制队伍；鼓励上级干部到乡村基层挂职甚至扎根乡村，并作为提拔干部的重要条件，激励他们提升村干部的工作素质，同时发掘和挖掘优秀的"乡土"人才；进一步建立健全大学生"村官"制度，建立乡村社区工作者等专职工作队伍，化解村干部队伍整体"老龄化"的问题等。

主要参考文献

一、著作

1. ［美］斯蒂芬·P. 罗宾斯. 组织行为学（第 10 版）［M］. 孙健敏，李原译. 北京：中国人民大学出版社，2005.

2. ［美］康芒斯. 制度经济学［M］. 北京：商务印书馆，1962.

3. ［德］马克斯·韦伯. 社会科学方法论［M］. 杨富斌译. 北京：华夏出版社，1999.

4. ［德］罗伯特·米歇尔斯. 寡头统治铁律——现代民主制度中的政党社会学［M］. 任军锋，等，译. 天津：天津人民出版社，2003.

5. ［英］安德鲁·海伍德. 政治学核心概念［M］. 吴勇译. 天津：天津人民出版社，2008.

6. 郭咸纲. 西方管理思想史（第三版）［M］. 北京：经济管理出版社，2004.

7. 张永桃. 行政管理学［M］. 北京：高等教育出版社，2003.

8. 孙耀君，管维立. 西方管理学名著提要［M］. 南昌：江西人民出版社，1995.

9. ［美］埃莉诺·奥斯特罗姆. 公共事物的治理之道——集体行动制度的演进［M］. 余逊达，陈旭东，译. 上海：上海三联书店，2000.

10. 吴重庆. 无主体熟人社会及社会重建［M］. 北京：社会科学文献出版社，2014.

11. 吴彤. 自组织方法论研究［M］. 北京：清华大学出版社，2001.

12. 于建嵘，翁鸣，陆雷，等. 农民组织与新农村建设——理论与实践

［M］．北京：中国农业出版社，2007．

13．贺雪峰．乡村的前途——新农村建设与中国道路［M］．济南：山东人民出版社，2007．

14．毛泽东选集　第三卷［M］．北京：人民出版社，1991．

15．费孝通．费孝通文集　第二卷［M］．北京：群言出版社，1999．

16．费孝通．费孝通文集　第四卷［M］．北京：群言出版社，1999．

17．费孝通．江村经济［M］．上海：上海人民出版社，2007．

18．黄宗智．华北的小农经济与社会变迁［M］．北京：中华书局，2000．

19．黄宗智．长江三角洲小农家庭与乡村发展［M］．北京：中华书局，2000．

20．陶传进．环境治理：以社区为基础［M］．北京：社会科学文献出版社，2005．

21．［美］杜赞奇．文化、权力与国家：1900—1942 年的华北农村［M］．王福明译．南京：江苏人民出版社，1994．

22．朱冬亮．社会变迁中的村级土地制度——闽西北将乐县安仁乡个案研究［M］．厦门：厦门大学出版社，2003．

23．张佩国．地权·家户·村落［M］．上海：学林出版社，2007．

24．王日根．乡土之链：明清会馆与社会变迁［M］．天津：天津人民出版社，1996．

25．梁漱溟．乡村建设理论［M］．上海：上海人民出版社，2006．

26．梁漱溟．乡村建设理论［M］．北京：中华书局，2018．

27．贺雪峰．谁是农民：三农政策重点与中国现代农业发展道路选择［M］．北京：中信出版社，2016．

28．楚成亚．当代中国农村社会组织培育及能力建设问题研究［M］．济南：山东大学出版社，2017．

29．胡秋红．中国梦·美丽乡村建设·乡村美景［M］．广州：广东科技出版社，2016．

30．习近平．决胜全面建成小康社会夺取新时代中国特色社会主义伟大胜利——在中国共产党第十九次全国代表大会上的报告［M］．北京：人民出版社，2017.

31. 王长江. 政党论［M］. 北京：人民出版社，2009.

32. 中共中央马克思恩格斯列宁斯大林著作编译局. 列宁选集（第一卷）［M］. 北京：人民出版社，1995.

33. ［美］塞缪尔·P. 亨廷顿. 变化社会中的政治秩序［M］. 王冠华，刘为，等，译. 上海：上海人民出版社，2008.

34. 林尚立. 当代中国政治基础与发展［M］. 北京：中国大百科全书出版社，2017.

35. 王芝华. 服务型基层党组织建设研究——基于实证研究的视角［M］. 北京：九州出版社，2017.

36. 中共中央文献研究室. 十八大以来重要文献选编（上）［M］. 北京：中央文献出版社，2014.

37. 张明楚. 中国共产党基层组织建设史［M］. 福州：福建人民出版社，2008.

38. 吴毅. 村治变迁中的权威与秩序［M］. 北京：中国社会科学出版社，2002.

39. 王同昌. 新时期农村基层党组织建设研究［M］. 合肥：合肥工业大学出版社，2015.

40. 虞云耀. 党的建设若干实践和理论问题［M］. 北京：党建读物出版社，2002.

41. 中共中央党史研究室第三研究部. 新时期党的建设大事记（1978.12—2007.10）［M］. 北京：中共党史出版社，2008.

42. 本书编写组. 中共中央关于加强和改进新形势下党的建设若干重大问题的决定［M］. 北京：人民出版社，2009.

43. 中共中央文献研究室. 十八大以来重要文献选编［M］. 北京：中央文献出版社，2014.

44. 中共中央文献研究室. 十三大以来重要文献选编［M］. 北京：人民出版社，1991.

45. 罗平汉. 村民自治史［M］. 福州：福建人民出版社，2006.

46. 程同顺. 当代中国农村政治发展研究［M］. 天津：天津人民出版

社，2000.

47. 林尚立，等．政治建设与国家成长［M］．北京：中国大百科全书出版社，2008.

48. 徐勇．乡村治理与中国政治［M］．北京：中国社会科学出版社，2003.

49. 白益华．中国基层政权的改革与探索（上册）［M］．北京：中国社会出版社，1995.

50. 景跃进．当代中国农村"两委关系"的微观解析与宏观透视［M］．北京：中央文献出版社，2004.

51. 中共中央组织部，等．中国共产党组织史资料（第九卷）文献选编（下）［M］．北京：中共党史出版社，2000.

52. 中共中央文献研究室．十六大以来重要文献选编（上）［M］．北京：中央文献出版社，2011.

53. 田改伟．党内民主与人民民主［M］．天津：天津人民出版社，2015.

54. 中共中央国务院关于"三农"工作的十个一号文件［M］．北京：人民出版社，2008.

55. 中共河南省直属机关工作委员会党校课题负责人．经济欠发达地区农民老龄社会问题研究［M］．中共河南省直属机关工作委员会党校，2002.

56. 毛泽东．建国以来毛泽东文稿　第六册［M］．北京：中央文献出版社，1992.

57. 邓小平．邓小平文选　第二卷［M］．北京：人民出版社，1994.

58. 朱冬亮．农业治理转型与土地流转模式绩效分析［M］．北京：中国社会科学出版社，2016.

59. 邓小平．邓小平文选　第一卷［M］．北京：人民出版社，1994.

60. 史卫民，等．中国村民委员会选举：历史发展与比较研究（下篇）［M］．北京：中国社会科学出版，2009.

61. ［美］弗朗西斯·福山．大分裂：人类本性与社会秩序的重建［M］．刘榜离，等，译．北京：中国社会科学出版社，2002.

62. ［美］罗伯特・D. 帕特南 . 使民主运转起来：现代意大利的公民传统 ［M］. 王列，赖海榕，译，南昌：江西人民出版社，2001.

63. 贺雪峰 . 大国之基：中国乡村振兴诸问题 ［M］. 北京：东方出版社，2019.

64. 马克思恩格斯全集 第三卷 ［M］. 北京：人民出版社，1960.

65. 李佳 . 农民经济合作的行为逻辑与动力机制 ［M］. 北京：经济科学出版社，2012.

66. 贺雪峰，等 . 地权的逻辑Ⅲ：为什么说中国土地制度是全世界最先进的 ［M］. 北京：中国政法大学出版社，2018.

67. 杨祥禄 . 推进农业适度规模经营 ［M］. 成都：四川科学技术出版社，2015.

68. ［法］卢梭 . 社会契约论 ［M］. 何兆武译 . 北京：商务印书馆，2003.

69. ［美］施坚雅 . 中国农村的市场和社会结构 ［M］. 史建云，徐秀丽，译 . 北京：中国社会科学出版社，1998.

70. 郑振满 . 明清福建家族组织与社会变迁 ［M］. 长沙：湖南教育出版社，1992.

二、期刊

1. 胡小君 . 从维持型运作到振兴型建设：乡村振兴战略下农村党组织转型提升研究 ［J］. 河南社会科学，2020（1）.

2. 王杰 . 湖北省新时代农村党员及干部综合素质现状及对策研究——基于 4 市 21 村调研数据 ［J］. 智库时代，2019（48）.

3. 俞可平 . 治理和善治引论 ［J］. 马克思主义与现实，1999（5）.

4. 陈一新 . "五治"是推进国家治理现代化的基本方式 ［J］. 求是，2020（3）.

5. 周立群 . 组织理论与组织经济学 ［J］. 经济学动态，1998（5）.

6. 黄崴 . 西方古典组织理论及其模式在教育管理中的运用与发展 ［J］. 华南师范大学学报（社会科学版），2000（6）.

7. 王黎 . 寡头治村：村级民主治理的异化 ［J］. 华南农业大学学报

（社会科学版），2019（6）.

8. 刘邦凡，王燕，李汉卿. 引导政府组织中非正式组织的技术与方法 [J]. 中国人力资源开发，2009（8）.

9. 王燕，王娟. 非正式组织研究综述 [J]. 燕山大学学报（哲学社会科学版）2013（1）.

10. 周为中，林嵩. 饭野——加藤之争与巴纳德的正式组织概念 [J]. 管理世界，2009（11）.

11. 朱敬明. 非正式组织研究综述 [J]. 宜春学院学报，2011（2）.

12. 朱丽莎. 组织中的非正式群体及其管理对策 [J]. 科技进步与对策，2001（4）.

13. 李爱国，彭长征. 社会大转型时期的非正式组织再造 [J]. 经济管理·新管理，2002（6）.

14. 童学敏. 非正式组织的形成动因及管理策略研究 [J]. 北方经贸，2007（6）.

15. 徐碧琳，宋爱玲. 非正式组织成因的实证研究 [J]. 现代财经，2005（4）.

16. 吴彤. 自组织方法论纲 [J]. 系统辩证学学报，2001（2）.

17. 李文杰，何炜. 农民自组织：涵义、缘起、类型、障碍及其发展路径 [J]. 山东农业大学学报（社会科学版），2012（1）.

18. 贺雪峰. 如何再造村社集体 [J]. 南京农业大学学报（社会科学版），2019（3）.

19. 高翔莲，乐诗韵，罗浩. 新时代乡村基层党组织振兴：内涵、地位、价值与目标 [J]. 学习月刊，2020（1）.

20. 霍军亮，吴春梅. 乡村振兴战略背景下农村基层党组织建设的困境与出路 [J]. 华中农业大学学报（社会科学版），2018（3）.

21. 蔡文成. 基层党组织与乡村治理现代化：基于乡村振兴战略的分析 [J]. 理论与改革，2018（3）.

22. 李德，闫昕潮. 以农村党组织为核心实施乡村振兴战略 [J]. 毛泽东邓小平理论研究，2018（6）.

23. 王同昌. 新时代农村基层党组织振兴研究 [J]. 中州学刊，2019

（4）．

24．张瑜，倪素香．乡村振兴中农村基层党组织的组织力提升路径研究［J］．学习与实践，2018（7）．

25．周立，郭雨薇．农村金融组织多元化对乡村振兴的重要意义［J］．国家治理，2018（42）．

26．朱泓宇，李扬，蒋远胜．发展村社型合作金融组织推动乡村振兴［J］．农村经济，2018（1）．

27．徐顽强，于周旭，徐新盛．社会组织参与乡村文化振兴：价值、困境及对策［J］．行政管理改革，2019（1）．

28．贺雪峰．乡村建设中提高农民组织化程度的思考［J］．探索，2017（2）．

29．贺雪峰．农民组织化与再造村社集体［J］．开放时代，2019（3）．

30．廖林燕．乡村振兴进程中"直过"民族传统社会组织的创造性转化研究［J］．西南民族大学学报（人文社会科学版），2018（10）．

31．傅衣凌．明清时代阶级关系的新探索［J］．中国史研究，1979（4）．

32．张小军．象征地权与文化经济——福建阳村的历史地权个案研究［J］．中国社会科学，2004（3）．

33．毛丹．村落共同体的当代命运：四个观察维度［J］．社会学研究，2010（1）．

34．张佩国．公产与私产之间——公社解体之际的村队成员权及其制度逻辑［J］．社会学研究，2006（5）．

35．申静，王汉生．集体产权在中国乡村生活中的实践逻辑——社会学视角下的产权建构过程［J］．社会学研究，2005（1）．

36．温铁军．乡村建设是避免经济危机的可能出路［J］．小城镇建设，2017（3）．

37．吴重庆，姚中秋，吴宁．儒学与中国基层社会重建［J］．天府新论，2015（3）．

38．温铁军．发展综合性合作社才能盘活资源［J］．农村工作通讯，2015（1）．

39. 贺雪峰. 谁的乡村建设——乡村振兴战略的实施前提 ［J］. 探索与争鸣，2017（12）.

40. 李昌平. 创建内置金融村社及联合社新体系 ［J］. 经济导刊，2015（8）.

41. 李乐. 基于乡村性的乡村可持续发展探究——以碧山乡建设计划为例 ［J］. 中外建筑，2016（9）.

42. 吴重庆，张慧鹏. 以农民组织化重建乡村主体性：新时代乡村振兴的基础 ［J］. 中国农业大学学报（社会科学版），2018（3）.

43. 肖霜. 关于基层党组织"组织力"的概念界定 ［J］. 新西部（中旬刊），2019（11）.

44. 徐勇. "政党下乡"：现代国家对乡土的整合 ［J］. 学术月刊，2007（8）.

45. 曹国厂，王丽，黄艳. 中国第一个农村党支部 ［J］. 源流，2011（17）.

46. 王国敏，罗浩轩. 中国农业劳动力从"内卷化"向"空心化"转换研究 ［J］. 探索，2012（2）.

47. 胡柳娟. 新时代提升农村基层党组织组织力的若干思考 ［J］. 中共福建省委党校学报，2018（11）.

48. 刘伟. 迈向现代国家——新中国建国六十年国家政权建设的回顾、总结与展望 ［J］. 甘肃行政学院学报，2009（5）.

49. 毛泽东. 关于领导方法的若干问题（一） ［J］. 青海党的生活，2016（6）.

50. 贺雪峰，刘勤. 乡村体制与新农村建设的几个问题——社会主义新农村建设研讨会综述 ［J］. 学习与实践，2006（8）.

51. 全国农村固定观察点办公室. 当前农村土地承包经营管理的现状及问题 ［J］. 中国农村观察，1998（5）.

52. 林卿. 农村土地承包期再延长 30 年政策的实证分析与理论思考 ［J］. 中国农村经济，1999（3）.

53. 姚洋. 中国农地制度：一个分析框架 ［J］. 中国社会科学，2000(2).

54. 朱冬亮. 土地调整：农村社会保障与农村社会控制 ［J］. 中国农村

观察，2002（3）.

55. 董国礼，李里，任纪萍．产权代理分析下的土地流转模式及经济绩效〔J〕．社会学研究，2009（1）.

56. 朱建江．农村集体土地所有权实现与集体经济发展壮大〔J〕．毛泽东邓小平理论研究，2019（10）.

57. 朱冬亮．农民与土地渐行渐远：土地流转与"三权分置"制度实践〔J〕．中国社会科学，2020（7）.

58. 梅世贞，邵玉芹，付文学．打造服务型农村党组织研究〔J〕．宿州教育学院学报，2014（6）.

59. 袁正昌，宋海云．村级党政"一肩挑"的初步尝试〔J〕．改革与开放，1993（11）.

60. 吴新叶．社会管理下的农村社会组织：问题与应对〔J〕．农村社会组织，2011（10）.

61. 俞可平．中国农村的民间组织与治理的变迁——以福建省漳浦县长桥镇东升村为例〔J〕．中国社会科学季刊，2000.

62. 郑法．农村改革与公共权力的划分〔J〕．战略与管理，2000（4）.

63. 俞可平．社会自治与社会治理现代化〔J〕．社会政策研究，2016(1).

64. 陈雷，仝志辉．社会资本与社会组织运转——以甘东用水协会为例〔J〕．公共管理学报，2008（3）.

65. 朱敬明．非正式组织研究综述〔J〕．宜春学院学报，2011（2）.

66. 陶珊珊，肖凡．乡村治理现代化：治理机制，关键领域与经验供给——第四届中国县域治理高层论坛会议综述〔J〕．湖北民族大学学报（哲学社会科学版），2020（2）.

67. 张明皓．新时代"三治融合"乡村治理体系的理论逻辑与实践机制〔J〕．西北农林科技大学学报（社会科学版），2019（5）.

68. 党建引领三治融合　促进乡村有效治理——浙江省桐乡市探索三治融合实现路径〔J〕．农村经营管理，2019（8）.

69. 王晓莉．构筑社会善治的"三脚架"——破析桐乡"三治"融合的乡村治理机制〔J〕．中国领导科学，2019（3）.

70. 姜晓萍，许丹．新时代乡村治理的维度透视与融合路径〔J〕．四川大学学报（哲学社会科学版），2019（4）.

71. 苏力. 为什么研究中国基层司法制度——《送法下乡》导论［J］. 法商研究（中南政法学院学报），2000（3）.

72. 朱冬亮，洪利华. "寡头"还是"乡贤"：返乡精英村治参与反思［J］. 厦门大学学报（哲学社会科学版），2020（3）.

73. 郑有贵. 农村社区集体经济组织法人地位研究［J］. 农业经济问题，2012（5）.

74. 于福波. "三变"改革：农地股份合作制的新实践——以贵州六盘水市为例［J］. 农村经济，2019（5）.

75. 丁忠兵. 农村集体经济组织与农民专业合作社协同扶贫模式创新：重庆例证［J］. 改革，2020（5）.

76. 姚洋. 以市场替代农民的公共合作［J］. 华中师范大学学报（人文社会科学版），2004（5）.

三、报纸

1. 刘邦凡，王燕，司林波. 夯实社会管理的基础［N］. 人民日报，2011－11－16（7）.

2. 韩俊. 谱写新时代农业农村现代化新篇章［N］. 人民日报，2018－11－5（7）.

3. 胡锦涛. 高举中国特色社会主义伟大旗帜　为夺取全面建设小康社会新胜利而奋斗——在中国共产党第十七次全国代表大会上的报告［N］. 人民日报. 2007－10－25（1）.

4. 胡锦涛. 坚定不移沿着中国特色社会主义道路前进　为全面建成小康社会而奋斗——在中国共产党第十八次全国代表大会上的报告［N］. 人民日报，2012－11－18（2）.

5. 2018中国新型农业经营主体发展分析报告——基于农民合作社的调查和数据［N］. 农民日报，2018－2－23（4）.

后　记

　　基于我们研究团队多年的田野调查和资料收集积累，历经一年的撰著并多次修改、完善，本丛书终于付梓，令人欣慰。这套丛书是一项理论与实证相结合的研究成果。我们试图通过对田野调查中获取的一些典型案例的剖析，以描述、记录、阐释当下中国乡村振兴实践的"进行时"场景，解释其背后的理论和实践价值，增加"三农"研究知识库存。如果真能实现这个小小的目标，也算是得偿所愿了。

　　作为丛书各册的主要作者之一，借此机会，我首先要感谢丛书研究团队的成员们多年来的努力和坚持。这段历程也是满满的美好的集体记忆。一路走来，大家同甘共苦：一起到全国各地的乡村开展田野调查，一起整理分析调查资料，一起和出版社讨论丛书的编写方案、编写提纲和书稿的具体内容，由此才有今天的成果。借此机会，我还要感谢参与田野调查和资料分析的杜宝兰、傅佳薇、李倩、兰婷、张华芳、黄丹丹、潘思同等，他们是我的博士生、硕士生。在长期的田野调查和资料分析过程中，他们不仅通过学术实践增长了知识见识，提升了学习研究的自我能动性，实现了自我成长，同时也深刻领会到理论和实践研究相结合——"把论文写在祖国大地上"及团队合作研究的重要意义。

　　与此同时，我要感谢田野调查中为我们研究团队无私提供一手资料信息的各级党政干部，特别是参与田野调查的各村的村干部，以及广大农民和来自新型农业经营主体的人士，他们不仅是我们团队的调查研究对象，也在很大程度上直接参与了我们的研究过程。从人类学视角来看，所有接受田野调查的研究对象绝不仅仅是一个个被动的资料提供者，他们作为特定的"报道人"，事实上也是研究本身的重要的直接参与者。在每个田野调查对象向我们提供的资料信息中，尤其是在描述特定案例的访谈中，其实就包含了他们的主观态度，也包括了他们个人对资料信息的理解、价值判断乃至个人的情感，而这种"倾见"无疑会直接影响研究者对田野调查资料的理解和评价分析。被调查对象向研究者提供的资料是"半成品"，其本身就经过他们的"筛选"和"消化"。从这个角度来说，研究者在某种程度上只是扮演了一个学术"搬运工"和"加工者"的角色。不过，即便如此，研究者自身的专业研究能动性仍是至关重要的。我们必须对所获取的资料"去伪存真""去粗存细"，克服"盲人摸象"的偏差，在参考借鉴被调查对象的个人"倾见"的同时，又要保持研究者自身的客观严谨性，以尽可能了解和还原事情的真实景象，这点恰恰是研究者能动性的最重要体现。

借此机会，我还要特别感谢鹭江出版社的编辑们，尤其是余丽珍副总编辑从丛书的策划和设计、研究团队的组织乃至整体的篇章布局、内容修改完善等，都提出了很好的意见和建议。正是由于编辑们尽心尽力的无私付出，为丛书出版给予了不可或缺的热情支持，丛书才能够顺利地出版。

本丛书的出版还得益于厦门大学"双一流"学科建设项目"马克思主义理论学科"项目支持，并有幸获得 2020 年度国家出版基金项目资助。对此，我们深表谢意！

本书写作分工如下：朱冬亮负责全书统稿并撰写导论和第一、二、三章内容，李芳芳撰写第四、五章内容，王洪雷撰写第六、七章内容。

朱冬亮
2021 年 6 月 5 日于厦门大学囊萤楼

图书在版编目(CIP)数据

乡村组织振兴实践研究 / 朱冬亮，李芳芳，王洪雷
著. —厦门：鹭江出版社，2021.6
（乡村振兴实践研究丛书）
ISBN 978-7-5459-1887-8

Ⅰ.①乡… Ⅱ.①朱… ②李… ③王… Ⅲ.①农村—
基层组织—组织建设—研究—中国Ⅳ.①D638

中国版本图书馆 CIP 数据核字(2021)第 105660 号

"乡村振兴实践研究"丛书
XIANGCUN ZUZHI ZHENXING SHIJIAN YANJIU

乡村组织振兴实践研究

朱冬亮　李芳芳　王洪雷　著

出版发行：鹭江出版社

地　　址：厦门市湖明路 22 号　　　　　　　邮政编码：361004

印　　刷：福州凯达印务有限公司

地　　址：福州市仓山区建新镇红江路 2 号　　联系电话：0591-63188556
　　　　　金山工业集中区浦上工业区 B 区 47 号楼

开　　本：700mm×1000mm　1/16

插　　页：4

印　　张：18.25

字　　数：287 千字

版　　次：2021 年 6 月第 1 版　　2021 年 6 月第 1 次印刷

书　　号：ISBN 978-7-5459-1887-8

定　　价：72.00 元

如有发现印装质量问题，请寄承印厂调换。